高等教育"十四五"系列教材 · 活页式
课程思政示范课程建设项目

大学生心理健康教育

主　编◎黄　娟　蔡伟华
副主编◎冯　燕　崔贞琼　朱娉婷

DAXUESHENG
XINLI JIANKANG JIAOYU

华中科技大学出版社
http://www.hustp.com
中国 · 武汉

图书在版编目(CIP)数据

大学生心理健康教育/黄娟,蔡伟华主编.—武汉:华中科技大学出版社,2022.7(2025.8 重印)
ISBN 978-7-5680-8267-9

Ⅰ.①大… Ⅱ.①黄… ②蔡… Ⅲ.①大学生-心理健康-健康教育 Ⅳ.①G444

中国版本图书馆 CIP 数据核字(2022)第 083922 号

大学生心理健康教育
黄 娟 蔡伟华 主编

Daxuesheng Xinli Jiankang Jiaoyu

策划编辑:江 畅
责任编辑:段亚萍
封面设计:孢 子
责任监印:朱 玢
出版发行:华中科技大学出版社(中国·武汉)　　电话:(027)81321913
　　　　　武汉市东湖新技术开发区华工科技园　　邮编:430223
录　排:武汉创易图文工作室
印　刷:武汉市洪林印务有限公司
开　本:787mm×1092mm　1/16
印　张:14.5
字　数:377 千字
版　次:2025 年 8 月第 1 版第 3 次印刷
定　价:50.00 元

前言

德国著名作家歌德说，人之幸福，全在于心之幸福；英国教育家洛克强调，没有健康，就没有幸福。虽然健康不等于幸福，但没有健康就一定不会幸福。教育不仅要关注学生的身体健康，更要关注学生的心理健康，这不仅关乎学生的个人幸福，也关乎国家的未来发展。

从2001年起，教育部多次下发文件，对加强大学生心理健康教育工作提出了要求和具体实施意见。2017年印发的《高校思想政治工作质量提升工程实施纲要》中明确提出构建心理育人质量提升系统，坚持育心与育德相结合，加强人文关怀和心理疏导，深入构建心理健康教育工作格局，着力培育师生理性平和、积极向上的健康心态，促进师生心理健康素质与思想道德素质、科学文化素质协调发展。党和政府对大学生心理健康高度重视，而且对"大学生心理健康教育"课程教学的目标、内容、方法都做了详细说明。2018年，教育部下发的《高等学校学生心理健康教育指导纲要》指出，要"创新心理健康教育教学手段，有效改进教学方法，通过线下线上、案例教学、体验活动、行为训练、心理情景剧等多种形式，激发大学生学习兴趣，提高课堂教学效果，不断提升教学质量。"

本书以上述文件精神为指导，本着"预防为主、教育为本"的理念，结合高校人才培养的目标和特点，针对当代大学生的心理特点和学习习惯，坚持理论联系实际的原则，努力将知识性、启发性、趣味性、可操作性有效结合，体现课程特色。本书基于国家骨干高职院校、"双高计划"院校——顺德职业技术学院心理健康教育教学十余年成果积累，广泛汲取兄弟院校心理健康教育之精华，并结合国内外最新研究成果撷取而成。针对职业教育生源多样化特点，服务高职百万扩招，本书编排方式灵活，配套资源丰富，注重满足分类施教、因材施教需要。全书共包括7大项目，分别是心理健康与心理咨询、自我意识与人格完善、学习与职业生涯规划、情绪管理与压力应对、人际沟通与冲突处理、恋爱与性心理、生命教育与危机干预。经充分调研，本书内容既适合高职高专院校的学生，也适合本科院校的学生。

本书在编写体例上进行了创新，本着"以学生为中心"的教育理念，针对当代学生的心理特点和学习习惯，采用了PBL的教学模式。每一个项目首先通过"学习目标"使读者明确本项目的内容、意义和目标；然后按照"课前自测"—"案例导学"—"课堂互动"—"智慧锦囊"—"心理加油站"—"课后实践"的体例进行编写。通过"课前自测"，学生可以了解自己的心理状况，发现存在的问题；在"案例导学"部分，学生通过实际案例，了解大学生存在的心理问题，引发思考；在"课堂互动"部分，我们把学习内容按任务进行分解，并进行任务导向学习，集知识学习、心理体验和行为训练为一体。后面的"智慧锦囊"、"心理加油站"（拓展阅读、影视推荐）为学生输送丰富的学习资源，开拓知识面，增添趣味性；最后的"课后实践"为学生提供了可参考的班级活动，加深学生对知识的理解和对技能的运用，增强组织能力，提升心理素质，同时有助于提高班级的凝聚力。

本书是教学团队的集体成果,其中项目三、项目四由黄娟执笔,项目二、项目七由蔡伟华完成,项目五由冯燕完成,项目一由崔贞琼完成,项目六由朱娉婷完成。本书的编写得到了相关领导和老师的大力支持和指导,在此深表感谢!同时,在编写过程中参考了国内外同行的相关著作和研究成果,借鉴了互联网上发布或转发的信息,在此向各位专家学者表示谢意!

由于编者水平有限,加之时间紧迫,疏漏之处在所难免,恳请同行和读者不吝赐教,以后我们还将不断地进行修订和改进。

编者
2022 年 2 月

目录

Contents

项目一

从"心"出发 认识健康

翻过昨天的一篇，打开崭新的一页，从"心"出发，远离阴霾，走进阳光，迈向全面健康新大道，谱写青春无悔新篇章！

学习目标

(一)知识目标

1.了解心理健康的含义。

2.了解大学生常见的心理问题以及应对方式。

3.了解大学生心理咨询和朋辈咨询的基本内容。

(二)能力目标

1.学会自我调适大学适应不良的状况。

2.学会积极应对心理困惑,懂得必要时寻求心理咨询的帮助。

(三)德育目标

培养积极乐观的人生态度,以及自我调适的基本能力。

课前自测

大学生心理健康测试题

以下40道题,如果感到"经常是",画"√";"偶尔"是,画"△";"完全没有",画"×"。

1.平时不知为什么总觉得心慌意乱,坐立不安。(　　)

2.上床后,怎么也睡不着,即使睡着也容易惊醒。(　　)

3.经常做噩梦,惊恐不安,早晨醒来就感到倦怠无力、焦虑烦躁。(　　)

4.经常醒1～2小时,醒后很难再入睡。(　　)

5.学习常使自己感到非常烦躁,讨厌学习。(　　)

6.读书看报甚至在课堂上也不能专心致志,往往自己也搞不清在想什么。(　　)

7.遇到不称心的事情便较长时间地沉默少言。(　　)

8.感到很多事情不称心,无端发火。(　　)

9.哪怕是一件小事情,也总是很放不开,整日思索。(　　)

10.感到现实生活中没有什么事情能引起自己的乐趣,郁郁寡欢。(　　)

11.教师讲课,常常听不懂,有时懂得快忘得也快。(　　)

12.遇到问题常常举棋不定,迟疑再三。(　　)

13.经常与人争吵发火,过后又后悔不已。(　　)

14.经常追悔自己做过的事,有负疚感。(　　)

15.一遇到考试,即使有准备也紧张焦虑。(　　)

16.一遇到挫折,便心灰意冷,丧失信心。(   )

17.非常害怕失败,行动前总是提心吊胆,畏首畏尾。(   )

18.感情脆弱,稍不顺心,就暗自流泪。(   )

19.自己瞧不起自己,觉得别人总在嘲笑自己。(   )

20.喜欢和比自己年幼或能力不如自己的人一起玩或比赛。(   )

21.感到没有人理解自己,烦闷时别人很难使自己高兴。(   )

22.发现别人在窃窃私语,便怀疑是在背后议论自己。(   )

23.对别人取得的成绩和荣誉常常表示怀疑,甚至嫉妒。(   )

24.缺乏安全感,总觉得别人要加害自己。(   )

25.参加春游等集体活动时,总有孤独感。(   )

26.害怕见陌生人,人多时说话就脸红。(   )

27.在黑夜行走或独自在家有恐惧感。(   )

28.一旦离开父母,心里就不踏实。(   )

29.经常怀疑自己接触的东西不干净,反复洗手或换衣服,对清洁极端注意。(   )

30.担心是否锁门和有东西忘记拿,反复检查,经常躺在床上又起来确认,或刚一出门又返回检查。(   )

31.站在沟边、楼顶、阳台上,有摇摇晃晃要掉下去的感觉。(   )

32.对他人的疾病非常敏感,经常打听,生怕自己也身患相同的病。(   )

33.对特定的事物、交通工具(如公共汽车)、尖状物及白色墙壁等稍微奇怪的东西有恐惧倾向。(   )

34.经常怀疑自己发育不良。(   )

35.一与异性交往就脸红心慌或想入非非。(   )

36.对某个异性伙伴的每一个细微行为都很注意。(   )

37.怀疑自己患了严重的不治之症,反复看医生或去医院检查。(   )

38.有依赖止痛药或镇静药的习惯。(   )

39.经常有离家出走或脱离集体的想法。(   )

40.感到内心痛苦无法解脱,只能自伤或自杀。(   )

评分标准:

"√"得2分,"△"得1分,"×"得0分。

评价参考:

0~8分:心理非常健康,请你放心。

9~16分:大致还属于健康的范围,但应有所注意,可以找老师或同学聊聊,心情应保持愉快、乐观。

17~30分:你在心理方面有了一些障碍,应采取适当的方法进行调适,或找心理辅导老师帮助你。

31~40分:黄牌警告,有可能患了某些心理疾病,应找心理医生进行检查治疗。

41分以上:有较严重的心理障碍,应及时找心理医生治疗。

我的测试结果：

_____

_____

案例导学 ▶▶▶

案例1："富二代"患上心理障碍

李治(化名)家庭条件很好,算是个"富二代"。从小到大父母都给他提供了很好的物质条件,生活上也是无微不至,基本上是衣来伸手、饭来张口,吃的、用的都是最好的,这也就导致了李治的生活自理能力很差,同时还有一种自我优越感。

考上大学之后,住进集体宿舍,李治完全适应不了,嫌宿舍人多,没有空调,条件差,不愿意吃食堂的饭菜,不会洗衣服,与舍友的关系也处得很僵,天天因为琐事与同学吵架。没到一周,李治就在宿舍待不下去了,跟父母吵着要搬到校外住。无奈之下,父母给李治在校外租了房子,并且专门请了保姆照顾李治的饮食起居。然而,李治的情况并未因此好转,恶劣的人际关系让李治在同学中没有朋友,强烈的孤独感让他感觉到自己似乎与大学环境格格不入,精神状态萎靡,失眠,早上经常迟到,学习成绩也直线下降。

分析:现代家庭舒适的生活条件、独生子女的特殊身份和父母的过分关爱,使多数学生缺乏独立生活的能力。进入大学后,这些原本"衣食无忧"的学生由于缺乏生活自理的能力,在生活上表现出极大的不适应。刚入学的大学生要顺利度过生活环境的转变期,应从小事做起、从眼前做起,利用每一件小事和每一个机会锻炼自己独立生活、独立工作的能力。

案例2:为什么总是留恋中学时代?

高某,男,18岁,大学一年级新生。入学不久,来到心理咨询室向咨询老师诉说自己的苦恼:"老师,我是刚刚进入大学不久的一年级新生。进大学前,幻想着大学生活浪漫、幸福,可是来到大学后却觉得人地两生。特别是到了周末、节假日,看到当地同学陆续回家或与老同学聚会,我的思乡之情油然而生。我是多么留恋过去的中学时代,过去的同学、朋友,过去熟悉的生活环境,甚至后悔报考外地的大学,其实我们那里也有不少大学,我们班的好几个与我要好的同学都在家乡的大学上学。我觉得大学还不如过去的中学时代好,人长大了上了大学但生活没什么意思,还不如少年时代好玩。老师,您说我这种心理是不是不正常?有没有办法改变呢?"

分析:高某出现的这种心理,是大学新生中常遇到的问题,心理学上称之为"回归心理"。具体表现是迷恋过去,有一种希望回到过去的心态。它主要是由于对大学生活不适应、对新环境感到陌生而造成的。"回归心理"应当说是一种正常的心理状态,但是如果长期处于一种怀旧、留恋过去的心理状态中,会造成学习上的不安心,甚至夜不成眠,形成阻碍学习的心理压力。所以应尽快地熟悉新环境、克服"回归心理",如:去找老乡谈心;多与同学接触交流;培养业余爱好;与老同学、老朋友或家乡的亲人交流信息、沟通情感,介绍新环境中的人和事,以减轻思乡、怀旧的情绪。

案例3:对大学不满产生抵触情绪

小勇,男,18岁,某高职院校大一新生。自述对自己高考只考了所高职院校一直耿耿于怀,内心很不愿接纳这一事实,但又感觉很无奈,只得硬着头皮来到这儿读书。可是来了之后,更加失望。学校很小,环境一般,觉得与自己想象中的大学相差太远。军训过后,觉得生活很迷茫、很空虚,无所事事,每天上完课以后不知道该干些什么,于是以闲逛、打牌、看小说、上网等方式来打发时间。

分析:小勇由于对高考结果不满,对目前就读的大学存在抵触心理,不能很好地去接纳学校以及他那已经开始了的大学生活;心理上产生失望感、无奈感、无聊感等。这一案例在大专学生中比较普遍。一方面是心里对大学的美丽幻想和过高的期望,另一方面他们感到自己现实的处境并不如意,甚至自认为非常糟糕,所以心理上的"落差"很大,难以接受、难以主动积极地试着去适应,有的甚至干脆"破罐子破摔",以消极的方式应对大学生活。

课堂互动

任务一 大学新生适应

活动一:连环介绍

活动目的:活跃气氛,打破僵局,增进同学们的相互认识,加深彼此之间的印象。

活动步骤:

1.分成若干小组,每组6~8人。

2.每位同学用下面的句子结构介绍自己:"我是来自······地方,性格······爱好······的×××。"

3.随机选定小组中一人开始介绍,其他组员认真听并记住。

第二位介绍者需要重复前一位同学的介绍:"我是来自······地方,性格······爱好······的×××;旁边的是来自······地方,性格······爱好······的×××。"

第三位,则需要重复前面两位同学的介绍:"我是来自······地方,性格······爱好······的×××;旁边的是来自······地方,性格······爱好······的×××;×××旁边的是来自······地方,性格······爱好······的×××。"

后面的同学依此类推进行介绍,最后介绍的同学要将前面所有同学的信息重述一遍。

活动二:大学生活"四个最"

活动目的:了解大学新生进入大学的适应状况以及存在的困难。

活动步骤:请同学填写下面的表格。

我进入大学 最高兴的是	
我进入大学 最满意的是	
我进入大学 最烦恼的是	
我进入大学 最担心的是	

活动三:情景剧场"不适应的小雨"

人物:小雨、小欣(宿舍心理委员)。

地点:宿舍。

剧情背景:小雨同学,女生,从云南来到广东某学院求学,由于环境气候发生了较大变化,皮肤总是起疹发痒。学生饭堂的饭菜是典型的广东口味,无法下咽,每天都是白饭加辣椒酱。宿舍的同学讲粤语,小雨听不懂,觉得与她们没有共同语言,她们每天谈论的话题,她都不感兴趣,只有默默去图书馆,又被同学说清高。她觉得大学生活跟自己想象的完全不一样,很苦闷,很想回去复读,但又担心复读考不好,每天晚上都辗转难眠。

剧情新编:小欣(宿舍心理委员)了解到这种情况后,决定帮助小雨更好更快地适应大学生活。用角色扮演的方法,模拟心理疏导过程。

_____
_____
_____
_____
_____
_____
_____
_____
_____
_____

任务二　了解健康和心理健康

活动一:我的"五样"

活动目的:了解健康在自己价值观里的排名,重视健康的价值。

活动步骤:

1.有人说:理想的人生是拥有亲情、友情、爱情、健康、金钱、地位、权势、爱心,等等。请每个同学在下面的横线上写下你一生中最想拥有的五样东西。这五样东西可以是具体的事物,可以是抽象的事物,可以是精神的追求,排名不分先后。

_____

_____

2.假如现在你因为遇到一些变故,不得不放弃其中的一样东西,你首先会选择放弃哪一样呢?请按老师口令划去其中一项。

3.很不幸,你又遇到人生的第二个低谷,这次你被迫要同时放弃其中的两项,请你好好想想,然后做出抉择……

4.请按老师口令依次划掉,直至保留最后一项。

5.写下健康在你价值观里的排名及其重要性。

_____

_____

_____

活动二:爱的家园

活动目的:感受家的温暖和团队的归属感,同时达到分组的目的。

活动时间:30分钟。

活动道具:4张分别写有4个词的报纸,并将其按照参加活动的学生人数剪成相应的不规则的小块;4张大图画纸。

活动场地:室外为宜。

活动步骤:将写有"健康、快乐、和谐、幸福"4个词的4张纸随意地分成若干份,每份都剪成不规则图形,每份上都有4个词中的一小部分,让大家随意抽取其中1份,然后再将若干份小纸片复原。

活动分享:各自谈谈找家的感受……

备注:"健康、快乐、和谐、幸福"4个词可以根据需要换成其他词。

活动三:小组讨论

活动目的:理解心理健康的标准。

活动步骤:

1.请判断以下大学生的心理或行为健康吗?

A.一位大学新生入校一个月来,天天想回家天天哭,晚上睡不着觉。(   )

B.一位1.8米身材健硕的大学男生,总是逃课,躲在宿舍玩游戏。(   )

C.一位成绩优异的大学生因为妒忌同学,撕毁了同学的入职通知书。(   )

2.你对健康的理解是?

_____

_____

_____

_____

3.如何理解健康和心理健康标准?

我认为健康具有以下几个标准	我认为心理健康有以下几个标准

任务三 了解心理状态

活动一:如何区分心理正常和异常

活动目的:让学生掌握判断心理正常与异常的三条标准。

活动步骤:

1.小组讨论:生活中你见过心理异常的人吗? 他们通常有什么表现? 你知道如何区分心理正常与异常吗?

2.教师讲解如何区分心理正常与异常。目前心理学与精神病学公认的判断标准有三条:①主观与客观统一性原则;②心理活动的内在协调性原则;③人格的相对稳定性原则。

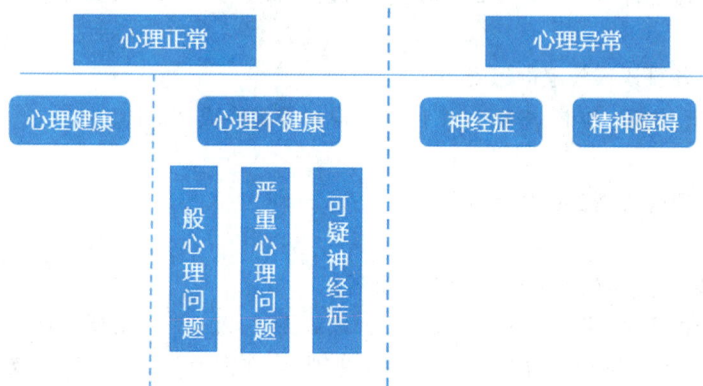

```
心理正常                              心理异常

心理健康      心理不健康          神经症      精神障碍

          一般心理问题
          严重心理问题
          可疑神经症
```

3.尝试判断,并解释判断的原因。

(1)求助者:男,19 岁。

主诉:最近两周以来经常失眠,常常酗酒,白天精神恍惚,食欲低,对很多事情都不感兴趣,朋友叫去玩也没以前那么积极;经常没去上课,就待在宿舍,整天躺在床上发呆;女朋友在两周前提出和自己分手,但是自己不愿意,一到周末就去女朋友的学校找她,但是对方不见自己,所

前提出和自己分手,但是自己不愿意,一到周末就去女朋友的学校找她,但是对方不见自己,所以感到很伤心;朋友们都知道这事情,也来劝和,认为女朋友好像有点想和好的意思,但不确定,自己总看着手机,感到十分焦虑。

☐严重心理问题　　　☐一般心理问题　　　☐可疑神经症

(2)求助者:男,18岁,艺术学校三年级学生。

主诉:从小喜欢绘画,想报考中央美术学院。认为上文化课纯粹是浪费时间,应用这些时间来练习自己的绘画技巧,故从一年级开始就经常借故逃避文化课。家长则认为文化课也不能放松,文化课必须有一定成绩才能被学院录取。求诊者和父母经常因此而发生冲突,自己觉得很心烦,即使在家作画也没好心情。进入高三,发现文化课不如自己想的简单,恐怕考中央美术学院的理想要落空,在家长面前还装出理直气壮的样子,不肯承认自己的悔意,感到焦急、希望渺茫,出现入睡困难,对生活中的事打不起精神。拿起画笔,觉得很沉重。听课时注意力不集中,记忆力下降。

☐严重心理问题　　　☐一般心理问题　　　☐可疑神经症

4.如果你的家人亲友有了心理问题,你会怎么做呢?

_____
_____
_____
_____

活动二:影片赏析

活动目的:让学生对精神疾病的病因、临床表现,以及精神病患者的个性和思维特点有更感性直观的认识,提高学生对精神病患者的共情能力。

活动步骤:

第一环节:观看影片。集体观看荣获2001年奥斯卡金像奖的电影《美丽心灵》。

第二环节:小组讨论。讨论主题包括:

(1)影片中的主角罹患了什么精神疾病或有什么性质的心理问题?表现出哪些异常的精神症状?这些症状说明了什么问题?

(2)心理问题或精神疾病对当事人的事业或生活带来了哪些影响?为什么他们都拒绝接受治疗?这些阻抗说明了什么?

(3)最后他们的心理问题或精神疾病是如何被解决的?

(4)影片中哪些对白和情景让你感动?它为什么触动了你?

第三环节:教师点评。

(1)如何看待心理问题、心理障碍和精神疾病的病因和病理机制?

(2)为什么药物或者催眠之类的治疗对案例中的当事人不能奏效,而人本主义的心理治疗却能让当事人带病生活,让聪明才智的潜能得以充分展现?

(3)幻想和妄想甚至没有彻底消失,但为何天才的灵感和数学才能却同样敏锐?

(4)影片名"美丽心灵"指的是谁?这意味着什么?

第四环节:将自己观看电影的体会写成一篇观看感或影评。如有条件,可以利用假期到当地精神病医院做义工,与精神病患者一道搞音乐联欢晚会,参观精神病患者的绘画作品,尝试与他们进行交流,倾听精神病患者的病史故事和人生故事。

智慧锦囊 ▶▶▶

一、什么是心理健康

(一)什么是健康

人们常常提出这样的疑问:人的一生中,什么东西最重要?不同人有不同的答案,有人说是健康,有人说是快乐,有人说是金钱,也有人说是家庭。曾经有人用"1000000"来比喻人的一生,这里"1"代表健康,"0"代表生命中的事业、金钱、地位、权力、快乐、家庭、爱情、房子……各种的"0"充斥着人们的生活,引诱着人们的欲望,而简单淳朴的"1"却往往被忽略、遗弃。"0"可以千金散尽还复来,但是"1"却似一江春水向东流;"1"一旦失去,所有的浮华喧嚣都将归于沉寂。所以,没有健康,就等于失去了人生的参赛权。如同高楼需要基础的支撑一样,人们的奋斗需要有力而持久的支撑,没有健康的支撑,一切奋斗便是无源之水、无本之木。健康才是人生最大的财富,拥有健康才拥有希望,才可能拥有一切。

长期以来,人们习惯把健康理解为身体不生病或不衰弱,也就是"无病即健康"。这种传统健康认识虽有一定的道理,但还存在着一定的局限性。1946年,世界卫生组织明确提出:"健康乃是一种在身体上、心理上和社会上的完满状态,而不仅仅是没有疾病和虚弱的状态。"(Health is a state of complete physical, mental and social well-being and not merely the absence of disease or infirmity.)这一定义说明人类对健康的理解已由生理的、个体的层面发展到心理的、社会的层面。1989年,世界卫生组织又进一步深化了健康的概念,认为:"健康应包括躯体健康、心理健康、社会适应良好和道德健康。"这四者缺一不可。

不仅如此,世界卫生组织还制定了衡量健康的10条标准(1989年修订版):

- 精力充沛,能从容不迫地应付日常生活和工作;
- 处事乐观,态度积极,乐于承担任务,不挑剔;
- 善于休息,睡眠良好;
- 适应环境,应变能力强;
- 对一般感冒和传染病有一定抵抗力;
- 体重适当,体态匀称;
- 眼睛明亮,不发炎,反应敏捷;
- 牙齿清洁,无缺损,无疼痛,牙龈颜色正常,无出血;
- 头发有光泽,无头屑;
- 骨骼健康,肌肉、皮肤有弹性,走路轻松。

健康的人有许多外在表现,世界卫生组织又提出了用具体的"五快三良"来衡量一个人的身心健康状况。

"五快"是指:①食得快——进餐时,有良好的食欲,不挑剔食物,并很快吃完一顿饭;②便得快——一旦有便意,能很快排泄完大小便,而且感觉良好;③睡得快——有睡意,上床后能很快入睡,且睡得好,醒后头脑清醒,精神饱满;④说得快——思维敏捷,口齿伶俐;⑤走得快——行走自如,步履轻盈。

"三良"是指:①良好的个性——情绪稳定,性格温和,意志坚强,感情丰富,胸怀坦荡,豁达乐观;②良好的处世能力——观察问题客观现实,具有较好的自控能力,能适应复杂的社会环境;③良好的人际关系——助人为乐,与人为善,对人际关系充满热情。

人不仅仅是一个生物体,而且是有着复杂的心理活动、生活在一定的社会环境中的完整的人。人是生理、心理与社会层面的统一。因此人的健康体现为在生理、心理与社会这三个方面都保持良好的状态。

(二)什么是心理健康

人的生理活动与心理活动是互相联系、互相影响、互相制约的,心理健康是健康的重要组成部分,也是生理健康的条件和保证。那么什么是心理健康呢?迄今为止,心理健康还没有一个统一的定义。

1946年,第三届国际心理卫生大会将心理健康定义为:"所谓心理健康是指在身体、智能及情感上与他人的心理健康不相矛盾的范围内,将个人心境发展成最佳状态。"现代心理学认为,心理健康是一种内外协调的良好心理功能状态,有广义和狭义之分。从广义上讲,心理健康是指一种高效而满意的、持续的心理状态。从狭义上讲,心理健康是指人的基本心理活动的过程内容完整、协调一致,即认识、情感、意志、行为、人格完整和协调,能适应社会,与社会保持同步。

人的生理健康是有标准的,一个人的心理健康也是有标准的。但是,心理健康标准的制定具有相对性和复杂性。关于心理健康的标准,不同学者有不同的看法。美国著名心理学家马斯洛(H. A. Maslow)和米特尔曼(Mittelman)提出的心理健康的十条标准被公认为是"最经典的标准":

(1)充分的安全感;

(2)充分了解自己,并对自己的能力做适当的估价;

(3)生活的目标切合实际;

(4)与现实的环境保持接触;

(5)能保持人格的完整与和谐;

(6)具有从经验中学习的能力;

(7)能保持良好的人际关系;

(8)适度的情绪表达与控制;

(9)在不违背社会规范的条件下,对个人的基本需要做恰当的满足;

(10)在集体要求的前提下,较好地发挥自己的个性。

不同版本的心理健康的评判标准和尺度有所不同,个体可以此来大致衡量自己的心理健康水平。人的全部心理活动可以用心理健康、心理不健康、心理异常三个概念来表达,其中心理不健康分为三种类型:

(1)一般心理问题。这是由现实事件引发、持续时间较短、情绪反应能在理智控制之下、社会功能没有严重破坏、情绪反应尚未泛化的心理不健康状态。当事人的内心冲突是常形的,能基本维持正常的学习、生活、工作、社会交往,只是效率有所下降,自始至终不良情绪的引发仅仅局限于最初事件。

（2）严重心理问题。这是由相对强烈的现实事件引发、情绪反应强烈、持续时间较长、不良情绪反应已经泛化的心理不健康状态。当事人的内心冲突是常形的,不良情绪持续时间在两个月以上、半年以下,社会功能有所破坏,对学习、生活、社会交往都有一定程度的影响,不良情绪的引发不局限于最初事件,与最初事件相类似、相关联的刺激也会引发不良情绪,反应对象泛化。

（3）神经症性心理问题（可疑神经症）。这种是最严重的心理不健康状态,内心冲突已经变形,虽然不能立刻确诊为神经症,但是,已经接近神经症。

心理异常则表现为神经症或精神病性障碍,这类人群虽然只占极少数,但是也要加强宣传教育,积极预防,做到早发现、早治疗。需要说明的是,即便是有精神病性障碍的人,他们的心理活动也并不全部表现为异常,而且经过系统治疗,心理的异常部分也能得到改善或完全被矫正。因此,正常心理活动和异常心理活动之间,有相互转化的可能性。

近年出现的心理健康新观点——心理健康的双连续模式认为,心理疾病和心理健康在一个人身上可以并存。心理疾病和心理健康是两个既独立又保持互相关联的概念。

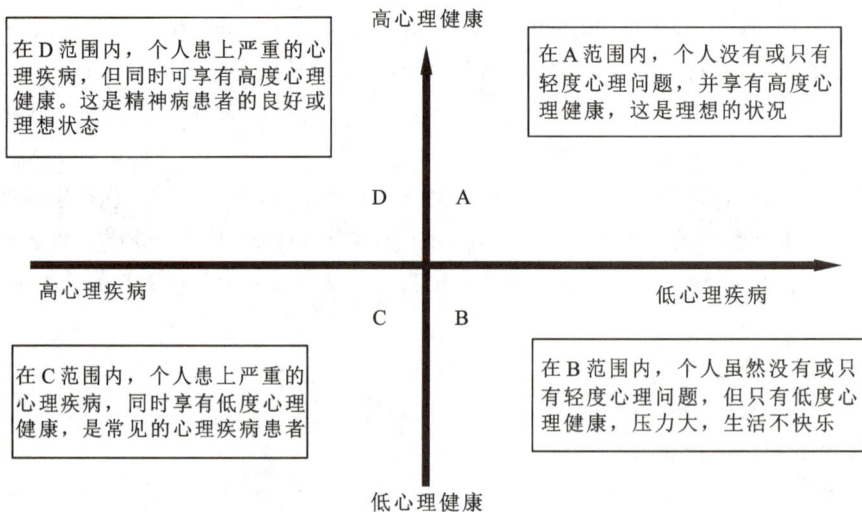

心理健康的双连续模式

一般来说,心理健康的人都能够善待自己,善待他人,适应环境,情绪正常,人格和谐。在心理健康的状态下,生命具有活力,潜能得到开发,价值得以实现。但心理健康的人并非没有痛苦和烦恼,而是他们能适时地从痛苦和烦恼中解脱出来,积极地寻求改变不利现状的新途径。他们能够深切领悟人生冲突的严峻性和不可回避性,也能深刻体察人性的善恶。他们能够自由、适度地表达,展现自己的个性,并且与环境和谐地相处。

（三）大学生心理健康的标准

大学生的心理既有青年初期的一般特征,又具有大学生这一特殊群体自身的特点,国内学者通过对大学生心理健康状况的研究,总结出了我国大学生心理健康的八大标准:

1. 智力正常

智力正常是大学生学习、生活与工作的基本心理条件,也是适应周围环境变化所必需的心理保证,因此衡量时,关键在于是否正常地、充分地发挥了效能,即是否有强烈的求知欲、乐于学习、能够积极参与学习活动。

2. 情绪健康

情绪健康的标志是情绪稳定和心情愉快,包括的内容有:愉快情绪多于负面情绪,乐观开朗,富有朝气,对生活充满希望;情绪较稳定,善于控制与调节自己的情绪,既能克制又能合理宣泄;情绪反应与环境相适应。

3. 意志健全

意志是人在完成一种有目的的活动时所进行的选择、决定与执行的心理过程。意志健全者在行动的自觉性、果断性、顽强性和自制力等方面都表现出较高的水平。意志健全的大学生在各种活动中都有自觉的目的性,能适时地做出决定并运用切实有准备的方式解决所遇到的问题,在困难和挫折面前,能采取合理的反应方式,能在行动中控制情绪和言行,而不是盲目行动、畏惧困难、顽固执拗。

4. 人格完整

人格指的是个体比较稳定的心理特征的总和。人格完善就是指有健全统一的人格,即个人的所想、所说、所做都是协调一致的。人格完整的主要标志是:人格结构的各要素完整统一,具有正确的自我意识,不产生自我同一性混乱,以积极进取的人生观作为人格的核心,并以此为中心,把自己的需要、目标和行动统一起来。

5. 自我评价正确

正确的自我评价乃是大学生心理健康的重要条件,大学生通过自我观察、自我认定、自我判断和自我评价,做到自知,恰如其分地认识自己,摆正自己的位置,既不以自己在某些方面高于别人而自傲,也不以某些方面低于别人而自惭,能够自我悦纳,喜欢自己,接受自己,自尊、自强、自制、自爱适度,正视现实,积极进取。

6. 人际关系和谐

良好而深厚的人际关系,是事业成功与生活幸福的前提。其表现为:乐于与人交往,既有广泛而深厚的人际关系,又有知心朋友;在交往中保持独立而完整的人格,有自知之明,不卑不亢;能客观评价别人和自己,善取人之长补己之短,宽以待人,乐于助人,积极的交往态度多于消极态度,交往动机端正。

7. 社会适应正常

个体与客观现实环境保持良好秩序。通过客观观察,以取得正确认识,以有效的办法应对环境中的各种困难,不退缩,还要根据环境的特点和自我意识的情况努力进行协调,改变环境适应个体需要或改造自我适应环境。

8. 心理行为符合年龄特征

在人的生命发展的不同年龄阶段,都有相对应的心理行为表现,从而形成不同的年龄阶段独特的心理行为模式。大学生应具有与年龄和角色相适应的心理行为特征,即大学生的举止言行符合其年龄特征是心理健康的表现。

(四)对心理健康标准的理解

不同的心理健康标准有不同的解读,正确理解心理健康的标准非常必要,我们可以从以下几个方面来把握。

1. 标准的相对性

人的心理健康状况分布大体符合正态分布曲线,绝对健康和绝对不健康的人都是少数,大部分人落在中间区域。

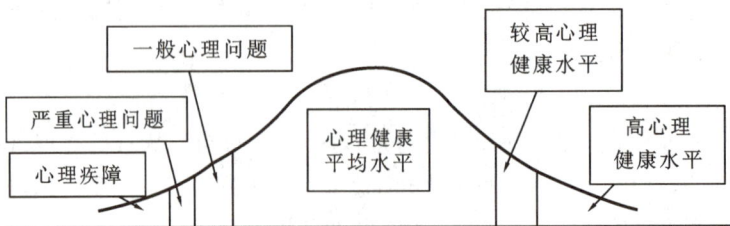

心理健康水平的常态分布图

心理健康灰色理论将完全心理健康比作白色,将强烈的不健康比作黑色,该理论认为在白色与黑色之间存在着一个巨大的缓冲区域——灰色区。灰色区域又可以进一步分为浅灰色区与深灰色区,浅灰色区的人只有心理冲突而无人格变态,如失恋、丧亲、夫妻纠纷、家庭不和、工作不顺、人际关系不佳等生活矛盾带来的心理不平衡与精神压抑。深灰色区的人则患有种种人格障碍与神经症,如强迫症、恐惧症等。世间属于纯白的心理完美与纯黑的精神疾病的人极少,大多数人的精神状况都落在灰色区域内。

心理健康灰色理论

区域	白色区	浅灰色区	深灰色区	黑色区
特点	健康人格、自信适应	由生活人际关系压力而产生的心理冲突	各种人格异常者	精神病患者
服务者	无需	心理咨询师、社会工作者	心理治疗师	精神科医生
服务模式	无需	咨询心理学模式	临床心理学模式	医学模式

有些学者将灰色区域既非疾病又非健康的中间状态称为"亚健康状态"。从静态的角度看,心理健康是一种状态;从发展的角度看,心理健康是围绕着健康常模,在一定范围内不断上下波动的过程,处于一种动态平衡的状态。不管是普通人群还是学生群体,在人生发展的过程中遇到各种各样的心理问题都是正常的,就如心理得了"感冒",不必因此产生过重的情绪负担,而应积极加以调整或治疗。

另外,人的一生的发展经历了不同的阶段,各个阶段的心理特征是不尽相同的,社会化的要求也是不一样的。对于不同年龄阶段的人来说,心理健康标准可能不会完全划一,而是各有侧重。其次,由于文化差异,不能完全照搬西方的心理健康标准,需要结合我国实际。

2. 整体协调性

从心理过程看,健康的人的心理活动是一个完整统一的协调体,整体协调性保证了意识和行为的高度准确性与有效性;从心理结构看,一旦不能符合规律地进行协调运作,便可能产生一系列的心理困扰或问题;从个性角度看,每个人都有长期形成的稳定的个性心理,个性在没有明显、剧烈的外部因素的影响下不会轻易发生变化,否则说明其心理健康状况发生了变化;从个体与群体的关系看,每个人在其现实生活中可归属于不同的群体,不同群体间的心理健康标准存在差异,没有绝对化的心理健康标准。

3. 发展性

人在发展的过程中会遇到各种各样的挫折,一些不健康的心理状态可能是大学生成长中不可避免的问题,比如新生适应问题、就业焦虑问题。随着时间的推移、身心的发展,其症状会自行缓解或消失。

心理健康标准是一种理想的尺度,它是一个衡量的依据,更重要的是它指明了提高心理健康水平的方向。目前,关于心理健康到底是一种目标还是一种过程的问题尚存在争论。很多理论家、学者都提出心理健康应该是一个目标,作为一个目标呈现给个体,个体按照标准去执行,就可以达到心理健康的标准。另外一种观点认为心理健康应该是一个过程,是实现的过程,是被完成的过程。美国的人本主义心理学家卡尔·罗杰斯在他的著作《论人的成长》中就使用进行时来描述心理健康的发展。实际上,罗杰斯就是把心理健康看作一个过程,尽管现在还没有具备心理健康的种种积极的品质,但是在朝这个方向不断接近的时候,心理也是健康的,而不一定是非得达到了某个标准才算心理健康。

4. 心理健康是一个动态的概念

心理健康在不同的历史时期具有不同的要求。这是因为,随着社会的变迁,不同的社会对人有不同的要求,如安贫乐道在封建社会可能是一种理想的保持心理平衡的观念,但在现代社会,则会使人不思进取,容易在激烈的社会竞争中遭到淘汰。制定心理健康的标准时要立足于现代社会对人的素质的要求,要体现时代性,当然也要弘扬优秀传统文化的精华。

5. 心理健康是一种积极的社会适应

许多学者在论述心理健康的标准时都将社会适应作为重要的指标。适应有两种:一种是消极的适应,指个体被动地适应环境;一种是积极的适应,指个体一边调整自我的需求,一边试图改变环境的条件,改造环境。心理健康不只是个体的问题,也是群体与社会的问题,我们不能认为适应于病态、不健康社会的人的心理是健康的。

人不是一个被动的客体,而是一个富有创造性的、具有自主发展的主体,人不但要积极适应环境,还要勇于改造环境。有人强调心理健康的标准应该是生存标准和发展标准兼顾。生存标准是个人生命存在,更强调适应环境,顺应社会主流文化;而发展标准则着眼于个人与社会的发展,追求最有价值地创造生活,强调能动地适应和改造环境,通过挖掘个人最大身心潜力,求得身心满足,成为崇高、有尊严、自尊的人。

6. 心理健康是健全的人格发展过程

心理健康是人的知、情、行统整的过程。目前,心理辅导比较注重人的情绪层面和行为层面的问题,更重视人的价值观、人生观、道德认识观等的形成和发展。心理健康标准若不把道德标准纳入进去,实际上是一个有缺陷的、不健全的心理健康标准。

(五)心理健康教育的发展

心理健康教育,可简称为心理教育(psychological education),与心理卫生(mental hygiene)一词相近,泛指运用心理学的知识和专业技术,经由教育性的措施,增进个体的心理健康发展,培养健全人格,增强承受挫折和适应社会环境的能力,避免出现心理障碍,直至达到心理成熟的水平。现代精神卫生工作始于 1789 年法国大革命之后由皮奈尔(P. Pinel)医生为解除住院精神障碍病患者的锁链所做的改革,尤其是 1908 年美国人比尔斯(C. W. Beers)以自己罹患精神疾病住院的痛苦经历向世人发出了改善精神障碍病患者待遇的强烈呼声。比尔斯的自传《一颗找回自我的心》引起了当时一场关于争取精神病患者合法权益的运动。在著名心理学家詹姆斯(W. James)和精神病学家梅耶(A. Meyer)的支持下,比尔斯于 1908 年在美国康涅狄格州成立了世界上第一个心理卫生协会,1909 年又在纽约成立了全美心理卫生委员会,1930 年在华盛顿召开了第一届国际心理卫生大会。之后,许多国家相继成立了精神卫生协会和专项基金会,创办了精神卫生的刊物,建立了精神卫生研究和服务机构,先后有近 50 个国家颁布了国民精神卫生法。1930 年以后,精神卫生运动逐渐从改善精神障碍病患者待遇和防治精神障碍的狭小范围扩大到优生优育、儿童和青少年精神卫生的指导、增进普通人群及个体的心理健康,以及有关自杀、犯罪、酗酒、性病等社会问题的预防等"大医学"的范围。1991 年,尼泊尔政府提交了第一份关于开展"世界精神卫生日"活动的倡议报告。1992 年,世界精神病学协会(World Psychiatric Association,WPA)发起设立"世界精神卫生日",世界卫生组织确定每年的 10 月 10 日为"世界精神卫生日"。

学校是少年儿童和青年社会化过程的重要场所,青少年时期的心理发展和心理教育对他们以后的成才尤为重要。因此,学校自然成为心理卫生工作的重点。早在 1896 年,美国的莱特纳·威特默(Lightner Witmer)就在宾夕法尼亚大学开设了为学生服务的心理诊所,他是公认的学校心理卫生最早的实践者。大约在 20 世纪 40 年代,美国各大学先后成立了学生心理咨询机构,并成为学校学生管理工作的重要组成部分,其主要工作职能包括:精神疾病的鉴别与心理健康评估、心理咨询或心理辅导、心理危机干预、心理健康教育、职业咨询等。日本大学的心理卫生活动开始于 20 世纪 50 年代,现在有 80% 的公立大学和 70% 的私立大学已设置心理咨询机构,并成立了日本大学心理咨询学会,该学会下设 7 个委员会,每年均举办心理咨询研修会,不断提高由心理工作者、教育工作者、学生管理人员、医务人员协作组成的高校心理卫生服务队伍的业务水平。现在世界上许多发达国家的中、高等学校都建立了相应的学生心理辅导机构,指导学生解决在学习、择业、交友和生活等方面遇到的困难。

中国心理卫生研究和高校大学生心理健康教育工作大致起步于 20 世纪 80 年代中期。1985 年中国心理卫生协会成立,1988 年在上海召开了全国首届心理咨询理论与实践研讨会。此后,在全国许多省市高校先后成立了有关学生心理健康教育、研究与服务的机构。2001 年,教育部颁布了《关于加强普通高等学校大学生心理健康教育工作的意见》;2001 年 8 月 3 日,劳动和社会保障部制定和颁布的《心理咨询师国家职业标准(试行)》正式实施;2002 年,教育部颁布了《普通高等学校大学生心理健康教育工作实施纲要(试行)》;2011 年,教育部颁布了《普通高等学校学生心理健康教育工作基本建设标准(试行)》和《普通高等学校学生心理健康教育课程教学基本要求》,标志着中国高校心理健康教育已经进入新的建设阶段。2016 年,国家卫生计生委等 22 个部门联合印发了我国首个针对加强心理健康服务的宏观指导性文件《关于加强心理健康服务的指导意见》。该意见提出了"要积极开设心理健康教育课程,开展心理健康教育活动;重视提升大学生的心理调适能力,保持良好的适应能力,重视自杀预防,开展心理危机干预"等工作目标。

二、大学生常见的心理问题

对于刚步入大学的新生来说,大学是一个完全不同于高中的新环境,要面对的新变化和新问题有很多:生活环境的变化带来衣食住行方面的问题;学习环境的变化带来学习目的、学习内容、学习方式方面的问题;人际交往环境的变化带来交往需求、交往范围、交往方式方面的问题。大学生在面对这些新的变化和新的问题时,常常因为生活经验不足、心理准备不足而出现各种心理适应的问题,常见的不适应问题有理想与现实的冲突、角色错位的困扰、适应不良的焦虑、人际交往的心理孤独、生活应对的烦恼等。

(一)不适应新的生活环境

对于一个大学新生来说,离开家乡到异地求学就意味着踏入一个不同的自然和社会环境,如果是来自路途遥远的外省,那么自然气候、风土人情、文化背景都有所不同。北方的同学到南方,他们不适应南方闷热多雨的天气。地域文化的差异导致语言、饮食习惯、生活习惯等存在很大不同。语言听不懂,在一定程度上影响了同学之间的交流,也因此产生孤独感。生活上,有的饮食以辛辣为主,有的以清淡为主,许多异地大学生初入大学时很不适应,个别严重的甚至因为吃不惯学校食堂的饭菜而退学。

从生活方式来看,中学阶段学生普遍是就近入学,吃住在家,拥有自己独立的空间。即使是寄宿制中学,学生离家也不太远,一般一周可以回家一次。而大学生活完全是集体生活,衣、食、住、行、学等日常活动都要自己安排。一些适应能力差的新生遇到这些问题时,常常束手无策,郁郁寡欢,不愿与别人沟通交流,害怕别人笑话,从而导致了烦躁、郁闷、紧张、不安等焦虑情绪。

(二)不适应新的学习方式

高中毕业的学生大多只知道要考大学,但对各个高校的办学性质和人才培养方面有什么区别,他们并不知道。例如,一些学生在不了解职业教育性质的情况下来到高职院校,不可避免地会产生不适应的心理问题。普通高校是以培养理论型、研究型人才为主要任务,对学生的要求是理论知识基础要扎实,研究能力要强;高职院校是以培养实用型、操作型人才为主要任务,对学生的要求是实验和实训要加强,动手能力要强。因此,许多高职学生不习惯由高中阶段的以传授知识为主的纯理论型学习,转为以实际操作技能为主的理论加实践型学习,许多学生会因此认为职业教育层次低、水平低、社会地位低,将来没有好的工作和发展前途,于是对学习缺乏兴趣,丧失了前进的动力和目标。

此外,高中阶段的学习方式和大学的学习方式有明显的不同。高中是教师手把手地领着学,是依赖型的学习;大学是教师指导学生学习,是自主型的学习。刚刚进入高校的大学生因为没有及时地了解这种变化,所以很多人感觉学习很吃力,不会自己独立地学习,而且除了按课程表上课外,也不知道该怎么安排自己的自学和实践活动的时间。

高中阶段,评价学生的标准是比较片面单一的,大多以学习成绩的优劣作为唯一的标准;而高校评价学生的标准并不是只看学习成绩一项,不同专业方向的学生都必须按照培养目标和要求,在理论考试、实际操作、综合素质等方面达到全面发展的要求。所以,有些学生只习惯理论考试而不习惯动手操作,只重视书本知识的学习而不重视社会实践能力的培养,不知道该怎样做一个合格的大学生,缺乏个人发展的具体目标和计划。

（三）不适应新的人际关系

和高中时期的人际关系比较,大学中的人际关系要复杂一些。首先是宿舍人际关系。因为学生的来源更广泛,所以饮食习惯、作息时间和个性特点的不同,使得宿舍人际关系较高中时期更难处理。其次是班级同学关系。由于大学阶段的学习任务相对高中阶段有所减轻,生活的问题增多,再加上大学生的思想更加成熟,择友的标准也呈现多样化,所以,想要和班里的每一位同学都处理好关系是不容易的。最后是师生关系。高中时期的教师是比较固定的,而且几乎每天都能见到,随时都可以请教师解答问题,师生关系比较密切;但大学中的师生关系会显得疏远一些,因为大学生的课程多,任课教师也多,上课教室的变化也多,通常下课后就很难见到教师,想要单独请教师解答问题、和教师保持比较密切的关系变得较困难。除此之外,还有同乡及外班、外系认识的一些朋友关系需要妥善处理。因此,学会处理大学新环境中的人际关系,对许多大学新生来说是一种心理负担。

三、大学生适应不良的心理调适

大学生的入学心理适应问题是普遍存在的,而且对他们今后的大学生活中的学习、情感、自我意识、人际交往、人格塑造等方面的心理健康状况有直接的影响。对于新生来说,在一年级就很好地适应环境,获得健康的心理状态,将会对其后几年的大学生活产生良好的影响,也会为其成长、成才打下良好的基础,甚至对其整个人生的健康发展起到积极的促进作用。

（一）尽快提高生活自理能力

高中时期的衣食住行都得自于父母周到的安排。进入大学后,一切要靠自己从头开始。自理能力是社会衡量一个人成熟程度的标准。大学生生活自理能力包括个人生活料理能力、个人财物的使用能力、个人时间精力的支配能力。大学生要学会自己料理床铺、收拾房间,学会自己洗衣服、缝补衣服,学会自己照料自己……在学习的过程中,积极向自理能力强的同学请教,同学间的互相影响和互相学习能够在一定程度上促进生活自理能力的提高;同时也可以打电话向父母请教。但最关键的是自己要行动起来,很多能力都是在做的过程中提高的。另外,要做到合理消费,节约开支,不要月初当"富翁",月底做"负翁"。大学生要学会记账和编制预算,根据家庭的经济情况和来源的可能性安排开支。明确每月开支哪些是基本的、必需的,哪些是可有可无的。钱要花在刀刃上,避免不必要的消费。如:吃不要大鱼大肉,营养均衡就可;穿不要追求时尚名牌,耐穿耐看就行;不要盲目攀比,应适度消费。

（二）掌握沟通技巧,主动交往

新生对环境的适应主要是对人际关系的适应,良好的人际关系首先来自于交往双方的真诚、相互尊重、相互理解、相互信任。此外还要把握交往的时机,学会沟通技巧,主动交往。首先,要处理好与室友之间的关系。经常参加集体活动,尤其是选择一些个性开朗、乐观的人做朋友。面对来自各地、性格习惯各异的同学,应本着"求大同,存小异"的原则,善于发现别人的优点,包容别人的缺点,设身处地地为他人着想,多理解别人。其次,要主动与教师交往。大学的教师被形容为"来也匆匆,去也匆匆",一些不善于与老师交往的同学,由于不主动与教师联系,感到大学教师缺乏亲切感,在学习上有问题也不敢向教师请教。由于大学教育的特殊性,任课教师除了上课外,很少有机会和同学一起交流,同学们应主动与教师交往,一方面请教学习中的问题,另一方面可以解决生活中的困惑。最后,要学会与学校内各部门工作人员交往。

大学是浓缩的社会,在这个社会中有各种机构,有各种不同身份的工作人员,对大学生而言他们都是应被尊重的人。在人际交往中,最重要的是对人的尊重,只要做到对人的尊重,自然也会被他人尊重和信任。

(三)确立新的价值目标

目标是人们活动所追求的预期结果,如果一个人没有价值目标,他就会感到无所作为,感到人生淡而无味。有了正确的人生价值目标,就会具有活力和动力,内心充实而有信念,就会自觉地为价值目标去追求和奋斗。价值目标的实现无不伴随着艰苦和某种牺牲,但只有朝人生价值目标不断地艰难跋涉,去创造,为别人、为社会、为自己,才能体会到生活的真谛,体味到自己的创造所带来的幸福。因此,尽快确立新的价值目标也是大学生走向新生活、适应环境的一项重要任务。

(四)摸索适应大学的学习方法

一是向有经验的高年级的同学请教,接受任课教师的指导与辅导员的帮助;二是自己要根据大学的学习特点,从个人实际出发,逐步摸索与自己水平基本相适应的学习方法;三是注重自学能力的培养;四是学会科学管理、支配时间。

(五)重新确立正确的自我形象

正确认识自己,树立自信心;重新评估自己,客观分析自己的优势和劣势,扬长避短;主动接纳自己,使自己逐步提高。提倡纵向比较,"同自己比,同自己竞争"。有意识地进行自我心理调整,培养良好的个性,在生活中保持自信、乐观、坦诚、豁达、坚持不懈的心理品格,面对纷繁复杂的社会,学会心理自助。

四、什么是心理咨询

所谓心理咨询,是指运用心理学的方法,对在心理适应方面出现问题并企求解决问题的求助者提供心理援助的过程。

(一)心理咨询的五个不等式

如今许多原来不把心理问题当回事的人已意识到自己可能有心理疾患,并产生了主动求助于心理医生的愿望。但不少人对心理咨询的认识仍有一定的局限性,甚至产生了一些曲解,使心理问题不能较好地得到解决。

1. 心理问题≠精神病

心理问题与精神病是两个不同的概念。心理问题是日常生活中经常会遇到的,就这些问题求助于心理咨询并不意味着有什么不正常或有见不得人的隐私,相反,这表明了个体具有较高的生活目标,希望通过心理咨询更好地自我完善,而不是回避和否认问题,混混沌沌虚度一生。有相当一部分人认为精神病就是疯子,其实他们所说的精神病严格地来讲是重性精神病,如精神分裂症、躁郁症等,它与一般的心理问题和轻度心理障碍有很大区别。绝大部分精神病人对自己的疾病没有自知力,更不会主动求医。

2. 心理学≠窥见内心

两个久未谋面的老同学在路上不期而遇,其中一个知道对方是心理治疗师,就让他猜一猜自己现在心中想些什么。许多来访者也有类似的心态,他们不愿或羞于吐露自己的心理活动,认为只要简单说几句,治疗师就应该能猜出他心中的想法,要不就表明治疗师水平不高。其实心理治疗师也是人,他们没有什么特异功能能窥见他人的内心世界,他们只是应用心理学的理论和方法,对来访者提供的一定信息进行讨论和分析,并进行咨询与治疗。因此,来访者需详尽地提供有关情况,才能帮助医患双方共同找到问题的症结,有利于治疗师做出正确的诊断并进行恰当的治疗。

3. 心理咨询≠无所不能

许多来访者将心理咨询神化,似乎治疗师无所不会、无所不能,就像一个"开锁匠",什么样的心结都能一下打开,所以常常来诊一两次,没有达到所希求的"豁然开朗"的心境,就大失所望,再也不来了。实际上,心理咨询是一个连续的、艰难的改变过程。心理问题常与来访者的个性及生活经历有关,就像一座冰山,积封已久,没有强烈的求助、改变的动机,没有恒久的决心与之抗衡,是难以冰消雪融的,所以来访者需有打"持久战"的心理准备。

4. 心理医生≠救世主

一些来访者把心理医生当作"救世主",将自己的所有心理包袱丢给医生,以为医生应该有能耐把它们一一解开,而自己无须思考、无须努力、无须承担责任。多年来传统的生物医学模式就是,病人看病,医生诊断、开药、治疗,一切由医生说了算,要求病人绝对服从、配合,因此来访者自然而然地把这种旧的医学模式带进心理咨询。然而,心理咨询与心理治疗是新的生物—心理—社会医学模式的产物,心理医生只能起到分析、引导、启发、支持、促进来访者改变和人格成长的作用,他无权把自己的价值观和愿望强加给来访者,更不能替来访者去改变或做决定。来访者需认识到,"救世主"只有一个,那就是自己。只有改变自己、战胜自己,最终才能超越自我,达到理想目标。倘若把自己完全交给医生,消极被动,推卸责任,只会一事无成。

5. 心理咨询≠思想工作

来访者中还有另一种极端的认识,就是认为心理咨询没多大用处,无非是讲些道理,因而忽视或未意识到心理问题是需要治疗的。一女孩因强迫观念痛苦异常前来就诊,家人反对并干涉:"你就是死钻牛角尖,想开点就会好的。"亦不让患者服药。患者得不到家人的理解支持,内心很绝望,从而影响到治疗的连续性和效果。心理咨询作为医学中的一门学科,有着严谨的理论基础和诊疗程序,它与思想工作是有本质区别的。思想工作的目的是说服对方服从、遵循社会规范、道德标准及集体意志,而心理咨询则是运用专门的理论和技巧寻找心理障碍的症结,予以诊断治疗,心理治疗师持客观、中立的态度,而不是对来访者进行批评教育。另外,某些心理障碍同时具有神经生化改变的基础,需要结合药物治疗,这更是思想工作所不能取代的。

(二)心理咨询与心理治疗的异同

心理咨询和心理治疗是两个相近的概念,二者既有相同之处,又有所区别。

相同点表现在:

(1)所采用的理论方法常常一致。

(2)在强调帮助求助者成长和改变方面,二者是一致的。心理咨询和心理治疗都希望通过帮助者和求助者之间的互动,达到使求助者改变和成长的目的。

(3)二者都注重建立帮助者与求助者之间的良好的人际关系,认为这是帮助求助者改变和成长的必要条件。

不同之处表现在：

(1)心理治疗的工作对象主要是心理障碍者,如神经症、人格障碍、性变态等,帮助求助者消除精神症状、改变病态行为并重整人格。大学心理咨询机构的服务对象主要是人格健全的学生,着重处理大学生在人际关系、学习成才、恋爱交友、成长择业等方面的适应与发展问题。

(2)心理咨询所着重处理的是正常人所遇到的各种问题,主要问题有日常生活中人际关系的问题及职业、学业问题等;心理治疗的适用范围则主要为某些心理障碍、行为障碍、心身疾病等。

(3)心理咨询一般用时较短,而心理治疗费时较长,治疗由几次到几十次,甚至更长的时间。

(4)心理咨询工作是针对某些具体问题,而心理治疗工作不仅针对具体问题的解决,而且注重人格成长。

(三)几种主要的心理治疗方法

心理咨询的理论流派很多,方法多样,如精神分析疗法、冲击疗法、厌恶疗法、系统脱敏疗法、模仿法、生物反馈法、合理情绪疗法、来访者中心疗法、森田疗法、贝克认知疗法等,下面着重介绍心理咨询中几种比较常用的方法。

1. 系统脱敏疗法

系统脱敏疗法(systematic desensitization)又称交互抑制法,利用这种方法主要是诱导求助者缓慢地暴露出导致神经症焦虑的情境,并通过心理的放松状态来对抗这种焦虑情绪,从而达到消除神经症焦虑习惯的目的。

1)理论基础

系统脱敏疗法是最早应用的行为治疗技术之一。行为疗法理论认为:人的行为,不管是功能性的还是非功能性的、正常的或病态的,都经学习而获得,而且也能通过学习而更改、增加或消除。其主要理论基础是:

(1)巴普洛夫(Pavlov)的经典条件反射学说有关实验性神经症模型的理论,强调条件化刺激和反应的联系及其后续反应规律,解释行为的建立、改变和消退。

(2)斯金纳(Skinner)的操作条件反射学说,阐明"奖励性"或"惩罚性"操作条件对行为的塑造。

(3)华生(Watson)及班杜拉(Bandura)的学习理论,前者认为任何行为都是可以习得或弃掉的,后者强调社会性学习对行为的影响。

2)治疗原理

系统脱敏疗法是由美国学者沃尔帕创立和发展的。沃尔帕认为,人和动物的肌肉放松状态与焦虑情绪状态,是一种对抗过程,一种状态的出现必然会对另一种状态起抑制作用。例如,在全身肌肉放松状态下的肌体,各种生理生化反应指标,如呼吸、心率、血压、肌电、皮电等生理反应指标,都会表现出同焦虑状态下完全相反的变化。这就是交互抑制作用。而且,能够与焦虑状态有交互抑制作用的反应不仅是肌肉放松,即使进食活动也能抑制焦虑反应。根据这一原理,在心理治疗时便应从能引起个体较低程度的焦虑或恐怖反应的刺激物开始进行治疗。一旦某个刺激不会再引起求助者的焦虑和恐怖反应,施治者便可向处于放松状态的求助者呈现另一个比前一刺激略强一点的刺激。如果一个刺激所引起的焦虑或恐怖状态在求助者所能忍受的范围之内,经过多次反复的呈现,他便不会再对该刺激感到焦虑和恐怖,治疗目标也就达到了。这就是系统脱敏疗法的治疗原理。

3)方法步骤

采用系统脱敏疗法进行治疗应包括三个步骤:

(1)建立恐怖或焦虑的等级层次,这是采用系统脱敏疗法的依据和主攻方向;

(2)进行放松训练;

(3)要求求助者在放松的情况下,按某一恐怖或焦虑的等级层次进行脱敏治疗。

2. 合理情绪疗法

合理情绪疗法是20世纪50年代由阿尔伯特·艾利斯(A. Ellis)在美国创立的。合理情绪疗法是认知心理治疗中的一种疗法,因它也采用行为疗法的一些方法,故被称为一种认知行为疗法。

1)理论基础

合理情绪疗法的基本理论主要是 ABC 理论。在 ABC 理论模式中,A 是指诱发性事件;B 是指个体在遇到诱发性事件之后相应产生的信念,即他对这一事件的看法、解释和评价;C 是指特定情境下,个体的情绪及行为结果。通常人们认为,人的情绪及行为反应是直接由诱发性事件 A 引起的,即 A 引起了 C。ABC 理论指出,诱发性事件 A 只是引起情绪及行为反应的间接原因,而人们对诱发性事件所持的信念、看法、理解 B 才是引起人的情绪及行为反应的更直接的原因。人们的情绪及行为反应与人们对事物的想法、看法有关。在这些想法和看法背后,有着人们对一类事物的共同看法,这就是信念。合理的信念会引起人们对事物的适当的、适度的情绪反应;而不合理的信念则相反,会导致不适当的情绪和行为反应。当人们坚持某些不合理的信念,长期处于不良的情绪状态之中时,最终将会导致情绪障碍的产生。

2)治疗原理

合理情绪疗法认为,人们的情绪障碍是由人们的不合理信念所造成的,因此简要地说,这种疗法就是要以理性治疗非理性,帮助求助者以合理的思维方式代替不合理的思维方式,以合理的信念代替不合理的信念,从而最大限度地减少不合理的信念给情绪带来的不良影响,通过以改变认知为主的治疗方式,来帮助求助者减少或消除他们已有的情绪障碍。

3)方法步骤

(1)向求助者指出,其思维方式、信念是不合理的;帮助他们弄清楚为什么会变成这样,怎么会发展到目前这样子,讲清楚不合理的信念与他们的情绪困扰之间的关系。这一步可以直接或间接地向求助者介绍 ABC 理论的基本原理。

(2)向求助者指出,他们的情绪困扰之所以延续至今,不是由于早年生活的影响,而是由于现在他们自身所存在的不合理信念所导致的,对于这一点,他们自己应当负责任。

(3)通过以与不合理信念辩论(disputing irrational beliefs)方法为主的治疗技术,帮助求助者认清其信念的不合理性,进而放弃这些不合理的信念,帮助求助者产生某种认知层次的改变。这是治疗中最重要的一环。

(4)帮助求助者学会以合理的思维方式代替不合理的思维方式,以避免再做不合理信念的牺牲品。

这四个步骤一旦完成,不合理信念及由此而引起的情绪困扰和障碍即将消除,求助者就会以较为合理的思维方式代替不合理的思维方式,从而较少受到不合理信念的困扰了。

3. 森田疗法

森田疗法是由日本东京慈惠会医科大学森田正马教授于 1920 年创立的适用于神经质症的特殊疗法,是一种顺其自然、为所当为的心理治疗方法,具有与精神分析疗法、行为疗法相提并论的地位。森田教授根据患者症状把神经质症分成三类:普通神经质症、强迫神经质症、焦虑神经质症。

1)理论基础

森田学说的理论体系不是出自某种理论的延伸或实验室的结论,而是来自森田先生自身的神经症体验和他多年的临床实践经验的总结。

森田疗法的核心理论是精神交互作用。森田认为:"所谓精神交互作用,是指对某种感觉如果注意集中,则会使该感觉处于一种过敏状态,这种感觉的敏锐性又会使注意力越发集中,并使注意固定在这种感觉上,这种感觉和注意相结合的交互作用,就越发增大其感觉,这一系列的精神过程,称为精神交互作用。"

2)治疗原理

森田疗法的治疗原理就是顺其自然,顺其自然就是接受和服从事物运行的客观法则,它能最终打破神经质病人的精神交互作用。而要做到顺其自然,就要求病人在这一态度的指导下正视消极体验,接受各种症状的出现,把心思放在应该去做的事情上。这样,病人心理的动机冲突就排除了,他的痛苦就减轻了。

3)治疗方法

(1)不问过去,注重现在。

森田疗法认为,神经质是有神经质倾向的人在现实生活中遇到某种偶然的诱因而形成的。治疗采用"现实原则",不去追究过去的生活经历,而是引导患者把注意力放在当前,鼓励患者从现在开始,让现实生活充满活力。

(2)不问症状,重视行动。

森田疗法认为,患者的症状不过是情绪变化的一种表现形式,是主观性的感受。治疗注重引导患者积极地去行动,"行动转变性格","照健康人那样行动,就能成为健康人"。

(3)生活中指导,生活中改变。

森田疗法不使用任何器具,也不需要特殊设施,主张在实际生活中像正常人一样生活,同时改变患者不良的行为模式和认知。在生活中治疗,在生活中改变。

(4)陶冶性格,扬长避短。

森田疗法认为,性格不是固定不变的,也不是随着主观意志而改变的。无论什么性格都有积极面和消极面。神经质性格特征亦如此。神经质性格有许多长处,如反省能力强、做事认真、踏实、勤奋、责任感强;但也有许多不足,如过于细心谨慎、自卑、夸大自己的弱点、追求完美等。应该通过积极的社会生活磨炼,发挥性格中的优点,抑制性格中的缺点。

4. 来访者中心疗法

来访者中心疗法由人本主义心理学家罗杰斯(C. R. Rogers)开创,是人本主义疗法中的一个主要代表。

1)理论基础

来访者中心疗法的理论基础是人本主义的人性观,认为任何人在正常情况下都有着积极的、奋发向上的、自我肯定的、无限的成长潜力。如果人的自身体验受到闭塞,或者自身体验的一致性丧失、被压抑、发生冲突,使人的成长潜力受到削弱或阻碍,就会表现为心理病态和适应困难。如果创造一个良好的环境,使他能够和别人正常交往、沟通,便可以发挥他的潜力,改变其适应不良行为。

2)治疗原理

心理咨询的目的,不在于操纵一个人的外界环境或其消极被动的人格,而在于协助来访者自省自悟,充分发挥其潜能,最终达到自我的实现。使来访者对他的有机体的经验更加开放;养成对有机体这个敏于生活的工具的信赖感;接受存在于个人内部的评价源;在生活中不断学习,主动参与到一个流动的、前进的过程中去,并从中不断地发现自己的经验之流中新的自我的生成与变化。

3)方法步骤

来访者中心疗法的主要技术包括三方面:①真诚交流的技术;②无条件积极关注的技术;③促进共情的技术。具体步骤如下:

(1)来访者前来求助。

(2)咨询师向来访者说明咨询和治疗的情况。

(3)鼓励来访者情感的自由表现。

(4)咨询师要能够接受、认识、澄清对方的消极情感。

(5)来访者成长的萌动。

(6)咨询师对来访者的积极情感要加以认识和接受。

(7)来访者开始接受真实的自我。

(8)帮助来访者澄清可能的决定及应采取的行动。

(9)疗效的产生。

(10)进一步扩大疗效。

(11)来访者的全面成长。

(12)治疗结束。

(四)学校心理咨询的作用与原则

学校心理咨询是学校心理咨询人员运用心理学的原理和方法,对在校学生的学习、适应、发展、择业等问题给予直接或间接的指导、帮助,并对有关心理障碍或轻微精神疾患进行诊断、矫治的过程。

1. 学校心理咨询的作用

(1)向来访的学校教师、行政人员以及学生家长提供有关的信息和指导。

(2)依据一定的心理学原理对来访学生的心理和行为问题提供帮助。

(3)贯彻预防为主的方针,推行和实施学校心理卫生计划。

(4)对心理异常学生进行诊断和鉴别。

2. 学校心理咨询的原则

1)来访自愿原则

所谓来访自愿原则是指每一次咨询都是以来访者愿意使自己有所改变为前提的,咨询员不能以任何形式强迫来访者接受或维持心理咨询。有人也将这一原则叫作"来者不拒,去者不追"原则,还有人将这一原则通俗地概括为"咨询员不主动"原则。

2)价值中立原则

价值中立原则是指在咨询过程中,咨询员要尊重来访者的价值信念体系,不要以自己的价值观念为准则,对来访者的行为准则任意进行价值判断。尽管人们对这一原则的理解会不太一致,但咨询心理学家都一致同意尊重来访者的价值准则,咨询员不能以任何方式向来访者强行灌输某一价值准则,或强迫来访者接受自己的观点、态度。

3)信息保密原则

信息保密原则是指未经来访者同意,咨询员不能以任何方式向任何人或机构透露来访者的一切咨询信息。几乎所有的咨询员都同意信息保密原则是心理咨询工作中最重要的原则,有的甚至称它为心理咨询的"生命原则"。有违这一原则,咨询工作将毁于一旦。

4)方案守法原则

方案守法原则是指在咨询过程中,咨询员和来访者共同制订的咨询方案不能包括直接或间接损害他人或社会利益的内容。

(五)大学生心理咨询的内容与形式

1.大学生心理咨询的内容

高校心理咨询涉及的内容十分广泛,主要是大学生在适应、交往、学习、恋爱、自我、就业等方面的问题,少部分涉及神经官能症、人格与性心理障碍等内容。具体如下:

1)适应和发展

刚进大学的新生就好比一匹久困囚笼的千里马,陡然置身于茫茫大草原上,昂首嘶叫,却不知奔向何方!学习方式变了,交往群体变了,生活环境变了,评价标准变了,身份地位变了,理想与现实、独立与依赖、自卑与自尊、价值多元与一元等矛盾相互交织,叫他们如何是好?在变化和矛盾中求适应,在适应中求发展。

2)自我问题

自我认识、自我评价、自我悦纳对二十岁左右的大学生来说不是件容易的事。"自以为是"者有之,"自以为非"者也大有人在。要么"不知道自己不知道(糊)",要么"不知道自己知道(虚)",而"知道自己不知道(醒)"和"知道自己知道(熟)"者往往得"道"多助,早一步成长,早一天超越自我。

3)人际沟通与交往

没有人故意跟你过不去,只是交流与沟通的问题。因交往障碍和人际关系不良而寻求心理帮助者屡见不鲜。"热闹是他们的,我什么也没有。"身处闹市却倍感孤独与凄凉。

4)学习问题

为什么要学习?为什么有人不想学习?为什么有人一天到晚学习是为了追求成功,有人学习是为了逃避失败,真有这回事吗?学习不好是因为你笨?老师的原因?恐怕也未必吧!大学生要树立自主学习观、终身学习观、选择学习观,你能接受吗?既要搞学习又要当干部,这两者不可调和吗?

5)情绪调节问题

人非草木,孰能无情?喜、怒、哀、乐,人皆有之。成功也好,失败也罢;乐极生悲,否极泰来;大丈夫处世,生死沉浮,何必大喜大悲?平平淡淡才是真!月有阴晴圆缺,人有悲欢离合,心中倘有千千结,何不一泄了之!

6)恋爱问题

求爱不是乞求爱情,每个人都有表达爱慕的权利,何必要单相思呢?多情反被无情恼。不管是"欲之爱""情之爱"还是"灵之爱",人生不能没有爱。情爱、性爱、友爱、恩爱,人生不同时期有不同的爱的主题。爱不只是甜蜜,更多的是烦恼与责任,你能承受和承诺吗?有相恋就会有失恋,爱得越深,伤得越痛。现代人的恋爱是"谈"出来的,别老想着占别人便宜。好马可吃回头草,天涯处处有芳草。

7)择业与就业

"自主择业,双向选择",过去的"包办婚姻"变成了"自由恋爱",有喜也有忧哇!你有选择的自由却必须预想选择之后果并对其负责,所以说这是一种令人向往又使人逃避的自由。

8)人格与性心理障碍

"自由之思想,独立之人格。"可有些人也太离谱了:有人一天到晚横眉冷对,有人动不动就拳脚相加,有人敏感多疑、固执死板,有人自吹自擂、装腔作势,有人喜怒无常、难以捉摸……凡此种种,均非"一日之功",可谓"江山易改,本性难移"。

2. 大学生心理咨询的形式

1)门诊心理咨询

门诊心理咨询主要是个别咨询,工作方式主要采用咨询者和来访者直接面谈。这是心理咨询最主要、最有效的形式,毕竟面谈效果最好。

2)电话心理咨询

通过电话进行交谈,具有方便、快捷、及时的特点。

3)互联网心理咨询

QQ、E-mail、视频目前很常见。

4)信件咨询

这在20世纪比较常见,目前基本不用了。

5)专栏心理咨询

专栏心理咨询是通过报纸、杂志、电台、电视等传播媒体,介绍心理咨询、心理健康的一般知识,或针对一些典型问题进行分析、解答的一种咨询方式。

6)团体咨询

团体咨询也叫集体咨询,通过报告、讲座、看录像、交流、讨论等方式,解决共性的心理问题。它是在团体情境中提供心理帮助与指导的一种心理咨询形式,是通过团体内人际交互作用,促使个体在交往中通过观察、学习、体验,认识自我、探讨自我、接纳自我,调整和改善与他人的关系,学习新的态度与行为方式,以发展良好的生活适应的助人过程。

一般而言,团体咨询由1～2名指导者主持,根据求助者问题的相似性,组成小组,通过共同商讨、训练、引导,解决成员共有的发展课题或心理问题。团体的规模因参加者的问题性质不同而不等,少则3～5人,多则十几人到几十人。

(六)高校的朋辈心理咨询

1. 朋辈心理咨询的含义

随着心理咨询与学校教育的结合程度的不断提高,各种有效的心理咨询模式层出不穷,改变了以往学生只是心理咨询的对象,只有少数专业的心理咨询师才能开展助人活动的状况,让全体学生成为心理咨询工作的主体与原动力成为一股强大的改革浪潮。

朋辈心理咨询就是一种实施方便、推广性强、见效快的学校心理咨询模式,对促进我国学校教育的改革具有重要意义。这种心理咨询的过程是在同辈及朋友之间进行的。咨询的开展很大程度上有赖于学生本身的相互信赖程度,咨询员和来访者可以在咨询的起始阶段很快建立起互动关系,咨询员可以更好地深入来访者内心去体验他的情感、思维,咨询所能达到的效果非常明显。

朋辈心理咨询是指年龄相当者对周围需要心理帮助的同学和朋友给予心理开导、安慰和支持,提供一种具有心理咨询功能的帮助,它可以理解为非专业心理工作者作为帮助者在从事一种类似于心理咨询的帮助活动。因此,有时它被称为"准心理咨询"或者"非专业心理咨询"。

在这里"朋辈"包含了"朋友"和"同辈"的双重意思。"朋友"是指有过交往的并且值得信赖的人,而"同辈"是指同年龄者或年龄相当者,他们通常会有较为接近的价值观念、经验,共同的生活方式、生活理念,具有年龄相近或者所关注的问题相同等特点。

2. 高校开展朋辈心理辅导的意义

大学生处在青春期,心理发展趋向成熟但又未真正成熟。现代社会生活节奏较快,而有些大学生自我调节能力较差,常会感到无助、迷茫,对自己失望,缺乏安全感。当他们面临来自社会、学校、家庭、工作等各方面的压力,这些压力又超过自身所能承受的限度时,心理危机就会产生。朋辈心理辅导员的设置,意味着开始了最基层的心理危机干预。朋辈心理辅导的过程可分为四个阶段:

1) 观察了解,发现问题

心理危机干预工作的难点之一是及时发现出现心理异常的个体。处于危机之中的学生在平时的生活和学习中都会有一些具体的异常表现,朋辈辅导员和其他同学朝夕相处、共同生活,如果具备相关技能,通过细致入微的观察,就有可能及时了解和发现同学中存在的心理问题,掌握解决问题的主动权。当然,这就要求朋辈辅导员定期接受相关专业培训,了解心理危机的成因、表现、简单干预技术和流程等,在各种"危机情境"演示过程中逐渐掌握相关技能。

2) 及时报告,建立反馈

朋辈辅导员可以有效参与到心理危机干预的预警工作中。朋辈辅导员平时要向周围同学宣传普及心理健康知识、心理援助途径,更要深入观察并及时反映周围同学的心理动态。教师不可能顾及每一个学生的每一时刻,启动朋辈危机干预恰能够弥补这一不足,真正起到防范监督作用。朋辈辅导员需要定期收集周围同学关心的或遇到的心理问题,以书面形式向心理健康教育机构反馈。这就可以增强学校心理危机干预工作的针对性、实效性,保障学校心理健康教育机构的优质资源能最大限度地关注学生迫切需要解决的或困扰学生的普遍性心理问题,把某些可能发生的问题解决于萌芽状态。这是预防学生心理危机产生的关键。

3) 采取措施,做好保护

在心理危机事件中,朋辈辅导员的首要目的是保证心理危机当事人的安全,同时也要注意危机干预者自身的安全,如防止当事人独处,去除可能导致其轻生的危险物品。朋辈辅导员可临时成立监护小组对危机当事人进行监护和心理疏导。

首先,朋辈辅导员应与危机当事人建立联络和初步信任关系。因为处于青春期的学生更渴望向同龄人打开心扉、倾诉烦恼。朋辈辅导员可以运用语言及行为上的支持、理智的分析及真诚的安慰来稳定当事人情绪。来自同龄人的安慰、鼓励、劝导和支持对处于困境中的学生非常重要。

其次，要通过适当的抚慰和给当事人提供宣泄机会，帮助其适当释放情绪，恢复心理平静。朋辈辅导员专注的倾听有助于身陷困境的学生恢复思考力和判断力、缓和过激情绪。沟通与交流的目的就是让求助者知道并相信"这里确实有人很关心我"。

最后，如果可能的话，要为当事人提供有关事件的信息。陷入危机的人需要了解真相，许多人可能是不了解真相，夸大了危机情境。朋辈辅导员必须采取适当的方式和手段，传递温暖和力量，恰当地帮助当事人发现事情的真相，正视现实；同时，为当事人提供一些可供其选择的应对措施，提高其应对挫折的能力和解决问题的灵活性。

4）延伸关注，提供帮助

当事人危机的急性期过去后，学校还需要对其进行关注和进一步帮助，对一些心理问题较严重的学生还需做好后期跟踪与援助工作，帮助其恢复心理功能，建立良好的情感支持系统。此时，学校仍要充分利用朋辈辅导员这支队伍的力量。朋辈辅导员的学习和生活都是与同学在一起的，对同学的心理动态能了解得比较清楚，便于及时发现有关情况。朋辈辅导员可以给予有心理障碍的学生非常多且到位的帮助、支持，如鼓励当事人积极参加一些可行且对改善现状有帮助的活动，避免不良的应对方式，重建学习、生活秩序。如果由于一些不可控的因素导致危机事件发生，朋辈辅导员就需要配合相关人员做好学生群体的心理修复工作，为以后的危机干预提供可借鉴的经验。

为切实做好危机干预工作，高校需要努力推进朋辈心理辅导员协助的危机预防与干预工作研究，以利于形成全面有效的心理危机干预体系。当然，朋辈辅导在高校心理危机干预中还处于摸索、尝试阶段，存在不少需要深入思考和研究的问题，如：为提高朋辈危机干预的成效，高校如何加强对朋辈辅导员的选拔与培训工作，构建一套有效的培训体系；朋辈辅导员的培养周期较长，人员容易流失，高校如何建立和完善效果评估与激励机制，等等。

心理加油站

一、拓展阅读

九芒星的钥匙

毕淑敏

有一个古老的传说，在宇宙中有一颗闪着九束霞光的星辰，叫作九芒星。九芒星是天堂的所在，人类如果最后抵达了那里，就会健康快乐，充满力量。九芒星有一枚钥匙，当众神缔造完了人类的那天傍晚，他们聚在一起，商量着把这枚伟大的钥匙究竟藏在哪里。既不能让人类很轻易地找到，也不能让人类总也找不到，永远浸泡于痛苦之中。

争论半天。有的说，把九芒星的钥匙扔入大海之峡；有的说，埋在雪山之巅；有的说，干脆裹进太阳的肚子里……但众神一想,这些地方随着人类的科技发达,总是可以找到的。讨论了很久,最后众神统一了意见,把九芒星的钥匙种在一个最好找又最不好找的地方,那就是——人类的心田。

众神很得意。这个地方,人类在最初的时候,是绝对想不起去寻找的。当他们搜遍天空海洋的每一朵云彩和每一粒水珠,踩踏了地球上的每一寸土地,还未曾找到天堂的钥匙的时候,也许他们会惆怅而思索地低下头来,察看自己的内心吧?

在每个人的星空,都有一颗九芒星,在每一颗九芒星的上面,都建有一座快乐的天堂。在每一座天堂的墙壁上,都镶着一扇需要打开的门。在每个人的心中,都藏着一枚九芒星的钥匙。

寻找你的九芒星钥匙吧。找到了,快乐和力量就像瀑布,从此充满你的血脉。

心身疾病和身心疾病

心身疾病和身心疾病的区别主要是病发症状不一样。

心身疾病一般情况下是心理方面出现的不良症状导致的,有的人会出现抑郁忧伤的情况。身心疾病一般情况下是生理出现变化导致的一种疾病,有可能是环境因素导致的,也有可能是行为因素引起的,平时要保持良好的心态。

身心疾病是因人的机体发生了生理变化而引发个体心理、行为上的变化,这些生理变化而导致的心理、行为的变化,与当事人社会认识无关,其心理、行为的变化不受自我意识的控制。

心身疾病是由于心理问题引起生理上的改变,是心理问题长期得不到解决,逐渐以躯体疾病的形式表现出来,也称作躯体化。

二、影视推荐

1.《心理访谈》

《心理访谈》是 CCTV 12 的一档电视节目,也是提供心理学帮助的一个活动平台,每期节目都有具体的当事人到场,他们把生活中经常遇到的一些难题,如夫妻关系、亲子教育、人际交往等向主持人倾诉,专家则从心理学、社会学等各学科的不同角度,帮助人们认知、梳理、管理自己的情绪、心理和行为,并给出有大众借鉴意义的建议,以帮助公众提高生活质量,促进家庭和谐。

2.《心灵奇旅》

导演:彼特·道格特、凯普·鲍尔斯。

主演:杰米·福克斯、蒂娜·菲、戴维德·迪格斯。

上映时间:2020 年 12 月。

剧情简介:热爱爵士乐的中学音乐教师乔伊·高纳(杰米·福克斯 配)不懈地追逐梦想,最终获得梦寐以求的登台演奏机会。可因为一次意外事故,乔伊的肉体几近死亡,而灵魂却误入了一个人类经验之外的奇幻之境——"生之来处"。原来,"生之来处"是所有灵魂先于地球之前而存在的独特空间。在这里,人类的自我意识在生命诞生之前先在地被赋予,每个灵魂只有觅得自身的"火花",才能投身于地球。也是在这里,决心重返地球的乔伊遇见了一个孤僻、早熟而厌世的灵魂"22"(蒂娜·菲 配),后者由于迟迟未能找寻到自身的"火花",而长时间游荡停留于此。一次阴差阳错的经历,乔伊和"22"的命运互相牵连,两人重返地球,共同体验了一段诡谲而奇妙的生命旅程,并开始重构自身存在的价值与意义。

3.《心灵捕手》

导演:格斯·范·桑特。

主演:罗宾·威廉姆斯、马特·达蒙。

上映时间:1997年12月。

剧情简介:一个麻省理工学院的数学教授,在他系上的公布栏写下一道他觉得十分困难的题目,希望他那些杰出的学生能解开答案,可是却无人能解。结果一个年轻的清洁工威尔在下课打扫时,发现了这道数学题并轻易地解开了这个难题。

威尔聪明绝顶却叛逆不羁,甚至到处打架滋事,并被少年法庭宣判送进少年看护所。数学教授有心提拔这个性不羁的天才,要他定期研究数学和接受心理辅导。数学难题难不倒他,但对于心理辅导,威尔却特别抗拒,直至遇到一位事业不太成功的心理辅导专家桑恩教授。在桑恩的努力下,两人由最初的对峙转化成互相启发的友谊,从而使威尔打开心扉,走出了孤独的阴影,实现自我。

课后实践

推荐活动一:感恩的心

活动目的:学会感恩,转变心态。

活动步骤:

1.回顾自己成长过程中遇到的人和事,哪些给自己带来积极影响? 哪些带来消极影响? 如何看待这些影响?

2.朗诵散文:

感激帮助你的人,他让你感受到爱与信任;

感激伤害你的人,因为他磨炼了你的心志;

感激欺骗你的人,因为他增进了你的见识;

感激遗弃你的人,因为他教导了你应自立;

感激绊倒你的人,因为他强化了你的能力;

感激斥责你的人,因为他助长了你的智慧。

感谢所有使你坚定成功的人,生活在感恩的世界里,生活才会更精彩。

3.分享与讨论:

(1)成长过程中你印象最深刻的事情是什么? 想起来是一种什么样的感受?

(2)你现在以什么样的心态看待这些影响?

(3)这个活动让你看到了什么?

推荐活动二:驱逐忧愁

活动目的:通过交流,减轻大学新生的压力或焦虑。也让同学们明白,当我们独自一人面对问题时,我们时常容易钻进死胡同而找不到解决问题的方法,如果能够保持与外界的沟通,有些问题将会迎刃而解。

活动步骤:

1.请同学们在纸上写下进入大学以来困扰自己的问题或事情,无须署名,然后将纸揉成一团,丢进一个容器或者盒子里。如果班级人数较多,则在教室里多放几个容器。

2.所有的纸团都丢进容器后,请其中一位同学捡起一个纸团,扔给教室中任意一位同学,捡到纸团的人把纸团展开,大声读出上面写的问题,然后由接到纸团的人和左右的同学形成一个讨论小组,讨论可能的解决方式。

3.请讨论小组说出他们的解决方案,再请其他同学进行补充。

4.在班级中再重复以上步骤。

项目一课后实践活动记录表

姓名		学号		联系电话	
学院		专业		班级	
活动主题					
活动时间					
活动地点					
活动感悟	（不少于 300 字）				

续表

活动图片	
自我评价	
小组评价	
教师评价	

项目二

探寻真我 完善自我
——自我认识与人格完善

知人者智，自知者明。人不能拒绝的是自我的成长，打开认识自我之窗，走进我的心灵和世界，愿你不断发展自我，超越自我，以美好人格之光照亮未来的前行之路。

学习目标

(一)知识目标

1.理解自我意识的概念及其发生发展规律。

2.理解人格的概念及影响人格形成的因素。

3.掌握气质体液说和九型人格的理论。

4.掌握埃里克森的人生发展八阶段理论。

5.了解人格障碍及其矫正措施。

(二)能力目标

1.能正确评价自我、愉快地接纳自我。

2.能运用相关理论分析自我和他人的人格倾向。

3.懂得如何与不同人格特点的人和谐相处。

4.能依据人格理论结合自身情况不断完善人格。

(三)德育目标

1.能严格要求自己,尽力扮演好每一个社会角色。

2.能以开放包容的心态正确看待不同人格类型的特点。

3.能结合中华传统美德不断修炼提升人格境界。

课前自测

测试一　自我和谐量表(SCCS)

下面是一些个人对自己看法的陈述。在填答时,请您先看清每句话的意思,然后填选一个数字以代表该句话与您现在对自己的看法相符合的程度(1代表该句话完全不符合您的情况,2代表比较不符合您的情况,3代表不确定,4代表比较符合您的情况,5代表完全符合您的情况)。因为每个人对自己的看法都有其独特性,所以答案是没有对错的,您只要如实回答即可。

1.我周围的人往往觉得我对自己的看法有些矛盾。(　　)

2.有时我会对自己在某些方面的表现不满意。(　　)

3.每当遇到困难,我总是首先分析造成困难的原因。(　　)

4.我很难恰当表达我对别人的情感反应。(　　)

5.我对很多事情都有自己的观点,但我并不要求别人也与我一样。(　　)

6.我一旦形成对事物的看法,就不会再改变。(　　)

7.我经常对自己的行为不满意。（　　　）

8.尽管有时得做一些不愿意的事,但我基本上是按自己的意愿办事的。（　　　）

9.一件事好是好,不好是不好,没有什么可含糊的。（　　　）

10.如果我在某件事上不顺利,我就往往会怀疑自己的能力。（　　　）

11.我至少有几个知心朋友。（　　　）

12.我觉得我所做的很多事情都是不应该做的。（　　　）

13.不管别人怎么说,我的观点决不改变。（　　　）

14.别人常常会误解我对他们的好意。（　　　）

15.很多情况下我不得不对自己的表达能力表示怀疑。（　　　）

16.我朋友中有些是与我截然不同的人,这并不影响我们的关系。（　　　）

17.与朋友交往过多容易暴露自己的隐私。（　　　）

18.我很了解自己对周围人的情感。（　　　）

19.我觉得自己目前的处境与我的要求相距太远。（　　　）

20.我很少去想自己所做的事是否应该。（　　　）

21.我所遇到的很多问题都无法自己解决。（　　　）

22.我很清楚自己是什么样的人。（　　　）

23.我能很自如地表达我所要表达的意思。（　　　）

24.如果有足够的证据,我也可以改变自己的观点。（　　　）

25.我很少考虑自己是一个什么样的人。（　　　）

26.把心里话告诉别人不仅得不到帮助,还可能招致麻烦。（　　　）

27.在遇到问题时,我总觉得别人都离我很远。（　　　）

28.我觉得很难发挥自己应有的水平。（　　　）

29.我很担心自己的所作所为会引起别人的误解。（　　　）

30.如果我发现自己某些方面表现不佳,总希望尽快弥补。（　　　）

31.每个人都在忙自己的事,很难与他们沟通。（　　　）

32.我认为能力再强的人也会遇上难题。（　　　）

33.我经常感到自己是孤立无援的。（　　　）

34.一旦遇到麻烦,无论怎样做都无济于事。（　　　）

35.我总能清楚地了解自己的感受。（　　　）

评分说明:

该量表可分为三个分量表,各分量表的得分为其包含的项目分直接相加。三个分量表包含的项目为:

(1)自我与经验的不和谐:1、4、7、10、12、14、15、17、19、21、23、27、28、29、31、33。

(2)自我的灵活性:2、3、5、8、11、16、18、22、24、30、32、35。

(3)自我的刻板性:6、9、13、20、25、26、34。

将自我的灵活性项目反向计分,即选1计5分,选2计4分,选3计3分,选4计2分,选5计1分,再与其他两个分数相加。得分越高,说明自我和谐度越低。在大学生中,低于74分为低分组,75～102分为中间组,103分以上为高分组。

我的测试结果：

测试二　气质量表

阅读下列句子，与自己的状况进行对比，若与自己的情况"很符合"，在括号内填"A"，"较符合"填"B"，"介于符合与不符合之间"的填"C"，"较不符合"填"D"，"很不符合"填"E"。

1.做事力求稳妥，一般不做无把握的事。（　　　）

2.遇到可气的事情就怒不可遏，想把心里的话全说出来。（　　　）

3.宁可一个人干事，不愿很多人在一起。（　　　）

4.到一个新环境很快就能适应。（　　　）

5.厌恶那些强烈的刺激，如尖叫、噪声、危险镜头等。（　　　）

6.和人争吵时，总是先发制人，喜欢挑衅。（　　　）

7.喜欢安静的环境。（　　　）

8.善于和人交往。（　　　）

9.羡慕那种善于克制自己情感的人。（　　　）

10.生活有规律，很少违反作息制度。（　　　）

11.在多数情况下情绪是乐观的。（　　　）

12.碰到陌生人觉得很拘束。（　　　）

13.遇到令人气愤的事情，能很好地自我克制。（　　　）

14.做事总是有旺盛的精力。（　　　）

15.遇到问题总是举棋不定，优柔寡断。（　　　）

16.在人群中不觉得过分拘束。（　　　）

17.情绪高昂时，觉得干什么都有趣；情绪低落时，又觉得干什么都没有意思。（　　　）

18.当注意力集中到某一事物上时，别的事很难使我分心。（　　　）

19.理解问题总比别人快。（　　　）

20.碰到危险情境，常有一种极度恐怖感。（　　　）

21.对学习、工作、事业怀有很高的热情。（　　　）

22.能够长时间做枯燥、单调的工作。（　　　）

23.符合兴趣的事情，干起来兴头十足，否则就不想干。（　　　）

24.一点小事就能引起情绪波动。（　　　）

25.讨厌做那种需要耐心、细致的工作。（　　　）

26.与人交往不卑不亢。（　　　）

27.喜欢参加热烈的活动。（　　　）

28.爱看情感细腻、描写人物内心活动的文学作品。（　　　）

29.工作学习时间长了，常感到厌倦。（　　　）

30. 不喜欢长时间谈论一个问题,愿意实际动手干。(　　)

31. 宁愿侃侃而谈,不愿窃窃私语。(　　)

32. 别人总是说我闷闷不乐。(　　)

33. 理解问题常比别人慢些。(　　)

34. 疲倦时只要短暂休息就能精神抖擞,重新投入工作。(　　)

35. 心里有话宁可自己想,不愿说出来。(　　)

36. 认准一个目标就希望尽快实现,不达目的,誓不罢休。(　　)

37. 学习、工作同样一段时间后,常比别人更疲倦。(　　)

38. 做事有些莽撞,常常不考虑后果。(　　)

39. 老师讲授新知识时,总希望他讲得慢些,多重复几遍。(　　)

40. 能够很快地忘记那些不愉快的事情。(　　)

41. 做作业或完成一项工作总比别人花的时间多。(　　)

42. 喜欢运动量大的剧烈体育运动或参加各种文艺活动。(　　)

43. 不能很快地把注意力从一件事转移到另一件事上去。(　　)

44. 接受一个任务后,就希望能把它迅速解决。(　　)

45. 认为墨守成规比冒风险强些。(　　)

46. 能够同时注意几件事物。(　　)

47. 当我烦闷的时候,别人很难使我高兴起来。(　　)

48. 爱看情节起伏跌宕、激动人心的小说。(　　)

49. 对工作抱认真严谨、始终一贯的态度。(　　)

50. 和周围的人的关系总是相处不好。(　　)

51. 喜欢复习学过的知识,重复做熟练的工作。(　　)

52. 希望做变化大、花样多的工作。(　　)

53. 小时候会背的诗歌,我似乎比别人记得清楚。(　　)

54. 别人说我"出语伤人",可我并不觉得。(　　)

55. 在体育活动中,常因反应慢而落后。(　　)

56. 反应敏捷,头脑机智。(　　)

57. 喜欢有条理而不甚麻烦的工作。(　　)

58. 兴奋的事常使我失眠。(　　)

59. 老师讲新概念,常常听不懂,但是弄懂了以后很难忘记。(　　)

60. 假如工作枯燥无味,马上就会情绪低落。(　　)

评分标准:

1. 若与自己的情况很符合计 2 分,较符合计 1 分,介于符合与不符合之间计 0 分,较不符合计 -1 分,很不符合计 -2 分。

2. 将各题得分按下面的题号分类计分,并汇总各类得分。

胆汁质题号:2、6、9、14、17、21、27、31、36、38、42、48、50、54、58。

多血质题号:4、8、11、16、19、23、25、29、34、40、44、46、52、56、60。

黏液质题号:1、7、10、13、18、22、26、30、33、39、43、45、49、55、57。

抑郁质题号:3、5、12、15、20、24、28、32、35、37、41、47、51、53、59。

评价参考:

1.如果某气质类型得分明显高出其他三种,且均高出4分以上,则可定为该类气质。如果得分超过20分,则为该气质的典型型;如果得分在10~20分,则为一般型。

2.如果两种气质类型得分接近,其差异低于3分,而且高于其他两种4分以上,则可定为两种气质的混合型。

3.如果三种气质得分均高于第四种,而且接近,则为三种气质的混合型,如多血质—胆汁质—黏液质混合型或多血质—黏液质—抑郁质混合型。

4.如果四种气质类型得分皆不高且差距在3分以内,则可能是你没有如实作答,也可能你是四种气质类型的混合型,但这种情况很少见。

我的测试结果:

_____

_____

案例导学

案例1:优秀但不快乐的女生

小范是会计专业的一名女生,长相出众,学习成绩好,还担任了班级的组织委员,在同学们眼里,她很优秀,但奇怪的是,她经常很不开心。

有一次,小范组织了一次班级活动,大家一起玩游戏、交流体会、畅想未来,同学们都玩得很开心,觉得很有收获,对组织活动的小范赞赏有加。然而,当大家离开后,小范独自一人来到湖边静静地坐着,她很不开心,因为有一个小环节,小赵没有完全按她的要求做。"难道她对我有意见? 我什么时候得罪她了?"小范心里有点乱,她想不起自己什么时候得罪了小赵,还有活动中几个男生总是那么吵,不听指挥,他们是不是对活动安排有想法? 唉,其实这次活动有太多缺点,为什么不考虑周到些,完全应该更完美些……

会计学考试成绩下来了,小范得了87分,她伤心得直掉眼泪,原来她粗心算错了一道题,不然可以得92分。

同宿舍的小春曾经是小范的好朋友,但是她们现在的关系不冷不热的,原因是有一次小春买了零食没有请小范吃,而小范每次有零食都请小春一块吃,这让小范很不开心,觉得小春对自己不够好,从此离小春越来越远。

分析:小范的不快乐来自完美主义情结。进入大学后,许多同学都会对自己、对他人、对周围环境有一个美好的构想,追求完美本身没有错,能促使人不断提升自己。但是如果像小范那样,事事必须完美,就变成了苛求,很容易让人陷入自我认识的误区。完美是相对的,世上并不存在百分百完美,因此,追求这种不存在的东西,导致的结果是既不满意自己,也不满意他人,快乐也就离她越来越远。

案例 2：样样不如别人，感到很自卑

我是一名女生，今年18岁，来自边远山区，家境贫寒，大学以前的时光都在小山沟里度过，性格内向，平时说话不多。来到这里上大学，我感觉自己样样不如别人，自己没见过世面，知识面很窄，在同学面前什么都不懂，个头矮小，长得又不好看，家里不如别人有钱，甚至连我以前引以为傲的学习成绩在大学里也没有了任何优势。我总觉得自己低人一等，怕身边的同学瞧不起自己，内心特别痛苦和无奈。

分析：该生主要由于觉得自己各方面都不如别人，体验到深深的自卑感，进而产生失望、痛苦、无奈等消极情绪体验。自卑源于比较，她的痛苦正是由于拿自己的短处去比别人的长处，这样，越比越灰心，越比越失去信心，从而认定自己"样样不如人"，觉得自己低人一等。俗话说："骏马能历险，力田不如牛；坚车能载重，渡河不如舟。"每个人有每个人的优势所在，关键是如何去发现自己的优势和长处，学会接纳自我，尤其是要接纳自己存在的缺点。

案例 3：落选的班长

大学新生小田，因为高中当过班长，刚入校期间表现不错，由老师指定他暂任班长。因为他习惯用中学时严苛的管理方式去对待别的同学，引起部分同学的反感，后来在班干部改选中落选。于是，小田就疑心是某些"小人"嫉妒他的才干，在老师那里搞鬼，认为自己受到了排挤和压制，认为同学与老师对他不公平，故意"迫害"他。因此，他就指责他们，埋怨他们，常与同学、老师发生冲突，有时还把状告到校长和家长那里，要求恢复他的班长之职，否则扬言要上告、伺机报复。大家都耐心地劝他，但他总是不等别人把话说完，就急于申辩，始终把大家对他的好言相劝理解为恶意。他这样无理取闹，与同学、老师的关系日益恶化。

分析：落选并不是落难。人际交往中的多疑往往是由思考问题时的思维偏差引起的，一个人一旦心生猜疑，就会将所有的分析判断建立在只证明自己的猜忌的基础上而陷入盲目的怀疑之中，小田应认识到自己的心理偏差，进行自我调整，否则继续发展下去就可能导致偏执型人格障碍。

案例 4：愤怒的小鸟

小黄同学经常会因为小事生气，平时也难展笑颜，整个人像是愤怒的小鸟。有一次，她从图书馆看完书买了粥回宿舍，天下着雨，她小心翼翼地拿着粥，不想进入宿舍楼后在楼道被人撞了一下，手上拿的粥洒了，弄了一手粥，这可把她惹火了，她直接就把粥扔了，气得直跺脚，回到自己房间拿起手机打电话给妈妈。本想着，她的妈妈会安慰她，结果两个人在电话里吵起来了。她妈妈说她做事不小心，她听见这个就更生气了。最后，她直接把电话挂了，开始扔衣服踢凳子。事后，她说自己也不想那样，但是每次生气都忍不住，说都怪自己的父母经常吵架，还经常摔东西。她很无奈，无法抹去父母在她身心上留下的烙印。

分析：因为耳濡目染，人的一言一行、一举一动，很多时候在不知不觉中就受到原生家庭的影响。把原生家庭的问题复制到成年关系或生活中，在心理学上，这称为"强迫性重复"。很显

然,虽然小黄内心并不认同父母吵架摔东西的行为,但是在不知不觉中,她已经把父母的行为内化了,于是就有了现在我们看到的状况——容易"愤怒"的父母和容易"愤怒"的女儿。如果小黄能跳出自己看自己,开始自我省察,而不是顺着自己过去的模式发展下去,那么,是可以摆脱父母的影响,不再轻易"愤怒"的。

案例5:表演型人格

小艾,女,20岁,大二学生。从小娇生惯养,动不动就使小性子,自幼喜欢在热闹场合抛头露面,耍小聪明,来博得大人的夸奖,别人越夸她,她越来劲。上大学后,学习成绩不错,但是好吹捧自己的毛病仍旧未改,总是有意无意标榜自己。在爱情方面,吹嘘帅哥们是如何欣赏她、追求她,而她又是如何习难他们,大放厥词。为了招人注意,甚至不顾个人尊严。性格喜怒无常,高兴时嘻嘻哈哈,劲头十足;稍不顺心,大吵大闹,弄得人际关系十分紧张。近日,正当她瞎吹时,有人用话语刺激了她一下,她顿时觉得自己并非魅力超群,立刻萎靡不振,非常难过。然而难过归难过,以后她依然我行我素。

分析:这是典型的表演型人格障碍。小艾喜欢表演性、戏剧性、夸张地表达情感,总想引起别人的注意,为了引起注意,不顾个人尊严,哗众取宠,说话夸大其词,掺杂幻想情节,喜怒无常。

课堂互动

任务一　探寻真我　认识自我

活动一:猜猜他是谁?

活动目的:学会自我描述,检测自我认知程度。

活动步骤:

1.请在下方空白框写下你的自我介绍,注意不要留下姓名。

自我介绍:

2.随机分组,每组 10 人,以组为单位,将自我介绍打乱顺序,每人抽取一份,读出来,猜猜他是谁。

3.请在下表写下你猜对的自我介绍及其原因。

猜对的自我介绍人名	原因分析

4.请在下表写下你猜错的自我介绍及其原因。

猜错的自我介绍人名	原因分析

5.你的自我介绍猜对的人有_____个,猜错的人有_____个。

原因分析:

_____

_____

6.通过活动,你会对自我介绍做哪些修改?

_____

_____

_____

活动二:画一棵果树

活动目的:自我认识,发现潜在的自己。

活动步骤:

1.请在下方空白框中画一棵果树,不要模仿复制他人的画,按照自己的想法绘画即可,可以尽情发挥想象力,越具体越好,不必思考顾虑太多。

（空白框）

2.简单介绍自己的果树（树名、是记忆中的还是想象中的树、果实、季节、你跟它的故事、绘画时的心情等）。

_____

_____

_____

_____

3.小组交流。

①通过活动发现了自己哪些特点？

_____

_____

_____

②新发现的特点对你有什么启发？

_____

_____

_____

_____

活动三:完成自己的"乔哈里窗口"

活动目的:多角度探索自我,全面认识自我。

活动步骤:

1.将全班同学进行分组,每组 10～15 人,按照同组不互相描述原则确定描述对象。(例如:全班分成 3 组,则一组同学描述三组同学,三组同学描述二组同学,二组同学描述一组同学。)

2.每位同学对另一组的每位同学进行描述,至少描述 3 个特点,将描述写在小纸条上,不要留下描述者姓名。

3.每位同学收集自己的描述纸条并依据描述完成自己的乔哈里窗口。

_____的乔哈里窗口:

	自知	自不知
他知	A 公开区(公开的我)	C 盲目区(盲目的我)
他不知	B 隐藏区(秘密的我)	D 潜能区(未知的我)

4.分析自己的乔哈里窗口。

①你对"公开的我"满意吗? 有没有你希望做得更好的地方?

_____

_____

_____

②有没有一些东西是隐藏的? 如果有,你希望打开还是继续隐藏? 有没有想好怎样打开?

_____

_____

_____

_____

_____

③你的窗口出现了哪些盲点？这些盲点你觉得是自己忽视的客观事实还是旁人的误会？

_____

_____

_____

④你的潜能区有没有一些你特别渴望开发的？为此你有什么打算？

_____

_____

_____

任务二　悦 纳 自 我

活动内容:优点故事会

活动目的:加强沟通,打开自我,树立自信。

活动步骤:

1.将全班同学进行分组,每组 5～6 人。

2.每位同学从自己的乔哈里窗口找一个最被大家认可的优点,讲一个自己的故事,内容要能很好地体现这个优点。

3.分享交流。

①述说自己的故事的时候,你的感受是？

_____

_____

_____

②倾听别人的故事的时候,你的感受是？

_____

_____

_____

任务三　探讨影响人格形成的因素

活动一:萨提亚原生家庭图

活动目的:通过画家庭图进一步感受原生家庭的影响力,让学生欣赏并接纳过去,从原生家庭中看见自己丰富的资源,并增强管理现在的能力。

活动道具:A4 纸张、笔。

活动步骤:

1.了解原生家庭结构图的一些符号。

原生家庭结构图需要用到的几种标记：

▭　表示家庭中的男性

⬭　表示家庭中的女性

〰〰〰〰〰　表示家庭成员之间是恶劣关系

·········　表示家庭成员之间是疏远关系

———　表示家庭成员之间是普通关系

━━━　表示家庭成员之间是亲密关系

2.明确画图要求。

①根据个人 18 岁之前的实际家庭状况,用图画出共同生活的家庭成员结构。代表自己的那个框用五角星做标记。

②标注出每个人现在的年龄、职业(去世的就标注去世年龄,并在框上打叉)。

③用 4 种连线画出你 18 岁之前,你认为的家庭主要成员之间的关系。(完全凭自己的第一印象和感受,而不必考虑对错。在这个地方老师在上课时不会给学生很多考虑的时间,是为了保证凭借第一印象画图。)

④用形容词写出 18 岁之前,你对每个家庭成员(包括自己)的印象和评价。如:凶、残暴、勤奋、能干、聪明、自私、仗义,等等。每个人最少 5 个形容词(根据自己的感受,不必考虑对错和伦理因素)。

3.开始画图。

4.解读自己的原生家庭图。

①家庭成员中,你使用最多形容词描述的人是谁?说说他(她)给你印象最深的一件事。

_____

_____

_____

②家庭成员中,你使用最少形容词描述的人是谁?简单说明原因。

_____

_____

_____

③家庭成员(尤其是父母)的哪些特点是你也拥有的?你的哪些特点是家庭成员没有的?

_____

_____

_____

④写下你对原生家庭影响力的思考。

_____

_____

_____

活动二:沙盘游戏疗法

活动目的:探讨过去生活经历对人格的影响。

活动步骤:

1.介绍沙盘工具及沙盘游戏。

2.每组6位同学,围坐在沙盘边上。

3.每位同学轮流在沙盘上摆放一个沙具,共6轮。

4.结束沙盘建设后,每人谈谈自己对沙盘的感受:

_____

_____

5.每位同学填写以下表格。

沙盘游戏练习表格(姓名:　　　　　组别:　　　　　):

(1)按照你摆放沙具的顺序,记录下每个沙具的信息。

序号	沙具名称	代表的内容	它给你的感觉

续表

序号	沙具名称	代表的内容	它给你的感觉

(2)在整个沙盘中,你喜欢的沙具有哪些? 完成以下内容。

序号	沙具名称	代表的内容	它给你的感觉

(3)在整个沙盘中,你讨厌的沙具有哪些? 完成以下内容。

序号	沙具名称	代表的内容	它给你的感觉

(4)请根据整个沙盘上摆放的所有沙具,把你想到的故事讲述出来。

任务四　认识不同类型人格的特点

活动内容:情景剧《309 的迎新节目》

活动目的:了解不同类型人格的特点,懂得如何与不同类型的人和谐相处。

剧本如下:

人物:齐乐乐、李小美、何丽平、秦漫、林敏、温暖暖(六人同属 309 宿舍)。

地点:宿舍。

道具:桌椅、手机、纸巾、花瓶等。

剧情背景:六人在宿舍商议迎新晚会的节目。

齐乐乐:晚会大家开心最重要,我建议我们宿舍排一个幽默小品,来点贾玲的风格。

秦漫:迎新晚会是我们作为师姐的一个展示的好机会,一定要把大家的特长和美丽好好表现一下。我觉得我们的节目应该既特别又好看,所以,我提议节目要有多种元素,把音乐演奏、朗诵、唱歌和舞蹈用一个故事串联起来,唯美浪漫而又动人心弦,一定成为本届迎新晚会大家的"最爱"。

李小美:我们排一个节目,不仅要考虑节目的类型、效果,还要考虑可行性,秦漫你的提议虽然听起来不错,但是用什么故事串联、选歌、舞台背景制作、灯光效果、服装、发型等这么多事情落实起来不容易,加上时间紧迫,一个方面没做好都会影响整体效果。乐乐的提议我只赞成一半,晚会节目让人开心固然好,但也不能忽视内涵,好歹我们大二了,所以,如果排小品,真的要学学贾玲,幽默内涵两不误,如果你也能编一个像《你好,李焕英》那样让人又哭又笑的,我一定支持你。

温暖暖:嗨,乐乐和秦漫你俩文艺是强项,我就当当绿叶。还有我认识一些人,可以帮忙借到比较好看的衣服,其他的道具之类的准备工作我也可以多做一些。

何丽平:其实最近我们都挺忙的,要不简单点,就弄个小组唱算了,传递正能量。

秦漫:正能量? 什么正能量?

何丽平:小组唱,代表宿舍团结呀! 再选一首红歌《不忘初心》,满满正能量,关键是简单排练一下就可以上场。

秦漫:去年 416 宿舍的师姐不就是这样吗? 万一其他宿舍也这样,那也太尴尬了,一点新意都没有(不以为然地把头扭向一边),你就不能有点自己的想法吗?

何丽平:唉,一时也没什么好想法,其实我无所谓呀! 排什么节目我都会积极配合。

(大家一起望向林敏……)

1.分析已经发言的几位同学表现出了哪种类型的人格特点:

齐乐乐:_____

秦漫:_____

李小美:_____

温暖暖:_____

何丽平:_____

2.剧情续编:小组讨论分析林敏应该如何根据大家的人格特点提出合理建议,并分角色表演。

_____

_____

_____

_____

任务五　完善自我

活动一:情景剧《不和谐的思思》

活动目的:纠正人格偏差,扫除自我完善障碍。

剧本如下:

人物:思思、小贝、文欣、嘉敏(四人同一宿舍)。

地点:宿舍。

道具:桌椅、手机、书、香水等。

剧情背景:思思是个从小到大深得父母宠爱的独生女,学习成绩好,长得也漂亮,她是全班高考分数最高的人,顺利当上了学习委员,但是,思思上大学后才第一次过集体生活,在宿舍与同学相处不太和谐,她总觉得她与大家格格不入,觉得舍友对她不好,似乎有意令她不高兴,甚至怀疑舍友是不是嫉妒她优秀。

场景1:早上,小贝开心地对着自己上下喷香水,思思皱着眉头赶紧躲开。

场景2:傍晚,思思急匆匆回到宿舍准备洗澡,文欣已经拿好衣物正准备进卫生间洗澡,思思不由分说抢先进入,说了句"我赶时间,让我先洗,很快就好",咔嚓一声关门了。

场景3:下午,思思下课回到宿舍。

小贝:咦,你怎么没去开会? 辅导员在班级微信群通知班干部下课后开会,你没看微信吗?

思思:我手机没电了,放在宿舍充电,文欣明明知道的,她也不提醒我,这下我肯定要被批评了(皱眉)。

场景4:周三下午没课,思思在宿舍看书,嘉敏在追剧。

思思:麻烦你把声音调小。

嘉敏:哦。(调音时搞错方向,声音更大了。)

思思:(很生气地)你是不是故意的?

嘉敏:(白了思思一眼)神经病!

思思:你还骂人! 自己不看书,还不让别人好好看书。

嘉敏:看书去图书馆,别靠在床上贪舒服,装模作样、一本正经(做呕吐状)。

于是二人你一句我一句争吵起来……

场景5:周日下午,思思一人在宿舍,突然变天下雨,思思赶紧起身收衣服,看见文欣的白球鞋也在阳台晾晒,本想帮忙收的,想起上次文欣没有提醒自己开会,思思伸出去的手缩了回来⋯⋯

1.思思有哪种人格偏差？具体表现在哪些行为上？

_____

_____

_____

2.剧情新编：帮助思思纠正人格偏差，在相同情景下改变思思的做法，使她与舍友关系融洽和谐，并分角色表演。

_____

_____

_____

活动二：编写剧本"扬长不避短"

活动目的：正确看待自身不足，尝试超越自我、完善自我。

活动步骤：

1.分组，每组六人。

2.每人选取自己擅长和不擅长的方面各一项，以"扬长不避短"为主题，大家合作编写一个有故事情节的剧本，剧本中的人物要写成强项很强、弱项也强的人设（例如，小林选取了自己擅长绘画，不擅长舞蹈，小林的人设就定为既擅长绘画又擅长舞蹈）。

3.每个成员按照剧本，通过语言和非语言的形式，既要表演他们平时擅长的，也要表演他们平时不擅长却在剧中擅长的方面。

4.分享表演之后的感受：

(1)你在表演剧本人设时是什么感受？

_____

_____

_____

(2)看到其他同学表演剧本人设时又是什么感受？

_____

_____

_____

(3)通过这个活动，你的弱项有没有改善提高？

_____

_____

_____

活动三:冥想"幻游未来"

活动目的:想象理想之我,找到奋斗目标和发展动力。

指导语:

相信同学们对未来心怀憧憬,也对未知充满焦虑。接下来让我们一起穿越到 10 年后,进行一次梦想之旅,遇见 10 年后的自己。在体验过程中请保持安静,不要说话,不要给自己压力,只需要想象。请在场的每个同学跟着我一起来。

(可以选择合适的背景音乐。)

好,现在随着音乐,尽可能地放松,以自己最舒服的姿势坐好……轻轻地闭上眼睛……放慢呼吸……接下来,让我们一起坐上时光机,穿越到未来。

时间一直在流动,慢慢地流到了 10 年后。你比现在更成熟了,差不多 30 岁了,这时的你会是怎样的一个人呢?请尽量想象,想得越仔细越好。

清晨,你从睡梦中醒来,走下床,推开窗,空气是那样清新,深深吸一口气,然后来到浴室刷牙洗脸,看看镜子中自己的脸,是什么样子的呢?(想象一下自己的脸型、皮肤、眼睛、鼻子、嘴巴、表情还有头发……)

接着,你来到了餐厅,和你一起用早餐的人是谁?(仔细想象一下对方的相貌、衣着、神态。)

吃完早餐,准备上班。没错,你已经工作几年了。你拥有一份怎样的工作呢?走出家门,回头看一下自己的家,它是什么样的?周围的环境怎样呢?然后,你搭乘什么交通工具上班?到达工作的地方了,先注意一下,这个地方看起来怎么样?办公室是什么样子的?同事和你打招呼,他们怎么称呼你呢?工作时间其他人在做什么?你在做什么呢?负责哪些事务?忙碌吗?

一天很快过去,该下班了,回忆这一天的工作,过得充实吗?愉快吗?你的工作带给你最大的满足是什么?想一想,这一天,有你和没有你,两个世界会有哪些不一样的地方?你给这个世界带来了什么样的影响?

(此处停留一分钟。)

现在,和未来的自己说声再见,坐上时光机,渐渐地,我们回到了现在,来到了教室,慢慢地睁开眼睛,看看周围的环境,问问旁边的同学:"此行开心吗?"

体验完毕后进行思考与分享。

1.你在冥想中经历了怎样的旅程?十年后的你是什么样子的?与同学分享一下。

_____

_____

_____

_____

2.你对十年后的生活满意吗?如果想要实现自己的梦想,你现在可以从哪些方面做好准备?

_____

_____

_____

智慧锦囊 ▶▶▶

进入大学的学生,都会思考"我是谁?""我有什么目标?""我为什么上大学?"等问题。如果再问一个简单的问题:当你向别人描述你自己时,你首先想到的特征是什么? 是你的性格特征,如外向、内向;还是外表特征,如高、矮、胖、瘦? 或者是社会类别,如男、女? 事实上,你可能更倾向于用概括性的语言对自己做一个总体评价。如"我是一个追求优秀的大学生""我是一个有理想、有抱负,但有些懒惰且自制力较弱的人"等。所有这一切,都是大学生自我意识的真实体现。

自我意识的确立是青年心理发展的重要标志之一,对青年人格的形成、心理的发展起着重要的作用。大学阶段的自我意识是大学以前的自我意识的继续与深化,同时又有其质的变化。这一时期,大学生自我意识从分化、矛盾到走向统一,对人的一生有特别重要的意义。

一、自我意识的概念

自我意识是个体对自己的身心状况,以及自己与别人和周围世界关系的认识,它是人格结构的核心部分。自我意识是一个具有多维度、多层次的复杂心理系统。

关于自我意识的概念,许多心理学家都有研究论述,其中影响较大的是精神分析学派的创始人弗洛伊德,他在《自我与本我》一书中提出人格是由本我(id)、自我(ego)和超我(super-ego)组成的。本我是"原始我",遵循的是"快乐原则",如本能,它是早期理论的无意识的概念。年龄越小,本我越重要,婴儿几乎全部处于本我状态。除了身体的舒适以外,尽量解除一切紧张状态。自我是"现实我",遵循的是"现实原则",如道德和法律。它是意识结构部分。随着年龄的增加,我们慢慢地学会不能随心所欲地做事,我们必须考虑现实的作用。自我能支配行动,思考过去的经验,计划未来的行动。自我不能脱离本我而独立存在。超我是"理想我",遵循的是"道德原则",是个体在成长过程中通过内化道德规范和价值观而形成的,其特点是追求完美,包括良心和自我理想。

(一)从形式上看

从形式上看,自我意识表现为认知的、情感的、意志的三种形式,分别称为自我认识、自我体验和自我调控。自我认识是自我意识的认知成分,包括自我感觉、自我观察、自我观念、自我分析和自我评价等层次。其中,自我评价是自我认识中最主要的方面,集中反映了个体自我认识乃至自我意识的发展水平,也是自我体验和自我调控的前提。自我体验是自我意识的情感成分,在自我认识的基础上产生,反映个体对自己所持的态度。它包括自我感受、自尊、自信、自卑、自我效能感等层次。其中,自尊是自我体验中最主要的方面。自我调控是自我意识的意志成分,指个体对自己行为与心理活动的自我作用过程。它包括自我监督、自我控制、自我教育、自我追求、自我完善等层次。其中,自我控制是自我调控中最主要的方面。

（二）从内容上看

从内容上看，自我意识可分为生理自我、社会自我和心理自我三个层面。生理自我是指个人对自己的生理属性的意识，包括个体对自己的身体、外貌、体能等方面的意识；社会自我是指个人对自己的社会属性的意识，包括对自己在各种社会关系中的角色、地位、权力、人际距离等方面的意识；心理自我是个人对自己心理属性的意识，包括个人对自己的人格特征、心理状态、心理过程及其行为表现等方面的意识。

（三）从自我观念来看

从自我观念来看，自我意识又可分为现实自我、投射自我和理想自我三个维度。现实自我是个体从自己的立场出发对"现实的我"的看法，也即对"现实的我"的认识，它是个体对自己现实的观感。投射自我是个体想象中他人对自己的看法，也即对"他人眼中的我"的想象，如想象自己在他人心目中的形象，想象他人对自己的评价，以及由此而产生的自我感。投射自我和现实自我之间往往有距离，当距离加大时，个体便会感到自己不为别人所了解。理想自我是个体从自己的立场出发对"将来的我"的希望，也即对"想象中的我"的认识。理想自我是个体想要的完善的形象，是个人追求的目标。理想自我与现实自我不一定是一致的。理想自我虽非现实自我，但它对个人的认识、情绪和行为的影响很大，是个人行为的动力和参考系统。

古希腊传说中有一个人面兽身的怪兽名叫斯芬克斯，她整天蹲伏于路边的悬石上，向来往行人询问智慧女神所授的隐谜，如果行人猜不出谜底，她就将其撕成碎片。她的隐谜是：什么东西早晨用四条腿走路，中午用两条腿走路，晚上用三条腿走路？她提示说，在一切生物中只有此物是用不同数目的腿走路，而且腿最多时，正是速度力量最小时。"斯芬克斯之谜"正是人生之谜，也是自我之谜。它伴随着每个人的人生旅途，提醒人们时刻不要忘记正确地审视自我。它告诉人们，唯有正确认识自我、把握自我，才是自己得以生存的最大保障。因此在公元前5世纪，古希腊人就在他们的神庙上刻下了这样的话："人，认识你自己！"

从根本上说，"认识你自己"之所以特别重要，是由于它是人存在的独特标志。动物绝不可能有"认识自己"的要求和意识，它除了本能外，完全不存在自己有意识的生存问题，而人生的一切问题都是由人的自我意识引起的，包括成功的喜悦和失败的懊悔。因此认识自我是我们每一个人面临的重要课题，只有对自我有清醒的认识，我们才能在现实中找准自己的位置和方向，才能清除无谓的自卑对心灵的损害，才能避免盲目的自满对生命的束缚，才能不断地完善自我、提升自我。

二、自我意识的发生与发展

自我意识不是先天具有的，而是个体在生活环境中通过个体与客体的相互作用逐渐形成与发展，并随着语言和思维的发展而发展的。人认识自己需要一个比认识外界事物更为复杂、更为长久的过程。

人在刚出生时并没有自我意识，出生两个月内的婴儿分不清自己的手指和母亲的乳头。幼儿在一岁半开始有了自我意识的最初表现，能够将自己的动作和动作的对象区分开来。两岁至三岁时能够用第一人称代词"我"来表达自己的意思。掌握"我"字是自我意识萌生的主要标志，儿童从知道自己的名字发展到知道"我"，意味着从行动中实际地成为主体，意识到自己是各种行动的主体。

从三岁至青春期,是个体接受社会文化、学习角色的主要时期。儿童在家庭和学校中,通过学习、游戏、劳动等活动,逐渐掌握各种角色观念,如性别角色、家庭角色、伙伴角色和学校中的角色等,逐渐形成社会自我。

在青春期内,个体的生理、心理诸方面都有急剧的变化,如性的成熟、逻辑思维的发展等,促使自我意识进一步发展,使自我意识有了质的变化。青春期是自我意识迅速发展并趋向成熟的关键期。

三、大学生自我意识的发展模式

人的自我意识的发展呈现一种螺旋式上升的趋势,其发展模式为:分化、矛盾、统一。个体经由每一次的自我分化、矛盾和在一定条件下的统一,自我意识便向前发展了一步。

(一)自我意识的分化

大学生自我意识的发展是从明显的自我分化开始的,具体表现为儿时那种笼统的"我"被打破了,明显地出现两个"我"——主我与客我,一个是处于观察地位的"我",一个是处于被观察地位的"我"。自我的分化,是自我意识开始走向成熟的标志,也是自我意识发展的重要过程。正是这种分化过程,促使个体主动地关注自己的内心世界和行为,开始意识到自己那些尚未被完全注意到的"我"的各个方面,于是自我内心活动变得复杂,自我观察、自我沉思明显地多了,写日记或向朋友倾诉也多了,从而促进了个体自我意识的发展。

(二)自我意识的矛盾

在自我意识的发展过程中,随着自我的分化,主我在认识和评价客我时,发觉主观自我与客观自我之间、现实自我与理想自我之间往往有较大的差距,于是出现内心冲突,甚至不安和痛苦。这种自我矛盾是自我意识发展过程中不可避免的,是一种正常现象。大学生自我意识中常见的矛盾主要有以下几种:

1. 主观自我与客观自我的矛盾

主观自我是一个人对自己的认识和评价,客观自我是别人对自己的认识和评价,这二者之间往往存在着较大的矛盾和差距。大学生常常在客观自我方面受挫,如自我感觉能力挺强,积极报名竞选各类社团组织的干部,但结果完全不是自己的预期,一些同学因此情绪一落千丈,感觉没人欣赏自己,内心痛苦。

2. 理想自我与现实自我的矛盾

理想自我是在自己头脑中塑造的、自己所期望的未来自我的形象,现实自我则是通过个人的实践而反映到头脑中的真实的自我形象。理想自我是自己希望将来成为什么样的人,现实自我则是自己今天是什么样的人。

理想自我与现实自我的矛盾是大学生自我意识矛盾中最突出、最集中的表现,这主要源于理想与现实的差距。大学生富于幻想,总希望自己将来成为某种理想的人,因而在头脑中塑造了一个未来的理想自我的形象,然而学历偏低、竞争压力大常使他们缺乏自信,倍感失落。因此,当他们将这种理想自我的形象与现实自我的形象加以对照比较时,便会发出"理想很丰满,现实很骨感"的感叹,产生现实自我与理想自我的矛盾。当然这种差距在给大学生带来苦恼和不满的同时,也会激发他们奋发进取的积极性。如果这种矛盾与冲突过于强烈,不能及时加以调适,则会导致自我意识的分裂,从而带来一系列心理问题。

3. 独立意向与依附心理的矛盾

新生入学后,自我意识的发展产生了一次飞跃。他们希望能在生活、经济、思想等方面独立,摆脱成人的管束,自主地处理所遇到的一些问题,但是他们社会经验缺乏,独立处理问题的能力有限,特别是面临复杂世态时,常感到心中无数。面临有关人生和前途的重大问题时,往往对自己的抉择缺乏信心,而依赖于父母的意志,就学期间经济上一般仍需家庭供给,这一切使他们无法真正做到人格上的独立,这种独立意向与依附心理的矛盾也一直困扰着他们。

4. 交往需要与自我闭锁的矛盾

大学生迫切需要友谊,渴望理解,他们有强烈的交往需要,希望能向知心朋友倾吐对人生的看法,盼望能有人分担痛苦、分享欢乐。但同时他们又存在着自我闭锁的倾向,许多人往往不愿主动敞开自己的心扉,在公开场很少发表个人的真实意见。他们在与他人交往时存有较强的戒备心理,总是有意无意地保持一定距离。正是这种交往需要与自我闭锁的矛盾冲突,使得不少大学生倍受"孤独"的煎熬。

5. 自信心与自卑感的矛盾

大学生刚刚考上大学时受到老师、家长、亲朋好友的赞誉,同辈人的羡慕,故而优越感和自尊心都很强,对自己的能力、才华和未来都充满了自信。然而进入大学后,许多大学生发现"山外有山",尤其是当学习、文体、社交等方面显露出某些不足时,有些大学生就会陷入怀疑自己、否定自己的不良情绪中,产生自卑心理。在这些大学生的内心深处,自信心和自卑感常常处于冲突状态。有关调查显示,有 25%～30% 的大学生存在不同程度的自卑心理。

6. 激情与理智的矛盾

自我控制是指个体摆脱监督和支配的一种自我意识倾向。大学生情绪的一个显著特点是容易两极分化,或高或低,波动性大,易冲动,不易控制。少数学生的违纪反映在考试作弊、损坏公物和思想道德素质不高等方面。事前不去考虑后果,为朋友两肋插刀,当替考或传卷被抓获,受处分拿不到学位证后,又后悔不迭,马上就变得一蹶不振,使自己陷于懊悔、惆怅之中。但随着身心的发展、认知水平的提高,大学生渐渐成熟,在遇到客观问题时,既想满足自己情绪与情感的要求,又想服从于社会及他人的需求。特别是当遇到失恋等人生打击时,尽管理智上能够理解,却在感情上难以接受。

7. 追求上进与自我消沉的矛盾

许多大学生都有较强的上进心,他们希望通过努力来实现自身的价值。但在追求上进时,困难、挫折在所难免,有些学生意志力薄弱,控制不住自己的懒惰和贪玩,不少大学生常常出现情绪波动。在困难面前望而生畏,消极退缩,但又不甘放弃,依然想追求,内心极为矛盾,困惑、烦躁、不安也由此而生。

(三)自我意识的统一

自我矛盾的产生虽然给个体带来不安和痛苦,但正是这种矛盾和冲突激发了个体奋发进取的积极性,促使个体去正确地认识自己,实事求是地修正理想自我中某些不切实际的过高标准,并且努力奋斗,有效地控制自我,改善现实自我,使理想自我与现实自我互相趋近,求得自我的统一。这是一种积极健康的统一,是自我认识、自我体验和自我调控的统一,是主体与客体现实的统一。

大学生自我意识的统一有以下几种类型:

1. 自我矛盾型

这类大学生的特点是理想自我和现实自我难以统一,难以转化成一个新的自我。他们的内心冲突强度大,延续时间长,新的自我久久不能确立,积极的自我难以产生,表现为自我认识、自我体验、自我调控等方面的不确定性。

2. 自我扩张型

这类大学生的特点是对现实自我的认识和评价过高,以至形成虚假的理想自我。理想自我与现实自我虚假统一,一般都过分"悦纳"自己。扩张的表现有三种形式。①情绪冲动,不能自抑。在通往理想的道路上,偶有一见一得,便自以为了不起,忘掉了现实中的自我,忘掉了客观社会要求对自己的制约,开始进行种种美妙的设计。②理想自我实为"幻想我、傻想我、空想我",并取代现实自我。这种人的自我带有扮演性和白日梦的特点,盲目自尊,自吹自擂。③在特殊情况下,可能向更消极的方向转化,表现为违反社会道德、社会义务,乃至将逆社会历史潮流的所谓"理想自我"作为自己的期望、抱负和憧憬目标。如果现实自我与理想自我不一致,就会在错误的方向上改变现实自我,使之向理想自我靠拢,以取得消极的统一、转化。

3. 自我否定型

这类大学生的主要特征是对现实自我的认识和评价过低,所确定的理想自我与现实自我之间的距离太远或差距太大,主观上又缺乏自我控制能力,心理上常处在一种自我的防御状态,其理想自我与现实自我的统一常是消极的。希望通过捷径,不需要很多努力即可实现理想自我。小小的失败都可能积累起来形成挫折感,挫折感积累又转化为自卑,对自己缺乏信心。他们不想通过积极改变现实自我去实现理想自我,而是在一定程度上放弃理想自我,保持现状,或进而否定现实自我,加之心理上的自我暗示,结果越发自卑,有时不得已又为自己寻找"合理的理由"进行自我说服,以求得心理上的暂时平衡。成功了,认定是命运的恩赐;失败了,找一个借口一推,得过且过。

4. 自我肯定型

这类大学生的特点是正确的理想自我占优势,理想自我与现实自我能通过努力奋斗达到积极的统一。他们对现实自我的认识比较清晰、客观、全面、深刻,对理想自我的确定比较现实、积极,符合社会要求,也是通过努力可以达到的。在通往理想的道路上善于总结经验教训,积极地对待成功和失败,不断地创造条件,实现理想自我,达到积极的自我统一。

5. 自我萎缩型

这类大学生表现为理想自我极度缺乏和丧失,对现实自我又极度不满。这种类型有两种向消极方面发展的可能性:一是自卑心理强度有所减弱,从而消极放任;二是自卑心理继续加强,导致自我拒绝的心理。自我拒绝心理使大学生的理想自我与现实自我不仅难以统一,而且发展为对抗状态。理想自我与现实自我差距过于悬殊,导致缺乏主动灵活的调节,以为理想自我是难以实现的,现实自我是无法改变的,甚至是无法容忍的。从对自己的不满发展到自轻、自贱、自恨、自怨、自嘲,越来越消沉,对自己丧失信心,孤独沮丧,以至出现病态的心理和行为。

四、大学生自我意识发展缺陷及其调整

(一)过度的自我接受与过度的自我拒绝

自我接受是指自己认可自己,肯定自己的价值,对自己的才能和局限、长处和短处都能客

观评价、坦然接受,不会过多地抱怨和谴责自己。对自我的接受是心理健康的表现。过度自我接受的人是有点自我扩张的人,他们高估自我,对自己的肯定评价往往有过之而无不及,拿放大镜来看自己的长处,甚至把缺点视为自己的长处。人际交往模式是"我好,你不好;我行,你不行"。过度自我接受的人容易产生盲目乐观的情绪,自以为是,不易处理好人际关系;而且过高评价滋生骄傲,对自己易提出过高的要求,承担无法完成的任务而导致失败。

自我拒绝是指不喜欢自己,不能容忍自己的缺点和弱点,否定、抱怨、指责自己。过度的自我拒绝是更严重的、史经常的自我否定。事实上,许多大学生都有不同程度的自我拒绝,这可以促使他们不断修正自己。但过度自我拒绝则是由严重低估自我引起的,他们的人际交往模式一般是"我不好,你好;我不行,你行",或者是"我不好,你也不好;我不行,你也不行"。过度自我拒绝的人看不到自己的价值,只看到或夸大自己的不足,感到自己什么都不如他人,处处低人一等,丧失信心,严重的还可能由自我否定发展为自我厌恶甚至走向自我毁灭。过度自我拒绝压抑人的积极性,限制对生活的憧憬和追求,易引起严重的情感损伤和内心冲突,同时不能很好地发挥个人潜能和社会作用,给社会带来损失。

如何调整过度的自我接受和过度的自我拒绝呢?

第一,要树立正确的认知观念。人不可能十全十美,每个人都有优缺点。人既不会事事行,也不会事事不行;一事行也不能说事事行,一事不行也不能说事事不行。优点和缺点不能随意增加或丢掉,成功和失败也不是自说自定。一个人应该接纳自己的一切条件,并肯定它的价值,不自以为是也不妄自菲薄。

第二,确立合理的评价参照体系和立足点。人的价值本来是相对的,只有在相互比照之下,才能定出高低优劣。

第三,培养独立和健康的人格品质,如自信不狂妄、谦虚不自卑。

(二)过强的自尊心与过强的自卑感

自尊心和自信心、好胜心、独立感等诸多形式都是大学生自我意识发展的主要表现。它是要求尊重自己的言行和人格,维护一定荣誉和社会地位的一种自我意识倾向。每个大学生都有强烈的自尊心,好强、好胜、不甘落后。自尊心强的大学生对自己有信心,相信自己能克服缺点,取得进步,它不是自大。但过强的自尊心却和骄傲、自大等联系在一起。自尊心过强的人缺乏自我批评,而且不允许别人批评,以自我为中心,唯我独尊。这样的人回避或否认自己的缺点,缺乏自知能力,不能与人和谐相处,容易失败,也容易受伤害。

自卑感是对自己不满、否定的情感,往往是自尊心屡屡受挫的结果。事实上,过强的自尊心和过强的自卑感是密切联系、互为一体的,那些自尊心表现得外显、强烈的人往往是极度自卑的人。自尊心、自卑感过强都会影响大学生的心理发展和人格成熟。

如何调整过强的自尊心与过强的自卑感呢?

第一,要对其危害有清醒的认识,有勇气和决心改变它;

第二,要客观认识自己,无条件接纳自己;

第三,正确表现自己,对自己的经验持开放态度;

第四,根据经验,调整对自己的期望,确立合适的抱负水平,区分长期目标和近期目标,区分潜能和现在表现;

第五,对外界影响相对独立,正确对待得失,勇于坚持正确的、改正错误的,同时保持一定程度的容忍。

(三)自我中心和从众心理

大学阶段是自我意识发展最强烈的阶段。大学生强烈关注自我,往往愿从自我的角度、标准去认识、评价和行动,容易出现自我中心倾向。自我中心的人凡事从自我出发,不能设身处地地进行客观思考。他们往往以同学的导师或领袖身份出现,喜欢指使,盛气凌人,出事总是认为自己对别人错,好把自己的意志强加于人。因而他们不易赢得他人的好感和信任,人际关系多不和谐,做事难以得到他人帮助,易遭挫折。

要克服自我中心,首先要摆正自己的位置,既重视自己也不贬抑别人,自觉把自己和他人、集体结合起来,走出自我的小天地;其次,要实事求是,恰如其分地评估自己,既不高抬自大,也不低踩菲薄;最后,学会移情,多设身处地地从他人的角度思考问题,尊重他人感受、关心他人。

与自我中心相反的是从众心理。从众心理人人都有,但过强的从众心理实际上是依赖的反映。有过强的从众心理的学生,缺乏主见和独立意向,自己不思考或懒于思考,常人云亦云或遇到问题束手无策,结果导致自主性被阻碍,创造力受抑制。事实上,世界上任何人都不可能在任何事上都独立,为所欲为,但个人能主宰自己的思想和观念。对于大学生而言,在求学、就业、交友、婚姻等方面虽不能随心所欲、支配一切来满足自己,但他有充分的自由去思考、分析、研究自己在困境中可以通行的道路,至少他应该独立思考。而勇于独立思考、敢于思考,坚持自己所认为的正确观念,不受他人影响,保持自己的独立性和个性,是克服从众心理的最基本的、最重要的途径。

(四)过分的独立意向与过分的逆反心理

大学生自我意识发展最显著的标志之一是独立意向。但是独立意识过头,便会矫枉过正。很多大学生把独立理解成"万事不求人",不需要别人帮助。其结果是生活中遇到困难和挫折时,只能自吞苦果,活得沉重。其实,独立并不意味着独来独往、我行我素和不顾社会规范,而是指在感情上、行为上个体能对自己负全部的责任。一个真正成熟的个体是独立的,他对自己负责任,但不排除接受他人的帮助。

逆反心理是大学生自我意识发展过程中的一种产物,其实质是为了寻求独立、寻求自我肯定,保护新发现的、正在逐渐形成的但还比较脆弱的自我,抵抗和排除在他们看来压抑自己的那种力量,这是青年阶段心理发展的必然要求。因为这个原因,青年期被称为第二反抗期。就逆反心理本身而言,一方面它表明青年人的反抗精神、独立意识;另一方面,不少人不能正确把握反抗,表现出过分的逆反心理。逆反心理过分的大学生采取非理智的反应方式:在内容上不区分正确与错误、精华与糟粕,一概排斥;手段上只是简单的拒绝和对抗,情绪成分多;目的上只是为了反抗而反抗,逆反的对象多是家长、老师及社会宣传的观念和典型人物等外界权威。结果是阻碍了学习新的或正确的经验,不利于健康成长。

要发挥独立性本身的积极作用,清除过分逆反心理所带来的消极影响,首先要正确理解独立的真正含义;其次,掌握自我的独立性与外界权威规范的关系,使自我既能适应外界的要求,又保持独立性。

所有的这些是心理还不成熟的表现,并不是某个人的缺点,而是所有的大学生或多或少都要亲自经历的,是整个年龄阶段的特征,因而是普遍的、正常的,但是也是必须调整的。只有认识到这一点,才能达到自我真正的统一、强大和健康。

五、健全自我意识的标准

衡量一个人的自我意识是否健全很难,但可以通过以下五点进行参照:

(1)一个有健全自我意识的人应该是一个自我肯定的、自我统合的人;

(2)一个有健全自我意识的人应该是自我认识、自我体验、自我调控协调一致的人;

(3)一个有健全自我意识的人应该是独立的,同时又与外界保持协调;

(4)一个有健全自我意识的人应该是一个自我发展的人,其自我具有灵活性;

(5)一个有健全自我意识的人是一个心理健康的人,不仅自己能健康发展,而且能促进社会文明进步。

六、大学生自我意识的培养与完善

(一)正确认识自我

正确认识自我是建立健全自我意识的基础。只有认识自己、了解自己,才能改变自己、完善自己。与此同时,大学生还应该开放自我,摆脱囿于个人心理和自我封闭的习惯,积极参加社会实践活动,把自己摆在正确的位置上。正如著名的成功学大师拿破仑·希尔所言:"一切的成就,一切的财富,都是始于自我认识。"

正确认识自我,不仅要认识自己的生理特点,而且要认识自己的心理特点;不仅要认识自己的优势,而且要认识自己的劣势。其主要的途径如下:

(1)通过心理测试自我了解。

关于认识自我的心理测试方法主要有问卷法、投射法,下面介绍一种近年来使用较多的画树测试法。它属于投射法心理测试的一种,由瑞士心理学家卡尔柯乞所创制,要求受测者随意画一棵果树,然后把画好的树与其所制定的以下标准做比较,通过比较受测者画的树与卡尔柯乞的哪些标准最接近,便可以发现受测者的性格特征。

卡尔柯乞的20项标准如下:

①树有根:表示受测者执着于尘世,稳重,不投机,不做轻率之举。

②树无根,且无横线表示地面:受测者缺乏自觉,行动无一定之规,喜欢投机。

③树立于形似山巅的地面上:受测者孤立自己,或有孤立之感,社会关系陷入扰乱不安的境地。

④树干短且树冠大:有强烈自觉,富有雄心,有获得别人赞许的欲望,骄傲。

⑤树干长且树冠小:发育迟滞,这种树形常见于儿童的图画中。

⑥树干由两条平行直线段构成:斤斤计较,实事求是,少想象,倔强固执。

⑦树干由两条处处等距而波动的线条构成:活泼,有生气,易于适应环境。

⑧树干由断续不整的短画构成:敏感易怒,思考问题凭直觉,很少使用推理。

⑨树干左边有阴影:性格内向,拘谨。

⑩树干右边有阴影:性格外向,乐于与外界接触。

⑪树冠扁平:由于外界压力而变得拘谨,有自卑感。

⑫树冠由同心圆组成:富于神秘性,缺乏活动,自我满足,性格内向。

⑬树冠由环形的树枝组成:勤勉,进取,富有创造力,性格外向。

⑭树冠似云:富于想象,多梦想,易激动。

⑮树冠由一簇钩圈组成:热忱,坦白,好交际,健谈。

⑯树形似栅:墨守成规,拘泥形式,善自制。

⑰树形倾向于右边:好交际,易激动,对将来充满信心,善表现,擅长于活动。

⑱树形倾向于左边:节制,含蓄,小心,对将来充满恐惧。

⑲树上有果实:善于观察,非常重视物质享受,现实主义。

⑳树叶或果实落到地上:敏感,理解力强,缺乏毅力,听天由命。

(2)建立正确的比较观,运用两种不同的比较方法,客观而全面地认识自己。

①纵向比较法,即自己与自己比较,这是正确认识自我的一种最基本的方法。

首先,进行自我画像。对自己进行一番深刻的自我解剖,试着为自己画一幅尽可能全面的自画像,从中认识和判断自己在知识、能力、情感、意志、气质、性格等方面的特征。

其次,总结经验教训。对自己的往事和经历进行认真分析,对自己的想法、期望、品德、行为进行理性思考,从成功中发现自己的能力,增强信心,从挫折和失败中发现自己的不足,把自己从抑郁消沉中解脱出来。

最后,进行自测评价。借助各种自测表,通过回答一些具体问题,个体便能在短期内获得对自己较为准确的有关个性等方面的描述和评价。

②横向比较法,即自己与他人比较。要正确认识自我,还需要与他人、与社会进行横向比较,这样才能构成一个完整的、全面的坐标系。

首先,通过与周围人的比较认识和发现自己的优势和劣势。对于一个大学生来说,只有通过对知识掌握程度、技能、能力,以及自己的个性特征的比较,才能对自己做出正确判断。

其次,根据他人对自己的态度来评价自己。个体对自己的评价往往是以他人的评价为参照系的。俗话说:"当局者迷,旁观者清。"他人的评价往往比自我评价更具有真实性和客观性。因此,要正确认识自我,还要问问家长、老师、同学、朋友对自己的评价和态度,听听他们对自己的长处和不足的分析和评判,接受他们对自己的教导和帮助。当然,就像镜子有优劣一样,别人的反馈有时也难免会有歪曲。对方的偏爱、成见、缺乏了解等,都可能使赞美与批评失真。不过,失真的镜子终究是少数,只要多用几面镜子就能看清自己了。

(3)多角度、多区域认识自我。

乔哈里窗口理论是一种关于沟通的技巧和理论,也被称为"自我意识的发现—反馈模型",最初由美国心理学家乔瑟夫和哈里于20世纪50年代提出。它将信息沟通比作一个窗子,依据人际传播双方对传播内容的熟悉程度,将沟通信息划分为公开区、隐藏区、盲目区和潜能区四个区域。乔哈里窗逐渐成为被广泛使用的管理模型,用来分析以及训练个人发展的自我意识,增强信息沟通、人际关系、团队发展、组织动力以及组织关系。

(4)学会调整认知结构。

很难想象,一个不能认识自己也不能认识他人的人怎么能把主观愿望和客观条件有机地结合起来,从而实现自己的目标。大学生要做到认识自己和认识他人的统一,防止出现自我认知偏差,就必须有一个正视自己、正视别人、正视社会的认知结构。

①处理好自知与知人的关系。

常言道:"知人为聪,知己为明;知人不易,知己更难。""自知"是完善自我的前提,离开这个前提,也就谈不上完善自我。所以,要正确认识自己,必须知己所长、知己所短,切忌"把自己看成一朵花,把别人看成豆腐渣"。如果大学生能够处理好自知与知人的关系,不仅有利于形成和谐团结、互相促进的群体环境,而且有利于自身的健康成长,避免步入认知误区。

②处理好自尊与尊人的关系。

自尊就是尊重自己,这是不甘落后的一种情绪体验,是推动人们积极向上的一种动力。但是过分自尊,认为自己一切比别人强,这就是自负。因此,自尊也要尊重别人。不理解这一点就会陷入妄自尊大的泥潭。一个真正成熟的大学生,应善于处理好自尊与尊人的关系,自觉培养尊重他人的心理素质,以尊重、信任、谦让、诚挚的积极态度与别人交往,形成一种友爱和谐的人际关系,创造一种心情舒畅的良好环境。只有在这样的环境下,才能进一步认识自我,提高自我,完善自我。

③积极参加实践活动,借活动成果认识和评价自我。

大学生应打破孤芳自赏的心理封闭,通过多实践增加生活阅历,在实践与交往中使自己的天赋与才能得以发挥,并通过实践的结果来认识和评价自我。

(二)积极悦纳自我

欣然接受自我,就是对自己本来面目抱认可、肯定和喜悦的态度。欣然接受自我,有助于维护和增进心理健康,将一个"真实的我、本来的我"展示于人们面前,可以让别人了解自己,有助于密切人际关系,有助于正确认识自我和评价自我。此外,唯有欣然接受自我,才能自重自爱,珍惜自己的人格和声誉,努力进行自我修养,谋求自身的发展。相反,不肯接受自我的大学生必然自惭形秽,自轻自贱,甚至自暴自弃,这对自我的成长是极为不利的。

1. 要全面、正确地评价自己

一个人固然有短处,但更多的是长处,即便短处也总有一定的限度,因此一个人不能只看短处,否定自己,更不能夸大短处而认为自己一无是处,而是要对自己进行恰如其分的评价。

2. 要正确对待短处

短处有两种:一种是能够改进的,如不良的习惯等;另一种是无法补救的,如先天的身材矮小等。对前一种短处要闻过则改,不可文过饰非;而对后一种短处则要勇敢地面对它、承认它、接受它,同时着力塑造自己内在的心灵美。

3. 要正确地对待失败

一个人的成长过程中有成功也必然会有失败,有的人面对失败一味地自责,贬低自己,使自己丧失信心。我们要清醒地认识到眼前的失败并不代表永恒的失败。古人云:"失之东隅,收之桑榆。"也有人说:一次成功是以九十九次失败为基础的。大学生应树立正确的成功观,不怕失败,做生活的强者。

(三)自觉调控自我

1. 要确立明确的行动目标

人的行为是有目的的行为,个体的行为有无目的性,结果是不一样的。一般来说,有目标指向的行为较无目标指向的行为成就大得多。因为正确的目标能够诱发人的动机,强化人的行为,并促使其指向预定的方向。例如,有的同学能够抵御种种诱惑,刻苦攻读,学业优秀,是因为他把学习成绩与自己未来的发展联系起来了。

确立正确的自我目标,关键是要按照社会的需要和个人的特点来进行设计,做一个"自如的我、独特的我、最好的我、社会欢迎的我"。所谓做一个"自如的我",是指不要给自己提出力所不能及的过高要求,使自己总是陷入自责、自怨、自恨的境地,而是给自己设计只要付出相当的努力就能达到的目标,从而能够在坦然面对自己的客观存在中不失积极地生活。所谓做一个"独特的我",是指不要一味地追求时尚,在刻意模仿中失去自我,而是在接受自我的过程中扬长避短,得以自在地生活。所谓做一个"最好的我",是指立足于现实,选择适合自己的人生道路,尽最大努力,达到最佳水平,充分实现自己的人生价值,能够满意地生活。所谓做一个"社会欢迎的我",是指要有正确的价值取向,把自我实现的蓝图与祖国的富强、人类的文明结合起来,努力为社会做出自己最大的贡献,真正充实地生活。

2. 要培养坚强的自控毅力

在实现人生目标的旅途上,既有各种本能欲望的干扰,又有各种外部诱惑的侵袭。本能的欲望常令人背弃理智,如贪图安逸、追求物欲、趋利避害等。名利和物质的诱惑,容易使人偏离正确的前进轨道,松懈奋进的斗志,放弃对远大目标的追求,甚至把青年学生引向堕落。一个人要想成就一番事业,就必须能够抵制诱惑,主宰自己的行动,这就需要有坚强的自我控制毅力,以保证理智地约束自己的情感,把握自己的行为。自我控制的动力来源,在于从根本利益和长远利益上去看问题。有些诱惑之所以对个体很有吸引力,就是因为它充分地显示了表面的、暂时的利益。比如,在学习紧张的时候,看一场精彩的球赛可能比枯燥的学习更有吸引力,因为它能使人度过一个更愉快的夜晚。类似的种种诱惑,每天都可能存在,如果不能抵御,作为学生,最终可能在考场上难以过关,在就业竞争中处于不利地位。如果能想到自己的根本利益和长远目标,就会有控制自己的动力,得以战胜表面的、暂时的利益之诱惑。

个体在决定做某一件事的时候,常会产生各种对立动机的内部斗争,主要是高尚的动机(义务感、责任感、道德感等)跟低级的动机(满足个人的某种欲望)之间的斗争。从这种斗争的结局,可以看出他的自制力的高低。要检验一个人的自制力强弱,可以看他的行为主要是臣服于本能的欲望或偶然的冲动、情感的驱使,选择"我要做"的事情,还是受理智的制约,大多选择"应该做"的事情。在自我意识未能达到高度统一时,个体觉得"应该做"的事情与感到"我要做"的事情往往是不一致或者有差别的。如果要有较强的自制力,那么就要注意"应该做"的事情,善于强迫自己去做应该做的事情,克服妨碍"这样做"的愿望和动机(如恐惧、懒惰、过分的自爱、不良的习癖等),从而自主地塑造自己。

(四)不断超越自我

所谓超越自我,就是要跳出自我的小天地,从"小我"走向"大我"。这是一种较高的精神境界,它既注重自我价值的实现,又不局限于追求个体自我价值的实现,而是把自我价值实现与社会价值实现统一起来,在为他人和为社会服务中实现自我价值。这是大学生自我意识得到深化和升华的重要标志,体现了超越自我与发展自我的辩证统一。

经验告诉我们,自我认识不容易,自我控制很难,超越自我是难上加难。这是自己终身的目标,因此加强自我修养是大学生的重要课题。大学生都有很高的抱负和远大的理想,必须从点滴小事开始,从行动开始。要想运动健身,就天天练自己喜欢的体育项目;要想开阔思路,就多读书,多听讲座。在行动时,无论对人还是对事,要全力以赴,使自己的能力、品质得到最大限度的发挥。行动之后再反省得失原因,汲取经验教训,再度投入行动,一旦有成果,再反思总结,如此反复。完善自我、超越自我有一个"新我"的形成过程。我们可以用"4A"表述这一心路历程:①acceptance,接纳,接纳自我与自我所在的现实环境;②action,行动,对自己决定的事,付诸行动,并全力以赴;③affection,情感,工作时投入情感,也可以得到情感收获,即工作活动中所得到的乐趣和兴趣,也即所谓的乐在其中;④achievement,成就,是以上三者完成后的自然结果,是努力奋斗的结果。如果一个大学生经历了"4A"的过程,他可以说是领到了健全自我意识的合格证。

总之,大学生要完善自我意识,必须要有积极的目标作为努力的方向,要有坚强的意志作为有效的保证,要有健康的情感作为激励的动力,这样才能做到自爱、自重、自信、自尊和自强,寻求自我与社会的和谐统一。

七、什么是人格

(一)人格的概念

人格,英文 personality,这个词源于拉丁语 persona,是指演员在舞台上戴的面具,好比我们今天戏剧舞台上不同角色的脸谱。心理学借用了这个词,使之成为一个专门的术语,用来说明每个人在人生舞台上各自扮演的角色及其不同于他人的精神面貌。因此,心理学认为人格是个体在先天遗传和后天环境的交互作用下,逐步形成的相对稳定的独特的心理倾向、心理特征和行为方式的整合。

心理学上的人格内涵极其丰富,但基本包含两方面的意义:一是个体在人生舞台上所表现出的种种言行,人格所遵从的社会准则,这就是我们可以观察到的外显的行为和人格品质;另一方面是内隐的人格成分,即面具后面的真实自我,是人格的内在特征。

(二)人格的特征

1. 独特性

个体的人格是在遗传、成长、环境、教育等先、后天环境交互作用下形成的。不同的遗传、生存及教育环境,形成了各自独特的心理特点,我们经常所说的"人心不同,各如其面"就是指的这个意思。如有的人开放自然,有的人顽固自守,有的人沉默寡言,有的人豪爽,有的人谨慎等。环境会使某一人格品质在不同的人身上表现出不同的含义。

2. 稳定性

人格的稳定性是指那些经常表现出来的特点,是一贯的行为方式的总和。正如我们所说:"江山易改,本性难移。"一个人的某种人格特质一旦稳定下来,要改变是较为困难的事。这种稳定性还表现在人格特征在不同时空下的一致性。例如一个性格外向的大学生,他不仅仅在家庭中非常活跃,而且在班级活动中也表现出积极主动的一面,在老师面前同样也能自然地表现自己;不仅大学四年如此,即使毕业若干年再相逢,这个特质依旧不变。

3. 整体性

人是极其复杂的,人的行为表现出多元性、多层次的特点。人格的组合千变万化,并非死水一潭。各种人格结构的组合千变万化,因而使人格表现得色彩纷呈。在每个人的人格世界里,各种特征并非简单堆积,而是如同宇宙世界一样,是依据一定的内容、秩序与规则有机组合起来的动力系统。人格的有机结构具有内在一致性,受自我意识的调控。当一个人的人格结构的各方面彼此和谐一致时,人们就会呈现出健康的人格特征,否则就会出现各种心理冲突,导致"人格分裂"。

4.功能性

人格是一个人生活成败、喜怒哀乐的根源。正如人们常说的"性格决定命运",人格决定了一个人的生活方式,甚至有时会决定一个人的命运。人们常常使用人格特征解释某人的言行及事件的原因。面对挫折与失败,有志者认真总结经验教训,在失败的废墟上重建人生的辉煌;而怯懦的人一蹶不振,失去了奋斗的目标。当人格功能发挥正常时,表现为健康而有力,支配着人的生活与成败;当人格功能失调时,就会表现出懦弱、无力、失控甚至变态。

八、艾里克森人生八阶段学说

艾里克森提出"人生历程八阶段"理论,并详细论述了每个阶段特定的心理、社会发展课题,称之为"心理社会危机"。艾里克森认为,每个阶段心理、社会发展课题能够顺利完成,危机能够顺利解决,就会产生积极的品质;反之,就会产生消极的品质。

艾里克森人生发展八阶段表

年 龄 阶 段	发 展 课 题	发 展 顺 利	发 展 障 碍
婴儿期 (0~1岁)	信任—不信任	有信任感和安全感	缺乏信任,容易害怕和焦虑
婴儿后期 (2~3岁)	自主—羞怯、怀疑	有信心,能自我控制	自我怀疑,行动畏首畏尾
幼儿期 (4~5岁)	主动—内疚	积极进取	内疚、退缩,无自我价值感
儿童期 (6~11岁)	勤奋—自卑	具备学习、做事、待人的基本能力	缺乏生活基本能力,充满失败感
青年期 (12~18岁)	自我同一性—角色混乱	自我概念和目标方向明确	自我角色混乱,彷徨迷失
成人前期 (19~25岁)	亲密—孤独	有建立亲密关系的能力	孤独寂寞,与社会疏离
成人中期 (26~60岁)	创造—停滞	热爱家庭、关心社会,有责任心和义务感	不关心他人与社会,人际关系淡漠
成人后期 (61岁以上)	自我完善—悲观失望	人生有意义感、满足感,安享晚年	悔恨过往,悲观失望

九、人格的结构

人格是由不同成分构成的一个结构系统,不同成分从不同侧面反映个体的差异。下面将重点介绍气质与性格。

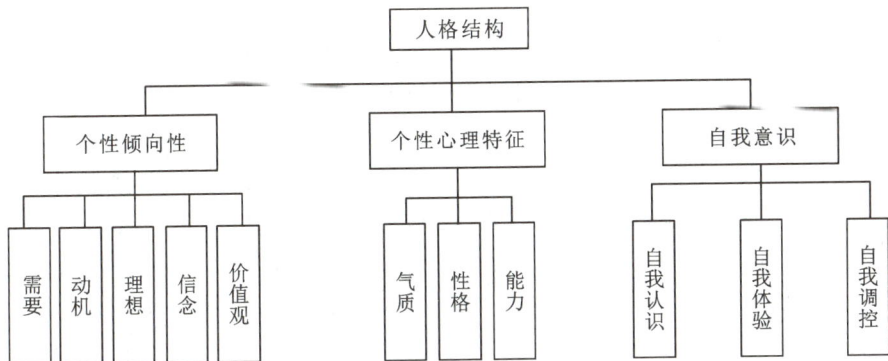

```
                          ┌──────────┐
                          │ 人格结构 │
                          └──────────┘
        ┌────────────────────┼────────────────────┐
  ┌──────────┐         ┌──────────┐         ┌──────────┐
  │个性倾向性│         │个性心理特征│        │ 自我意识 │
  └──────────┘         └──────────┘         └──────────┘
 ┌┬┬┬┬┐              ┌┬┬┐                ┌┬┬┐
 需动理信价            气性能               自自自
 要机想念值            质格力               我我我
           观                              认体调
                                          识验控
```

(一)气质

气质是指个体表现在心理活动的强度、速度、灵活性与指向性等方面的一种稳定的心理特征。这种特征既决定了个体心理活动的动力特征,又给每个人的心理活动蒙上了一层独特的色彩。最著名的气质学说是希波克拉底提出的体液说。

希波克拉底(公元前460—前370)是古希腊著名的医生,他最早提出气质的概念。他在长期的医学实践中观察到人有不同的气质。他认为气质的不同是由人体内不同的液体决定的。他设想人体内有血液、黏液、黄胆汁、黑胆汁四种液体,并根据这些液体混合比例哪一种占优势,把人分为不同的气质类型:体内血液占优势的属于多血质,黄胆汁占优势的属于胆汁质,黏液占优势的属于黏液质,黑胆汁占优势的属于抑郁质。可见,他把人的气质分为多血质、胆汁质、黏液质、抑郁质四种类型。后人把他对气质的观点概括为体液说。用体液来解释气质,虽然缺乏科学根据,但希波克拉底对气质类型的划分,与日常观察中概括出来的四种气质类型比较符合,所以这种关于气质的分类一直沿用至今。

胆汁质——夏天里的一团火。这类人精力旺盛,直率、热情,行动敏捷,情绪易于激动,心境变换剧烈。这类大学生有理想,有抱负,有独立见解,反应迅速,行为果断,表里如一;不愿受人指挥,而喜欢指挥别人;一旦认准目标,就希望尽快实现,遇到困难也不折不挠,但往往比较粗心;学习和工作带有明显的周期性特点,能以极大的热情和旺盛的精力投入学习和工作中,一旦精力消耗殆尽,便会失去信心,情绪顿时转为沮丧而心灰意冷。

多血质——喜形于色,喜怒都展现出来,可塑性强。多血质的人具有活泼好动、反应迅速、情绪发生快而多变、兴趣容易转移等特征。这类大学生易于适应环境的变化,性格活泼、热情,善于交际,在群体中精神愉快,相处自然,常能机智地摆脱困境;他们在学习和工作上肯动脑、主意多,不安于机械、刻板、循规蹈矩,常表现出较强的工作能力和办事效率;对外界事物兴趣广泛,但容易失于浮躁,见异思迁。

黏液质——冰冷耐寒。黏液质的人安静、稳重,反应缓慢,沉默寡言,情绪不易外露,注意力稳定难于转移,善于忍耐。这类大学生反应较为迟缓,但无论环境如何变化,都能基本保持心理平衡;凡事深思熟虑,力求稳妥,一般不做无把握的事情,在各种情况下都表现出较强的自我克制能力;他们外柔内刚,沉静多思,不愿流露内心的真情实感;与人交往时,态度适当,不卑不亢,不爱抛头露面和做空泛的清谈;学习、工作有板有眼,踏实肯干,严格恪守既定的生活秩序和制度。但他们过于拘谨,不善于随机应变,固定性有余而灵活性不足,有墨守成规、因循守旧的表现。

抑郁质——秋风落叶。抑郁质的人孤僻,行动迟缓,情感体验深刻,善于觉察别人不易觉察到的细小事物。这类大学生在生理上难以忍受或大或小的神经紧张,厌恶那些强烈的刺激;他们的感情细腻而脆弱,常为区区小事引起情绪波动;自己心里有话,宁愿自己品味,不愿向别人倾诉;喜欢独处,与人交往时显得腼腆、忸怩,善于领会别人的意图,在团结友爱的集体中,很可能是一个容易相处的人;遇事三思而行,求稳不求快,对力所能及的工作能认真负责地完成;在学习、工作一段时间后,常比别人更感疲倦;在困难面前常怯懦、自卑和优柔寡断。

气质本身无优劣之分,任何一种气质都有其积极和消极的方面,气质也不能决定一个人活动的社会价值和成就的高低。因此,大学生要正确对待自己的气质类型,经常有意识地控制自己气质的消极品质,发扬积极品质,以有利于形成良好的个性。而且值得重视的是与生俱来的气质特征,更多的人是多种气质的混合体,看哪种气质占主导性地位。

(二)性格

性格是一种与社会关系最密切的人格特征,它是一个人对现实稳定的态度和与之相适应的习惯化了的行为方式的总和。性格表现了人们对现实与周围世界的态度,对自己、对别人、对事物的态度。

从不同角度和侧面可以对性格类型进行不同的划分,如按照知、情、意在性格中的表现程度,可分为理智型、情绪型和意志型三种。理智型的人以理智支配自己的行动;情绪型的人情绪体验深刻,举止容易受情绪左右;意志型的人具有较明确的目标,行为主动。

按照个体的心理倾向,可分为外倾型和内倾型。外倾型的人心理活动倾向于外部,活泼开朗,善于交际,感情易于外露,处事不拘小节,独立性较强,但有时粗心、轻率;内倾型的人心理活动倾向于内部,一般表现为感情含蓄、处事谨慎、自制力强、交往面窄、适应环境比较困难。

按照个体独立性程度,可分为独立型和顺从型。独立型的人不易受外来事物的干扰,他们具有坚定的信念,能独立地判断事物,发现问题、解决问题,在紧急和困难的情况下不慌张,易于发挥自己的力量,但有时会把自己的意志强加于人,固执己见,不易合群;顺从型的人随和、谦虚,易与人合作,但独立性较差,易受暗示,容易接受别人的意见,在紧急情况下易惊惶失措。

性格与气质都是构成人格的重要因素,二者相互渗透、相互影响、彼此制约。二者所不同的是,性格是人格中涉及社会评价的内容,更多受到环境的影响,具有较大的可塑性,而且具有社会评价的意义,反映了社会文化的内涵,有好坏之分;而气质更多地受生理上和心理上的特点制约,虽然在后天的环境影响下也有所改变,但与性格相比,它更具有稳定性,变化比较缓慢。

十、影响人格形成的因素

塑造和培养良好的人格是个体成长与发展的关键。在一个人的人生发展历程中有许多因素会影响到人格的发展,人格的塑造是先天、后天因素共同作用的结果。研究表明:人格是环境与遗传交互作用的产物。在人格培养过程中,既要看到个体的生物遗传的影响,更要看到社会文化的决定作用。

(一)生物遗传因素

心理学家对"生物遗传因素对人格具有何种影响"的研究已经持续很久了。由于人格具有较强的稳定性特征,因此人格研究者也会注重遗传因素对人格的影响。

双生子的研究被许多心理学家认为是研究人格遗传因素的最好办法,并提出了双生子的研究原则:同卵双生子既然具有相同的基因形态,那么他们之间的任何差异都可以归因于环境因素;而异卵双生子的基因虽然不同,但在环境上有许多相似性,如出生时间、母亲年龄等,因此也提供了环境控制的可能性。系统研究这两种双生子,就可以看出不同环境对相同基因的影响,或者相同环境下不同基因的表现。

研究结果表明:遗传是人格不可缺少的影响因素,但遗传因素对人格的作用程度因人格特征的不同而不同。通常在智力、气质这些与生物因素相关性较大的特征上,遗传因素较为重要;而在价值观、信念、性格等与社会因素关系紧密的特征上,后天环境因素更重要。人格发展过程是遗传与环境交互作用的结果,遗传因素影响人格发展方向及形成的难易。

(二)社会文化因素

人一出生,便置身于社会文化之中并受社会文化的熏陶与影响,文化对人格的影响伴随着人的终生。社会文化塑造了社会成员的人格特征,使其成员的人格结构朝着相似性的方向发展,而这种相似性又具有维系一个社会稳定的功能。这种共同的人格特征又使得个人正好稳稳地"嵌入"整个文化形态里。社会文化对人格的影响力因文化而异,这要看社会对顺应的要求是否严格,越严格其影响力就越大。影响力的强弱也视其行为的社会意义的大小而定,对于不太具有社会意义的行为,社会允许较大的变异;但对在社会功能上十分重要的行为,就不太允许太大的变异,社会文化的制约作用就越大。但是,若个人极端偏离其社会文化所要求的人格基本特征,不能融入社会文化环境之中,可能就会被视为行为偏差或心理疾病。

社会文化具有塑造人格的功能,这反映在不同文化的民族有其固有的民族性格,不同的地域有着不同的文化传统,不同的文化发展时期有着不同的文化认同。

社会文化对人格的影响力一直被人们所认可,它对人格的形成与发展具有重要的作用,特别是后天形成的一些人格特征,如性格、价值观等。社会文化因素决定了人格的共同性特征,它使同一社会的人在人格上具有一定程度的相似性,如民族性格等。

值得重视的是,随着对文化因素的强调而产生的生物因素与文化因素之间的平衡,文化在个体人格发展中的作用受到进一步重视。

(三)家庭环境因素

家庭常被视为人类性格的加工厂,它塑造了人们不同的人格特征。家庭虽然是一个微观的社会单元,但它对人格的培育起到了至关重要的作用。家庭是社会的细胞,家庭不仅具有其自然的遗传因素,也有着社会的"遗传"因素。这种社会遗传因素主要表现为家庭对子女的教育作用,俗话说"有其父必有其子",其中不无一定的道理。父母按照自己的意愿和方式教育孩子,使他们逐渐形成了某些人格特征。

强调人格的家庭成因,重点在于探讨家庭间的差异对人格发展的影响,探讨不同的教养方式对人格差异所构成的影响。西蒙斯研究认为:"儿童人格的发展和他(她)与父母之间的关系息息相关。这意味着当我们考虑亲子关系时,不仅要注意它们对造成心理情绪失调和心理病理状态的影响,也得留意它们与正常、领导力和天才发展的关系。"

孩子的人格是在与父母持续相互作用中逐渐形成的,富于感情的父母将会示范并鼓励孩子采取更富情感性的反应,因此也加强了孩子的利他行为模式而不是攻击行为模式。孩子的人格就是在父母与他们的相互磨合中形成的。孩子在批评中长大,学会了责难;敌意中长大,学会了争斗;虐待中长大,学会了伤害;支配中长大,学会了依赖;干涉中长大,学会了被动与胆怯;娇宠中长大,学会了任性;否定中长大,学会了拒绝;鼓励中长大,增长了自信;公平中长大,学会了正义;宽容中长大,学会了耐心;赞赏中长大,学会了欣赏;爱中成长,学会爱人。这样的说法不无道理。

家庭教养方式一般可以分为四类。第一类是专制型教养方式,这类父母在对子女的教育中,表现得过于强势,孩子的一切由父母来控制。成长在这种教育环境下的孩子容易形成消极、被动、依赖、服从、懦弱等人格特征,做事缺乏主动性,甚至会形成不诚实的人格特征。第二类是放纵型教养方式,这类父母对孩子过于溺爱,孩子多表现为任性、幼稚、自私、野蛮、无礼、独立性差、唯我独尊、蛮横胡闹等。第三类是民主型教养方式,父母与孩子在家庭中处于一个平等和谐的氛围中,父母尊重孩子,给孩子一定的自主权,并给予孩子积极正确的指导。父母的这种教育方式使孩子形成了一些积极的人格品质,如活泼、快乐、直爽、自立、彬彬有礼、善于交往、富于合作精神、思想活跃等。第四类是漠不关心型的教养方式,父母在满足孩子最低的衣食要求以外不再关注和关心自己的孩子。这类父母也向孩子提出要求,但是他们有时简单回应,有时漠视孩子的要求,孩子在没有关爱和规则意识的氛围下成长。

研究表明,民主型父母教出的孩子往往很自信、独立而且积极热情。总体而言,这些儿童比其他三类儿童幸福得多,他们的问题更少,而且更加成功。放纵型父母和漠不关心型父母教出的孩子通常不够成熟,更容易冲动,依赖性更强,要求也更高。专制型父母教出的孩子通常容易焦虑,而且没有安全感。实际上,在一些案例中,专制型教养方式可能是导致儿童反社会行为的风险因素。

普朗明在他的《天性与教养》中对人格的天性与教养进行了研究,提出了共享环境(shared environment),即由子女们在同一家庭成长所享有的环境构成;而非共享环境(unshared environment),即由在同一家庭成长却不被子女们共同享受的环境构成,如因性别差异、排行顺序或特定生活事件而被父母区别对待。研究结果表明:重要的不是家庭单位,而是每个孩子在家庭中的独特经验,即孩子在家庭中的非共享环境。儿童在家庭内与家庭外得到的经验对其人格发展都有重要影响。

由此可见,家庭是社会文化的媒介,它对人格具有强大的塑造力。其中,父母的教养方式直接决定孩子人格特征的形成。父母在养育孩子的过程中,表现出了自己的人格,并有意无意地影响和塑造着孩子的人格,形成家庭中的"社会遗传性"。

(四)儿童早期经验

"早期的亲子关系定出了行为模式,塑成一切日后的行为。"这是有关早期童年经验对人格影响力的一个总结。中国也有句俗话:"三岁看大,七岁看老。"人生早期所发生的事情对人格的影响,历来为人格心理学家所重视,特别是弗洛伊德。为什么人格心理学家会如此看重早期经验对人格的作用呢?

斯皮茨(Spitz)在对孤儿院里的儿童所进行的研究中,发现这些早期被剥夺母亲照顾的孩子,长大以后在各方面的发展均受到影响。许多孩子患了"失怙性忧郁症",其症状表现为哭泣、僵直、退缩、表情木然,并且有人提出弃子会使儿童产生心理疾病,孩子会形成攻击、反叛的人格。

艾斯沃斯通过陌生情境进行婴儿依恋的研究,将婴儿依恋模式分为安全依恋、回避依恋与矛盾依恋三类,并做了数十年的追踪研究,将婴儿时期的依恋对人格的影响进行了相关研究,结果表明:早期安全依恋的婴儿在长大后有更强的自信与自尊,确定的目标更高,表现出对目标更大的坚持性,具有更小的依赖性,并容易建立亲密的友谊。

早期童年经验的问题引发了许多的争论,如早期经验对人格产生何种影响? 这种影响是否为永久性的? 我们认为,人格发展的确受到童年经验的影响,幸福的童年有利于儿童向健康人格发展,不幸的童年也会引发儿童不良人格的形成。但二者不存在一一对应的关系,溺爱也可使孩子形成不良人格特点,逆境也可磨炼出孩子坚强的性格。早期经验不能单独对人格起决定作用,它与其他因素共同来决定人格。早期儿童经验是否对人格造成永久性影响因人而异,对于正常人来说,随着年龄的增长、心理的成熟化,童年的影响会逐渐缩小、减弱,其效果不会经久不衰。

(五)学校教育因素

学校是一种有目的、有计划地向学生施加影响的教育场所。教师、班集体、同学与同伴等都是学校教育的元素。

教师对学生人格的发展具有指导定向作用。教师的人格特征、行为模式与思维方式对学生产生巨大影响。每个教师都有自己独特的风格,这种风格为学生设定了一个"气氛区",在教师的不同气氛区中,学生有不同的行为表现。洛奇(Lodge)在一项教育研究中发现,在性情冷酷、刻板、专横的老师所管辖的班集体中,学生的欺骗行为增多;在友好、民主的教师气氛区中,学生欺骗减少。心理学家勒温等人也研究了不同管教风格的教师对学生人格的影响作用,他们发现在专制型、放任型和民主型的管理风格下,学生表现出不同的人格特点。

教师的公平公正性对学生有着至关重要的影响。一项有关教师公正性对中学生学业与品德影响的研究结果表明,学生极为看重教师对他们是否公正、公平,教师的不公正表现会导致中学生的学业成绩和道德品质的降低。"皮格马利翁效应"就说明了每个学生都需要老师的关爱,在教师的关注下,他们会朝着老师期望的方向发展。实验研究表明,如果教师把自己的热情与期望投放在学生身上,学生会体察出老师的希望,并努力奋斗。很多学生都有受老师鼓励开始发奋图强,受老师批评而导致学习兴趣变化的人生体验。一位大学毕业生在谈到他的大学经历时说:大一高数不及格,正是高数老师的积极鼓励使他重新开始认识与定位大学生活。如果不是老师及时而积极的鼓励,也许他会放弃。正是老师的鼓励使他更加珍惜大学,并考取了硕士研究生。

学校是同龄群体会聚的场所,同伴群体对学生人格具有巨大的影响。班集体是学校的基本组织结构,班集体的特点、要求、舆论和评价对学生人格的发展具有"弃恶扬善"的作用。

少年同伴群体也是一个结构分明的集体,群体内有具有上下级关系的"统领者"和"服从者",有平行关系的"合作者"和"互助者"。这个群体中体现着不同于孩童与成人的少年亚文化特征。与幼童不同的是,离开父母或被父母拒绝是幼童焦虑的最大根源;而少年的焦虑不安则来自于同辈群体的拒绝。在少年这个相对"自由轻松"的群体中,他们学习待人接物的礼节与群体规范,了解什么样的性格容易被群体所接纳。在这个少年团体中,他们拥戴的是品学兼优的同伴。有人曾做过测验,分析中学生喜欢哪种性质的学生领袖,结果是他们更喜欢学业优秀、办事老练、具有良好道德的学生领袖,而不是风头十足、具有漂亮仪表以及体育成绩优异的人。他们喜欢有能力、能胜任工作、高智商、精力充沛、富于创造的同伴。在少年期,男孩子比女孩子倾向于更大、更活跃的团体,他们多少会有些无视成人权威的倾向;而女孩子的团体则更显得合作与平和。一般来说,少年同伴团体性质是良好的,但也存在着不良少年团伙,对少年造成了极坏的影响。学生对这种不良群体要避而远之,学校、家长及社会要用强有力的教育手段来"拆散"他们,防止他们对学校及社会产生危害。

总之,学校对人格形成与发展的影响是不可忽视的,学校是人格社会化的主要场所。教师对学生人格发展具有导向作用,同伴群体对人格发展具有"弃恶扬善"的作用。

(六)自然物理因素

生态环境、气候条件、空间拥挤程度等这些物理因素都会影响人格。一个著名的跨文化心理学研究实例是,关于阿拉斯加州的爱斯基摩人(Eskimos)和非洲的特姆尼人(Temne)的比较研究。这个研究说明了生态环境对人格的影响作用。

爱斯基摩人以渔猎为生,夏天在船上捕鱼,冬天在冰上打猎。以食肉为主,没有蔬菜。过着流浪生活,以帐篷遮风避雨。这个民族以家庭为单元,男女平等,社会结构比较松散,除了家庭约束外,很少有持久、集中的政治与宗教权威。在这种生存环境下,父母对孩子的教养原则是能够具备独立生存能力。男孩由父亲在外面教打猎,女孩由母亲在家里教家务。儿女教育比较宽松、自由,孩子不受打骂,鼓励孩子自立,使孩子逐渐形成了坚定、独立、冒险的人格特征。而特姆尼人生活在灌木丛生地带,以农业为主,种田为生。居住环境固定,形成300~500人的村落。社会结构紧固,有比较分化的社会阶层,建立了比较完整的部落规则。在哺乳期时,父母对孩子很疼爱,断奶后孩子就要接受严格管教,使孩子形成了依赖、服从、保守的人格特点。由此可见,不同的生存环境影响了人格的形成。

另外,气温也会导致人的某些人格特征的出现频率提高。如热天会使人烦躁不安,对他人采取负面反应,甚至进攻,发生反社会行为。世界上炎热的地方,也是攻击行为较多的地方。

自然环境对人格不起决定性影响作用,更多地表现为一时性影响,而且多体现在行为层面上。自然物理环境对特定行为具有一定的解释作用。在不同的物理环境中,人可以表现出不同的行为特点。

综上所述,在人格的培育过程中,各种因素对人格的形成与发展起到了不同的作用。遗传决定了人格发展的可能性,环境决定了人格发展的现实性。

十一、人格障碍的主要类型

人格障碍(personality disorders)是指人格特征显著偏离正常,使患者形成了特有的行为模式,对环境适应不良,常影响其社会功能,甚至与社会发生冲突,给自己或社会造成恶果。人格障碍常开始于幼年,青年期定型,持续至成年期或者终生。人格障碍的常见类型有反社会型人格障碍、偏执型人格障碍、分裂样型人格障碍、强迫型人格障碍、癔症型人格障碍等。

(一)偏执型人格障碍

偏执型人格障碍以猜疑和偏执为主要特点,表现出普遍性猜疑,不信任或者怀疑他人的忠诚,过分警惕与防卫;强烈地意识到自己的重要性,有将周围发生的事件解释为"阴谋"、不符合现实的先占观念;过分自负,认为自己正确,将挫折和失败归咎于他人;容易产生病理性嫉妒;对挫折和拒绝特别敏感,不能谅解别人,长期耿耿于怀,常与人发生争执或沉湎于诉讼,人际关系不良。

(二)分裂样型人格障碍

分裂样型人格障碍以观念和行为奇特、人际关系有明显缺陷以及情感冷淡为主要特点,对喜事缺乏愉快感,对人冷淡,对生活缺乏热情和兴趣,孤独怪僻,缺少知音,我行我素,很少与人来往,因此也较少与人发生冲突。

(三)冲动型人格障碍

冲动型人格障碍又称爆发型或攻击型人格障碍,以行为和情绪具有明显的冲动性为主要特点,发作没有先兆,不考虑后果,不能自控,易与他人发生冲突,发作之后能认识到不对,间歇期一般表现正常。

(四)强迫型人格障碍

强迫型人格障碍以要求严格和完美为主要特点,希望遵循一种他所熟悉的常规,认为万无一失,无法适应新的变更;缺乏想象,不会利用时机,做事过分谨慎与刻板,事先反复计划,事后反复检查,不厌其烦。犹豫不决、优柔寡断也是其特点之一。

(五)表演型人格障碍

表演型人格障碍以高度的自我中心、过分情感化和用夸张的言语和行为吸引注意为主要特点,情感肤浅,易受暗示。

(六)反社会型人格障碍

反社会型人格障碍以行为不符合社会规范为主要特点。这种人感情冷淡,对人缺乏同情,漠不关心,缺乏正常的人与人之间的友爱;易激惹,常发生冲动性行为;即使给别人造成痛苦,也很少感到内疚,缺乏罪恶感,因此常发生不负责任的行为,甚至是违法乱纪的行为,虽屡受惩罚,也不易接受教训,屡教不改。临床表现的核心是缺乏自我控制能力。

(七)自恋型人格障碍

这种人自以为了不起,平时好出风头,喜欢别人的注意和称赞。好"拔尖",只注意自己的权利而不愿尽自己的义务。他们从不考虑别人的利益,要求旁人都得按照他们的意志去做,不择手段地占人家的便宜,而不考虑对自己的名声有何影响。这种人缺乏同情心,理解不了别人的感情。

(八)焦虑型人格障碍

这类人的主要特点是一贯感到紧张、提心吊胆、不安全和自卑,总是需要被人喜欢和接纳,对拒绝和批评过分敏感,因习惯性地夸大日常处境中的潜在危险,所以有回避某些活动的倾向。

(九)依赖型人格障碍

依赖型人格障碍以过分依赖为特征,表现为缺乏独立性,感到自己无助、无能和缺乏精力,生怕为人遗弃。将自己的需求依附于别人,过分顺从于别人的意志,要求和容忍他人安排自己的生活,当亲密关系终结时则有被毁灭和无助的体验,有一种将责任推给他人来对付逆境的倾向。

(十)被动攻击型人格障碍

这种人惯于隐藏内心的愤懑和仇恨。对分配给他们的事情,当面答应,唯唯诺诺,心里却在想方设法拖拉敷衍,常常找借口故意把事情搞糟。

十二、大学生常见的人格偏差

大学时代既是学习掌握知识的黄金时代,也是人格发展的重要阶段。大学生普遍存在的人格发展不足主要有以下八个方面:

(一)无聊

无聊心理的主要特点是空虚、幻想、被动,感觉不到自我存在的意义与人生的价值,其核心在于没有确立合适的人生目标。空虚是因为没有目标或目标太低,人一旦失去目标的牵引,生活就没有动力;缺乏对生命意义的深刻认识,就会出现茫茫然混日子的现象,对生命意义的否定发展到极端是对生命的否定。幻想是由于目标定位不准确或者目标太多而导致的心理负担,实质是对责任的恐惧。被动是由于目标不是自己内心的渴望,未获得内心的认同,只是为学习而学习,为考试而考试,疲于应付,在学习生活中缺乏主动性和创造性。克服无聊心理的根本方法是确立恰当的人生目标,并由人生目标牵引着实现自己的人生价值。

(二)不良意志品质

不良意志品质是指意志发展的不良倾向,主要表现为生活缺乏目标,随波逐流,无所事事,懒散倦怠,浑浑噩噩,醉生梦死;还有的意志发展不成熟,曲解意志品质,把刚愎自用、轻率当作果断,把犹豫、彷徨当作沉着、冷静,把固执己见、执着一念当作顽强,等等。不良意志品质一经形成,会带来很多性格缺陷,最后发展为人格缺陷。克服不良意志品质的办法是矫正自我认知中的非理性观念,正确理解意志品质的内涵,发展自觉性、果断性、坚韧性和自制力。远大的理想、坚定的信念和正确的世界观,是人奋斗的动力之源,确立适当的行动目标并付诸实践。

(三)懒散

懒散是指一种慵懒、闲散、拖拉、疲沓、松垮的生存状态,主要表现在:活力不足,什么也不想做,没有计划,随波逐流;无法将精力集中在学业中,无法从事自己喜欢的事,百无聊赖,心情不爽,情绪不佳,犹豫不决,顾此失彼,做事磨蹭。在大学生活中常常是踏着铃声进教室,常为自己的懒散寻求合适的解释,做事一误再误,无休止地拖下去,虽下决心改正,但不能自拔,不接受教训,对任何事都没有信心、没有欲望。克服懒散的办法是从小事做起,自我监控,学习运筹和管理时间。正如学者所言:你是容量极大的水库,里面蓄积了从未使用过却随时随地可以供你使用的你的天赋与才干,但如果拖拉和胆怯使你永远无法打开那智慧的闸门,那水库也就如同空的一样。

(四)退缩

退缩是指在困难面前表现出怯懦与畏难的心理恐惧,选择逃避与后退,主要表现是:在困难面前缺乏勇气和信心,不表明自己的态度,不敢承担责任,不敢冒险,不敢与坏人坏事做斗争,回避困难,逃避责任,等等。这样的人常常抱怨自身的不幸,却宁愿忍受痛苦而不主动追求。克服退缩的办法是：鼓励自己积极应对生活中的挫折，发现自己的优点，变被动为主动。克服退缩需要勇气与毅力。

（五）偏狭

偏狭是人们常常说的"小心眼"，主要表现为心胸狭窄、耿耿于怀、挑剔、嫉妒。偏狭是一种有百害而无一利的人格特征。偏狭人格多出现于性格内向者，尤其是女性。偏狭不是与生俱来的，而是后天习得的。克服偏狭人格首先要学会宽容，能够容人容事，正确看待生活中出现的矛盾冲突，对事不对人；其次要开阔心胸，拓展视野。人一旦心胸狭窄，就容易进入管状思维，只见树木，不见森林。

（六）虚荣

虚荣是指过分看重荣誉、他人的赞美，自以为是。虚荣心往往与自尊心、自卑感紧紧相连。没有自尊心，就没有虚荣心，也就没有自卑感。虚荣心是自尊心与自卑感的混合产物。虚荣心强的人一般性格内向，情感脆弱，自尊敏感，既有些自卑，又担心别人伤害自己的尊严，过分介意别人的评论与批评，与人交往时防御性强，喜欢抬高自己的形象，他们捍卫的是虚假的、脆弱的自我。克服过强的虚荣心，首先要对虚荣心的危害性有明确的认识；其次要正确看待名利，正视自己的优势与不足，扬长避短；最后是树立健康与积极的荣誉心，正确表现自己，不卑不亢，正确对待个人得失与他人评价。

（七）自我中心

自我中心是指考虑问题、处理事情都以自我为中心，将自我作为思考问题的出发点与归宿，表现为一切以自己为出发点，目中无人，甚至自私自利，遇到冲突时，认为对的是自己而错的是他人。特别是那些自尊心强、优越感强、自信心强、独立的大学生，比较容易陷入自我中心之中，当这种倾向与一些不健康的思想意识（如个人主义、自私自利）和心理特征（如过强的自尊心、唯我独尊）相结合，自我中心与自我膨胀便呈现出来。改变自我中心的途径主要有：一是正确评价自己，认识到自己的社会责任，既不妄自菲薄也不夜郎自大，既不自我贬损也不自恋；二是树立正确的人生观与价值观，将自己与他人、自我与社会、个人利益与集体利益统筹考虑，从狭隘的小天地走出来；三是学会尊重自己与尊重他人，懂得设身处地、换位思考、真诚待人。

（八）环境适应不良

环境适应不良主要是指大学生在大学学习、人际关系、异性交往等方面表现出的不适应，表现为强烈的失落感、孤独感，不能适应环境的改变。事实上，在构成环境的诸多要素中，人是最重要的要素，个体既受环境的影响与制约，又影响与改变着环境。因此大学生要多了解自己所处的环境，培养自我调节的能力，在不同的环境下，能够主动适应环境并成为环境的改造者。

十三、健康人格的基本特点

健全人格是指一种各方面都处于优化状态下的理想化的人格，是各种良好人格特征在个体身上的集中体现。人格的发展以遗传为基础，后天的环境因素却是影响人格健康发展的关键。学校教育作为影响人格发展的重要因素之一，在促进学生自我价值观、自我控制、自信心、时间管理倾向及创造性人格特点等方面的形成与发展起着非常重要的作用。

（一）和谐的人际关系

人际关系是人类社会成员间最普遍、最直接的关系。良好的人际关系可以调节身心状态，增强人的责任感。人际关系最能体现一个人人格健康的程度。人格健康的人乐于与他人交往，与人相处时，尊敬、信任等积极态度多于嫉妒、怀疑等消极态度；健康的人常常以诚恳、公平、谦虚、宽容的态度尊重他人，同时也受到他人的尊重和接纳。和谐的人际关系既是人格健康水平的反映，同时又影响和制约着健康人格的形成与发展。

（二）良好的社会适应能力

社会适应能力反映了人与社会的协调程度。人的社会适应能力是在社会化过程中不断发展的。人格健康的人能和社会保持良好的、密切的接触，以一种开放的态度，主动关心、了解社会，观察所接触到的各种事物和现象，看到社会发展的积极面和主流，在认识社会的同时，使自己的思想、行为跟上时代的发展，与社会的要求相符合，表现出能很快适应新环境的能力。不是让社会去适应自己，而是让自己去适应社会。

（三）乐观向上的生活态度

乐观的人常常能看到生活的光明面，对前途充满希望和信心，对自己所从事的工作或学习抱着浓厚的兴趣，并在工作和学习中发挥自身的智慧和能力，最终获得成功。即使生活中遇到困难和挫折，也能耐心地去应付，不畏艰险、勇于拼搏。相反，悲观的人常常看到生活的阴暗面，对任何事情都没兴趣，遇到一点挫折就情绪低落、怨天尤人，甚至自暴自弃。人格健康的学生对学习或自己的爱好怀有浓厚的兴趣，表现为想象丰富、充满信心、勇于克服困难。

（四）正确的自我意识

自我意识是个体对自己及自己与他人、与周围世界关系的认识。自我意识是一个完整的心理结构，表现于认知过程就是正确地认识自己、客观地评价自己；表现于情感过程就是自尊、自信，有自豪感、责任感，悦纳自己；表现于意志过程就是能够自我监督、自我调节，努力发展身心潜能。具有健康人格的大学生对自己有恰如其分的评价，充满自信、扬长避短，在日常生活中能有效地调节自己，与环境保持平衡。缺乏正确自我意识的人常常表现出自我冲突、自我矛盾；或者自视清高、妄自尊大，做力所不及的工作；或者自轻自贱、妄自菲薄，甘愿放弃一切可以努力的机遇。

（五）良好的情绪调控能力

情绪对人的活动、人的健康有重要影响。积极的情绪体验能使人振奋精神、增强自信，提高活动效率；消极的情绪体验会降低人的活动效率，甚至使人致病。情绪标志着人格的成熟程度。人格成熟的人情绪反应适度，具有调节和控制情绪的能力，经常保持愉快、满意、开朗的心境，并富有幽默感。当消极情绪出现时，能合情合理地宣泄、排解、转移、升华。

健康人格的各个标准都是相关的，"具有体验丰富的情绪并控制情绪表现的能力的人，通常是有能力满足自身基本需要的人，是能紧紧地把握现实的人，是获得了健康的自我结构的人，是拥有稳定可靠的人际关系的人。"

总之，人格健康的人，其人格的各个方面是统一的、平衡的。上述标准不仅是衡量一个人人格健康的尺度，同时也为大学生改善自己的人格提出了具体的努力目标。

心理加油站 ▷▷▷

一、拓展阅读

老 虎 之 死

有两只老虎,一只在笼子里,一只在野地里。在笼子里的老虎三餐无忧,在野外的老虎自由自在。两只老虎经常进行亲切的交谈。笼子里的老虎总是羡慕外面老虎的自由,在野外的老虎却羡慕笼子里老虎的安逸。

一天,一只老虎对另一只老虎说:"咱们换一换。"另一只老虎同意了。

于是,笼子里的老虎走进了大自然,野地里的老虎走进了笼子里。从笼子里走出的老虎,高高兴兴,在旷野里拼命地奔跑;走进笼子里的老虎也十分快乐,他再也不用为食物而发愁。

但不久,两只老虎都死了。

一只老虎饥饿而死,一只则是忧郁而亡。从笼子里走出的老虎获得了自由,却没有同时获得捕食的本领;走进笼子里的老虎获得了安逸,却没有获得在狭小空间生活的心境。

……

生活中最难的事,不是别人不了解你,而是你不了解自己。一个人,追求自身的简单和丰富,才不会被尘世的一切所蛊惑。自己的伤痛自己清楚,自己的哀怨自己明白,自己的快乐自己感受。也许自己眼中的地狱,却是别人眼中的天堂;也许自己眼中的天堂,却是别人眼中的地狱。生活就是这般滑稽。

人人有本难念的经。做人关键在于调整好自己的心态,把握好自己现在的一切,经营好自己的当下。终身去寻找别人认可的东西,会永远痛失自己的快乐和幸福。

归因与归因现象

归因是社会心理学的一个概念,是指人们寻找现象或事件背后原因的心理机制。归因是人类的一种普遍需要,每个人都有一套从其本身经验归纳出来的行为原因与其行为之间的联系的看法和观念。

美国心理学家韦纳对行为结果的归因进行了系统探讨,并把归因分为三个维度,即内部归因(内因)和外部归因(外因)、稳定性归因和非稳定性归因、可控归因和不可控归因。

内因是指存在于个体内部的原因,如人格、品质、动机、态度、情绪、心境以及努力程度等个人特征。将行为归因于个人特征,称为内归因。

外因是指行为或事件发生的外部条件,包括背景、机遇、他人影响、工作任务难度。如果将行为原因归于外部条件,称为外归因或情境归因。

综合归因:在许多情境中,行为与事件的发生并非由内因或外因的某一因素引起,而兼有二者的影响,这种归因称为综合归因。

心理学家研究了人类的归因机制,发现不同的人有不同的归因风格。比如,有人愿意把原因归于自身,而有人则愿意把原因归于外界因素;有人愿意把原因归于个人努力等可控制因素,而有人则习惯于把原因归于不可控制的因素,如运气等。不同的归因风格对人的影响相当大。

就一般现象而言,成功者喜欢把成功的原因归为自身的努力,而失败者则喜欢把失败的原因归为外界因素或不可控制的因素,如命运、机会等。结果就是成功者相信个人努力,相信自己能掌控自己的人生和命运;而失败者则相信命运,相信个人无法掌控自己的生活。

另外,人们很容易把偶然因素或环境因素造成的境况归结为个人品质或素质。也许我们每个人在生活中都有过这样的经历:在光滑的地面上不小心滑倒,就会有人说你笨手笨脚;晚上起来去卫生间后忘记关卫生间的灯一两次,就会有人说你记性不好。这种现象被心理学家称为"基本归因错误"或"基本归因偏见"。再碰到类似的情况,你要知道自己没什么问题,只是遭遇了"基本归因错误",这样就不会打击到你的自信了。

自卑可以成为一种动力

自卑是自我意识的一种常见状况。在自卑的人的眼中,世界彻底变了样,好像别人都瞧不起自己,好像自己什么都不行。常见的自卑有外貌的自卑(如男性对身高、女性对身材的敏感)、能力的自卑、社会地位和经济地位的自卑等。

观察各种自认为自卑的人,他们各有各的理由:如怕自己讲不好,不敢在众人面前表达自己的看法;怕自己唱不好、跳不好,不敢在众人面前展示歌舞;怕讲自己的收入低、职位低,会没脸面;怕说自己没权力,会没面子。生活中有不少人初次见面就爱说"我认识×××",或者问别人"你认识×××吗?"他们仿佛不在乎交谈者与自己的相互了解,而津津乐道于借别人的名声来炫耀自己,其实这不过是一种以狐假虎威的方式来掩饰内心自卑的做法。

奥地利心理学家阿德勒在其著作《自卑与超越》中阐述了这样的观点:他认为其实每个人并非完人,对自己身体的不满意,或对需求满足的力不从心,都会带来自卑感。自卑是人类普遍的正常的现象。既然我们每一个人都并非完人,那么有时自卑也是毫不奇怪的事情,从没有自卑的人也许并不正常。人因自卑而求补偿,奋发努力,自卑也可以成为发展的内在动力。问题在于,自卑也可能因不当的过度补偿,或得不偿失或长期没有得到解决而转化为自卑情结,造成自己很难适应社会。可见,问题不在于有没有自卑,而在于如何认识和对待自卑。

贵　　人

一个风雨交加的夜晚,一对老夫妇走进一间旅馆的大厅,想要住宿一晚。

无奈饭店的夜班服务生说:"十分抱歉,今天的房间已经被早上来开会的团体订满了。若是在平常,我会送二位到没有空房的情况下用来支援的旅馆,可是我无法想象你们要再一次置身于风雨中,你们何不待在我的房间呢?它虽然不是豪华的套房,但是还是蛮干净的,因为我要值班,我可以待在办公室休息。"这位年轻人很诚恳地提出这个建议。老夫妇大方地接受了他的建议,并对造成服务生的不便致歉。

隔天雨过天晴,老先生前去结账时,柜台前仍是昨晚的这位服务生,这位服务生依然亲切地表示:"昨天您住的房间并不是饭店的客房,所以我们不会收您的钱,也希望您与夫人昨晚睡得安稳!"老先生点头称赞:"你是每个旅馆老板梦寐以求的员工,或许改天我可以帮你盖栋旅馆。"

几年后,这个服务生收到一位先生寄来的挂号信,信中说了那个风雨交加的夜晚所发生的事,另外还附有一封邀请函和一张到纽约的来回机票,邀请他到纽约一游。在抵达曼哈顿几天后,服务生在第五街与三十四街的路口遇到了这位当年的旅客,这个路口矗立着一栋华丽的新大楼,老先生说:"这是我为你盖的旅馆,希望你来为我经营,记得吗?"这位服务生惊奇莫名,说话突然变得结结巴巴:"你是不是有什么条件? 你为什么选择我呢? 你到底是谁?""我叫作威廉·阿斯特(William Waldorf Astor),我没有任何条件,我说过,你正是我梦寐以求的员工。"这旅馆就是纽约最知名的华尔道夫饭店,这家饭店在 1931 年启用,是纽约极致尊荣的地位象征,也是各国的高层政要造访纽约下榻的首选。当时接下这份工作的服务生就是乔治·波特(George Boldt),一位奠定华尔道夫世纪地位的推手。是什么让这位服务生改变了他事业生涯的命运? 毋庸置疑,他是遇到了"贵人",可是如果当天晚上是另外一位服务生当班,会有一样的结果吗? 人间充满着许许多多的因缘,每一个因缘都可能将自己推向另一个高峰,不要疏忽任何一个人,也不要疏忽任何一个可以助人的机会,学习对每一个人都热情相待,学习把每一件事都做到完善,学习对每一个机会都充满感激,我们就是自己最重要的贵人。

家长的层次

人民日报曾刊登过文章《教育改革要从家长教育开始》,提出了家长五个层次论:

第一层次:舍得给孩子花钱。

现代家庭生活水平高了,很多家长在孩子的教育上很舍得花钱,除保证为孩子提供生活所需的方方面面以外,基本是孩子"指啥买啥"。家里条件没那么好,还会觉得是对孩子的亏欠。有的家长不惜砸锅卖铁买"学区房";暑假花 3 万元给孩子报夏令营,等等。其初衷都是望子成龙、望女成凤,想通过这些外在条件辅助孩子更好地学习。

一个父亲说:"儿子跟我一点也不亲。我这天天忙着工作,加班、出差,不都是为了给他多挣些钱花!"另一位反驳:"现在讲究的是陪伴。你再不陪孩子,孩子就长大了!"

父母为孩子提供必要的物质生活是应该的,但仅仅在金钱上、在孩子的低层次需求上付出是远远不够的。

第二层次:舍得为孩子花时间。

都说陪伴是最长情的告白,父母与孩子之间的爱也一样。"你陪我长大,我陪你变老。"

有两位爸爸,一位爸爸为了做生意,赚更多的钱,错过了很多孩子成长的过程。儿子出生、第一次说话、第一次走路,他都没赶上。他没参加过孩子的家长会,甚至仅有的几次送孩子上学,还搞错班级。

另一位爸爸在业余时间会陪女儿讲故事、散步、做游戏……逢人就说女儿是贴心小棉袄,跟自己特别亲。他说:"时间不白花,收获的都是幸福。"

你觉得两位爸爸、两个孩子谁更幸福呢?答案不言而喻。时间挤挤总是有的,钱是赚不完的,工作也是做不完的,但孩子的成长只有一次。父母要舍得为孩子花点时间,与孩子共同享受成长的过程,别把自己当成家庭教育的局外人。

第三层次:开始思考教育的目标问题。

什么是教育的目标?可能很多家长没有思考过这个问题。

例如,你想培养孩子具有的品质:善良、正直、勇敢、诚实、自信。你想让孩子成为有出息、有前途的人:上重点小学、初中、高中、大学,找好工作,有幸福的人生。这些就是目标。家长根据这些目标采取的一系列行动就是完成教育目标的过程。

但事实上,很多人对教育孩子没有具体的目标规划,想一出是一出,也不管孩子愿不愿意。三年级的芳芳诉苦:她妈妈给她报了十个辅导班,占据了她所有的休闲、娱乐时间,她感觉自己完全变成了学习机器。除了常规的数学、英语补习,还有一系列特长培训班,每天放学就是噩梦的开始。而一些舞蹈、书法特长班都是爸妈让她学的,她并不喜欢。

孩子不感兴趣,学这么多的意义何在?与其画个好大的圆,将来无法填满,不如脚踏实地,完成每一个可行的小目标,前提是这些目标的设立必须是和孩子一起规划的。

第四层次:为了教育孩子而提升和完善自己。

教育孩子的实质在于教育自己,而自我教育则是父母影响孩子的最有力的方法。

父母是孩子的第一任老师,是孩子最初的学习、模仿对象。

小林上学的时候是个特立独行的女孩,经常把头发染得五颜六色,通宵玩游戏,玩极限运动,怎么潇洒怎么来。但她结婚有孩子后像变了一个人,每天用规律的生活来替换从前的率性。为了陪孩子学习,她还参加了心理咨询师资格考试,每天和孩子一起学习、进步。她成为孩子的好榜样,还为自己更新了知识库。

为了更好地教育孩子,当代家长不像从前只根据经验教育,而是对教育方法、教育技巧、孩子心理健康都有着迫切的需求。通过不断提升和完善自己,让家庭教育的方式更加合理,让孩子的成长少走一些弯路。这就是言传身教的正确方式。

第五层次:尽己所能支持鼓励孩子成为最好的自己,并以身作则。

如果孩子胆小、缺乏自信,或是学习成绩不理想,又或是他喜欢的事情与父母的期望不一致,父母不要生气责备,而是要鼓励、帮助、理解、尊重孩子,但现实中很多家长是怎么做的呢?

"再哭就不要你了,丢人。"

"你怎么不学学人家,为啥某某考试100分?"

"笨死了……"

"学这个不如听我们的,将来工作容易找,收入高。"

为人父母,最高层次就是时常给孩子怀抱、温暖,支持、鼓励孩子去发挥,告诉孩子爸爸妈妈就是他最坚强的后盾,会永远支持他。

二、影视推荐

1.《嗝嗝老师》

导演:西达夫·马贺拉。

编剧:奥库勒·查乌赫雷、西达夫·马贺拉、巴·哈达普、加内萨·潘德特。

主演:拉妮·玛克赫吉、内拉吉·卡比、苏普丽雅·皮尔加卡尔、侯赛因·达拉尔。

地区:印度。

上映时间:2018年。

剧情简介:患有抽动秽语综合征的女主人公奈娜,经过无数次面试失败后,终于找到理想的工作,成为一名中学老师。然而她被指派的班级学生却是全校最顽皮的学生,老师奈娜和9F班都是天生被有色目光看待的弱势群体,生活中遭遇着种种不公平对待,比起简单的师生关系,他们更像是互相取暖,照亮彼此的人生轨迹。

2.《霸王别姬》

导演:陈凯歌。

编剧:芦苇、李碧华。

主演:张国荣、张丰毅、巩俐、葛优、英达……

上映时间:1993-01-01(香港)。

剧情简介:段小楼(张丰毅饰)与程蝶衣(张国荣饰)是一对打小一起长大的师兄弟,两人一个演生,一个饰旦,一向配合得天衣无缝,尤其一出《霸王别姬》,更是誉满京城,为此,两人约定合演一辈子《霸王别姬》。但两人对戏剧与人生关系的理解有本质不同,段小楼深知戏非人生,程蝶衣则是人戏不分。

段小楼在认为该成家立业之时迎娶了名妓菊仙(巩俐饰),致使程蝶衣认定菊仙是可耻的第三者,使段小楼做了叛徒,自此,三人围绕一出《霸王别姬》生出的爱恨情仇战开始随着时代风云的变迁不断升级,终酿成悲剧。

3.《小舍得》

导演:张晓波。

编剧:周艺飞。

主演:宋佳、蒋欣、张国立、佟大为、李佳航。

首播时间:2021-04-11

剧情简介:南俪的女儿欢欢成绩一直下降,她非常焦虑,同时也意识到补习的重要性,从此欢欢踏上了辛苦的补习之路。整个家庭都围绕着欢欢小升初转,但经过一系列事故之后,南俪和夏君山这才终于醒悟,决定给欢欢一个快乐的童年。南俪的同学兼同事田雨岚有了二胎,对丈夫颜鹏很不信任,一直紧盯着他,这影响了夫妻关系,她把重点放在对儿子颜子悠的培养上。颜子悠是很多家长口中的"学霸",但来自母亲的压力总是让他在重要的比赛中心理失衡。张雪儿是夏欢欢和颜子悠的班主任,她很喜欢农村孩子米桃的勤奋,想要义务为她补课,但被人举报。张雪儿心灰意冷便直接辞职,自己开了一家补习班,而米桃由于压力过大而心理崩溃,休学回老家休养,这对张雪儿打击很大,她决定重新回到学校,用好的教育方法育人……

4.《以家人之名》

导演:丁梓光。

编剧:水阡墨、王雄成。

主演:谭松韵、宋威龙、张新成、涂松岩、张晞临、孙铱、何瑞贤、安戈。

首播时间:2020-08-10。

剧情简介:因为家庭变故,三个没有血缘关系的小孩成为彼此新的家人。青梅竹马一起长大的三兄妹,相互扶持,不因来时坎坷而沮丧,也不因前路漫漫而退缩。然而,原生家庭造成的心理问题如影随形,他们渴望被爱,却更加害怕失去。而曾经伤害过他们的人也再次闯入,打着家人的旗号想把他们分开。一边是彼此认定、相互珍惜的新家人,一边是无法选择、关系淡漠的亲生父母,他们艰难抉择却还是顾此失彼。他们不想新家人受到伤害,也不想人生被拖向深渊。面对两难的境遇,他们勇敢面对,也努力让父母直面了自己的问题。在不同关系的爱中,他们教会了自己成长,明晰了自己的内心——唯有直面原生家庭的影响,以家人之名相互治愈,才能清醒无畏地走下去,成为更好的自己。

课后实践

推荐活动一:成语大比拼

活动时间:约 45 分钟。

活动场地:室内。

活动步骤:

1.把班级成员分成小组,每组 5～6 个人。

2.小组成员共同思考,写出以"自"或"己"字开头的中国成语,比比看哪个小组想到的最多。

3.各小组将本组成语分成积极的和消极的两类,看哪一类占比更高。

4.小组内成员每人依次说出自己想到的成语是积极的多还是消极的多,并简单自我分析原因。

5.小组间讨论交流活动体会。

推荐活动二:假面舞会

活动时间:60 分钟。

活动准备:面具、服装、音乐。

活动场地:室内。

活动步骤:

1.确定人物角色,每个同学选取一位名人作为自己舞会的角色。

2.确定舞会时间,并提前布置,同学们准备舞会面具和服装。

3.举行舞会。

4.分享交流。

(1)为什么选择扮演这个名人?你选的名人是否与你性别相同? 他(她)最让你欣赏甚至渴望拥有的特点是什么?你觉得如果你努力加油,是否可能成为(或接近)他(她)?

(2)今天扮演名人的心情如何?

(3)看到其他同学扮演某个名人,你的感受是什么?

项目二课后实践活动记录表

姓名		学号		联系电话	
学院		专业		班级	
活动主题					
活动时间					
活动地点					
活动感悟	（不少于 300 字）				

续表

活动图片	
自我评价	
小组评价	
教师评价	

项目三

学会学习 善于规划

长江后浪推前浪，青出于蓝而胜于蓝，未来是属于年轻人的。志存高远、脚踏实地，学好知识，打好基础，增长才干，为中华民族伟大复兴贡献自己的智慧和力量。

学习目标

(一)知识目标

1. 了解大学学习的特点和大学生学习中常见的心理问题。

2. 熟悉大学生学习与创新心理的特点。

3. 了解大学生择业心理。

(二)能力目标

1. 掌握学习心理问题的自我调适方法。

2. 明确自己的职业目标,拟订行动计划。

(三)德育目标

1. 主动加强创新意识的培养。

2. 将个人职业目标与国家发展联系起来,努力学习,勇于奉献。

课前自测

测试一　大学生学习动机问卷

(田澜、潘伟刚编制)

这是一份关于大学生学习动机的问卷。请根据您自身与各个项目所描述情况相符合的程度在每题后相对应的单元格内画"√"。答案无所谓好坏对错,请根据您的真实情况填写,了解自己的学习动机状况。

项　　目	符　合	有点 不确定	有点 不符合	比较 不符合	不符合
1. 我觉得大学学习是一件令人愉快的事情。					
2. 我经常提醒自己,要在学习过程中不断提高自己分析和解决问题的能力。					
3. 我想通过自己努力学习提高自己在班上的影响力。					
4. 我常想,如果不认真学习的话就对不起老师的培养。					

项　　目	符　合	有点 不确定	有点 不符合	比较 不符合	不符合
5.为了使自己将来有能力帮助他人,我一直努力学习。					
6.我希望利用学习成绩来扩大我的影响范围。					
7.我努力学习是为了将来能干一番大事业。					
8.随着学习进程的深入,我对自己专业的学习兴趣越来越浓了。					
9.我因为努力学习而很少感到空虚。					
10.我常想,如果不努力学习,就业时就会失去竞争力。					
11.我总想通过提高学习成绩来赢得他人的尊重。					
12.我很想利用自己的才华报效家乡。					
13.我非常害怕因学习成绩不好而受到亲友的责难。					
14.我把刻苦学习视为当选学生干部的一个筹码。					
15.在大学学习中,我常因某个问题的解决而产生释然的感觉。					
16.总的来说,我对大学课程的学习有浓厚的兴趣。					
17.课后我经常去图书馆阅读与自己专业相关的书籍和杂志。					
18.我敢确信,渴望在将来能使祖国变得更加富强是我学习的主要动力。					
19.我力图使自己比别人学到更多的知识。					
20.我经常提醒自己,不能因为学习成绩而影响自己在同学心目中的地位。					
21.我想利用所学知识去参加竞赛,为学校争光。					
22.我想努力学习,为他人树立一个榜样。					
23.我一直想通过学习来光耀门楣。					
24.通过学习我解决了许多以前不懂的问题。					

续表

项　　目	符　合	有点不确定	有点不符合	比较不符合	不符合
25.在大学里学习,我的精神比中学时好。					
26.通过坚持学习,我能读懂的专业文献比一般同学要多。					
27.我私下经常提醒自己,不认真学习就没法给父母一个交代。					
28.我常想,一定要好好学习,不能让异性同学看不起自己。					
29.为了免遭同学嘲笑,我总是刻苦学习。					
30.我总想利用自己所学的知识多为他人排解困难。					
31.我经常通过看专业书籍来有意识地提高自己的科研能力。					
32.我渴求自己在课程学习中寻找新的发现。					
33.我试图通过提高自己的学习成绩来为班级增添荣誉。					
34.我常因学习上的优势而产生强烈的满足感。					

评分标准:

符合 5 分,有点不确定 4 分,有点不符合 3 分,比较不符合 2 分,不符合 1 分。

结果分析:

求知兴趣分量表:包括第 1、8、9、16、17、18、25、26、31、33、34 题,共 11 个条目,反映大学生为了发展自己的专业兴趣,获得愉悦体验的动机水平。

能力追求分量表:包括第 2、7、10、15、19、24、27、32 题,共 8 个条目,反映大学生通过学习来提高自己解决问题的能力,以求将来干出一番事业、增加就业竞争力等方面的学习动机。

声誉获得分量表:包括第 3、6、11、14、20、23、28 题,共 7 个条目,反映大学生通过学习来提高自己在班上的地位和扩大自己的声誉影响的动机。

利他取向分量表:包括第 4、5、12、13、21、22、29、30 题,共 8 个条目,反映大学生为了对得起老师的培养,使自己将来能帮助他人和对社会作贡献的动机驱动。

求知兴趣和能力追求两维度得分之和为内部动机分量表的得分。我的内部动机得分为_____。

声誉获得和利他取向两维度得分之和为外部动机分量表的得分。我的外部动机得分为_____。

所有 34 个条目得分之和即为该量表的总分,反映了被测者学习动机的总体状况。我的总分为_____。

测试二　时间管理小测试

下面的每个问题,请同学根据自己的实际情况,如实地给自己评分。

项　目	从　不	有　时	经　常	总　是
1.我在每学期、每周开始之前,都能为学习计划中的工作做些准备。				
2.凡是可交给别人去做的,我都交给别人去做。				
3.我利用学习或工作进度表来书面规定工作任务与目标。				
4.我尽量一次性处理完每次作业、阅读。				
5.我每天列出一个应办事项清单,按重要顺序来排列,依次办理这些事情。				
6.我在学习期间尽量回避干扰电话、不速之客的来访,以及突然的约会。				
7.我试着按照生理节奏变动规律曲线来安排我的学习和工作。				
8.我的日程表留有回旋余地,以便应对突发事件。				
9.当其他人想占用我的时间,而我又必须处理更重要的事情时,我会说"不"。				

评分标准:

选择"从不"计 0 分,选择"有时"计 1 分,选择"经常"计 2 分,选择"总是"计 3 分。

评价参考:

0~12 分:你自己没有时间规划,总是让别人牵着鼻子走。

13~17 分:你试图掌握自己的时间,却不能持之以恒。

18~22 分:你的时间管理状况良好。

23~27 分:你是值得学习的时间管理典范。

我的测试结果:

_____

_____

_____

_____

案例导学 ▶▶▶

案例 1：学习"没劲"，根源何在？

李某，男，19岁，某职业技术学院二年级学生，优秀班集体班长。该生主诉："现代社会确实很需要知识，可我学习就是没劲，为什么学？学什么？现在所学的每门课我不用上课，只需两三天就可考出较好成绩，剩下的时间没事可干，我就找朋友、同学聊天，每个月要花几百元话费，现在就连聊天我也不感兴趣了。我最感兴趣的是当警察，做侦探工作。我考大学时所有志愿都报公安学校，没想到录取到高职院校学设计，真是一点办法也没有。也想过退学重考，可左思右想不行，还得在这儿继续学。"

分析：所学专业与自己的志向兴趣不同，是小李学习"没劲"的根源所在，加上他学习能力较强，不用下功夫学习也可考得好成绩，养成了松散的学习习惯，既不满意现状，又很难集中精力学习。小李应建立一个自己认可的目标，并制订一个可行的计划，逐步养成良好的学习习惯，在学习中体验愉快的情绪。

案例 2：一名女生的考试焦虑

曾某，女，18岁，某高职院校一年级学生。自述到这个学校来以后，平时学习比较松散。高中时经常考试，对考试感觉很平常，可到了大学后，平时几乎没有什么考试，现在突然要进行期末考试，对考试感到特别紧张。上星期考"邓小平理论"时（属于非集中考试课，提前一周进行考核），手一直发抖，心里特别紧张。明天又要进行计算机的操作考试，现在自己心里觉得特别紧张，非常担心明天的考试，不知道该怎么办。

分析：该生由于面临大学期间的第一次正式考试，心理上由以前比较放松、松弛的状态转向需要面对严肃的考试的压力状态，出现了紧张、焦虑甚至恐惧的心理，属于典型的考试焦虑。由于大学学习和中学学习存在很大差异，所以大一新生应及早转变学习习惯、学习方法等，学会自主性学习，在平时抓紧宝贵的学习时间多学多练，打好坚实的学习基础；不能停留在高中时为了应付考试而学习的状态，避免平时没有考试的压力便停滞不前，而一旦到了考试时则由于平时没有积累而感到心虚、发慌、紧张。

案例 3：会安排才会成功

小孙是计算机系的大三学生，自进入大学后他就立志要成为一名优秀的软件工程师。为此，他学习刻苦努力，上课认真听讲，用心做笔记，课后积极复习。为了实现自己的理想，他对不同课程采取不同的学习态度和方式，在保证公共课和基础专业课的学习的基础上，他侧重学习计算机软件、编程方面的知识,有选择地自学相关的知识,但他更重视操作技能的学习,一有空就往实验室里钻。经过三年的努力,他的编程水平提高很快,遥遥领先于同年级的其他同学,而且他的其他功课都不错,他的科技作品参加了学校的比赛,获得了一等奖,在大三结束时,小孙还被评上了学校的三好学生。

分析:小孙的例子给了我们很大的启发。在大学里,我们会看到有些同学没有摆脱中学注重分数、讲究门门全优的学习观念,白天准时上课,晚上自习也不缺席,周末也去图书馆加班加点,死啃书本。还有的同学认为只要达到获取学位证的硬指标就够了,把大量的时间都花在了考计算机等级和英语四、六级上,虽然在考证上取得了很好的成绩,但是在专业上却了解得不多。这些同学在学习上表现出很高的主动性,但他们没有看到大学学习的另一个重要的方面——专业性。大学学习主要是围绕着让大学生尽快成为某一方面的专门人才而组织和进行的,大学的课程内容都是围绕着专业的目标、方向和需要来展开,分别设置了基础课、专业课,必修课、选修课,以帮助大学生构建专业的知识体系和技能结构,所以,会合理安排才能取得好成绩。

案例 4:临乱不惊 随机应变

小李、小张是某高校同班同学,都是市场营销专业应届毕业生,他们在一次应聘时都通过了笔试,并同时收到了面试通知。

面试时,他们被分在两个不同的会议室。主考官问了他们一些关于市场营销的问题,二人的回答都很顺利,主考官表示十分满意。就在面试要结束时,主考官对他们说出同样的话:"对不起,公司的电脑出错了,最后确定的参加面试的名单里没有你,非常抱歉!"不过,是在不同的会议室里说这句话的。

胜利在望的小李听了主考官的话后,马上变得没有风度。他生气了,质问主考官怎么会发生这样的事,他这么优秀的一个人,怎么会因为电脑问题而丢了他的名字,让他白忙一场,这是公司成心耍他。这时,主考官对他说:"你别生气,其实,我们的电脑没有出错,你是以第一名的成绩进入面试名单的,刚才的插曲不过是我们给你出的最后一道题。你感到惶恐和不满是正常的,但是你的心理承受能力实在太差,市场营销是全公司最有可能经历挫折和风险的部门,作为这个部门的工作人员,必须有良好的心理素质。"

小李愣住了:没想到这是一道考题,他前功尽弃!

在另一间会议室,小张面对同样的情况,他面带微笑,从容镇定地说:"我对贵公司发生的这个错误深感遗憾,但是今天我既然来了,说明我和贵公司有缘,不妨给我一次机会吧,也许由于电脑的失误,贵公司将获得一名优秀员工。"主考官听了,露出满意的笑容:"小伙子,真不错!这个机会给你了。"

分析:良好的心理素质是求职就业的必备条件。在竞争激烈的求职场上,用人单位越来越重视求职者的心理素质。如果心理脆弱,就算专业能力再强也会错失良机。所以,平时要注重提高心理素质,在面对各种突发事件时从容应对,抓住机会。

案例5:期望值过高

药学专业毕业生小王来自韶关,直到毕业当年6月份他还未落实工作单位。当时韶关有一家制药厂招人,专业对口,又是家乡,然而他本人的择业意向却是单位地点必须在广州市,至于到广州的什么单位、具体做什么工作都无关紧要,除此以外,什么单位都不考虑。在这种心态下,结果自然难以如愿。

分析:小王的思想在当前毕业生的择业过程中具有一定的代表性。不少毕业生过于向往经济发达地区,尤其是沿海地区的中心城市,他们只注重经济文化发达、工作环境优越的一面,而忽视了人才济济、相对过剩的一面,择业期望值居高不下,甚至还有逐年上升的趋势,从而导致主观愿望与现实需求之间的巨大落差。

课堂互动

任务一　学会学习

活动一:制定学习目标

有人说:目标向上看就是信仰,向下看就是意识,向远看就是理想,向近看就是计划,向外看就是抱负,向内看就是责任。

生活就是一连串的目标组成的。目标是人们面对未来的选择,是人生价值的一种抉择,是实实在在地把理想变成现实的步骤。

探索自我是学生在大学阶段需要学会处理和应对的重要的成长性问题。应对得当,能促使学生心智的进一步成熟和发展,激发自我成长潜能,实现自我发展;反之,则易引发学生情绪和行为方面的压力和困扰。通过回顾以往的个人成长经历和展望未来的个人生活,思考自己期望的生活是什么样子的,跟现在的生活比有哪些不同,自己的大学生活如何规划以及怎样去实现这些规划等,进而确立积极的成才规划,实现个体发展。

请按照以下步骤制定你的目标:

1.请列出三个对你最重要的目标:

最重要的三个目标	目标对自己的意义和重要性	实现目标的把握

2.要完成目标,必须注意以下三个方面:

目 标 要 求	目 标 1	目 标 2	目 标 3
目标具体、生动			
目标完成的期限			
用肯定的语气来预期你的目标			

3.列出你实现目标过程中的有利条件和不利条件,以及你的对策或措施:

目 标 对 策	目 标 1	目 标 2	目 标 3
有利条件			
不利条件			
对策或措施			

4.回顾过去事件,总结经验教训:

事 件	成 败 原 因	经 验 启 示

5.为自己找一些值得效法的榜样:

• 在你的目标领域中找出有杰出成就的人,或者是你身边的同学、朋友,简单地写出他们成功的特质和事迹。

• 闭上眼睛想一想,仿佛他们每一个人都会给你提供一些实现目标的建议,他们好像是你的最佳顾问。

6.好好地计划每一天的生活,每日清晨,想想:

• 我要做什么?

• 我要如何开始这一天?

• 我要朝向哪个方向?

• 我将得到什么结果呢?

活动二:消失的钥匙(箭头)

活动目的:打破思维定式。

活动时间:15~30 分钟。

活动背景:你们是一支沙漠考古队,在一次沙漠探险中找到了精绝古城的遗迹,但是古城入口被精绝女王设置了机关,机关的钥匙似乎是一组奇怪的箭头,庆幸的是你们得到了钥匙的碎片,只要拼好钥匙,就能打开大门,完成任务。让我们开始挑战吧!

活动道具:你们的任务是用给定的 7 个图形碎片,拼出 5 个一模一样的箭头。

活动规则:

1.5 个箭头必须大小、形状一样,在一个平面上;

2.不可以使用任何暴力,损坏器材。

活动分享:

1.你们花了多长时间完成?

2.你觉得完成该任务的要点是什么?

任务二　时间管理

活动一:时间馅饼

1.你每天是如何安排自己的时间的?一个饼图代表一天 24 小时,请按你自己现在生活的平均活动状况,在圈内画出比例图。如:自己一天睡 8 小时,则圈内的三分之一即为睡眠占据,其余依次按比例把自己的活动填入目前的"时间馅饼"图内。

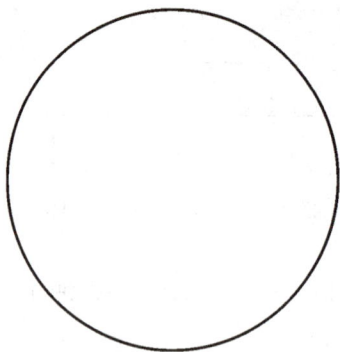

目前的"时间馅饼"图

2.同桌同学两两分享一下自己的饼图,看看别人和自己的安排有什么不同?你对你目前使用时间的情形满意吗?

_____

_____

_____

3.在你的理想中,应该怎样使用时间?现在请每位同学画出自己理想的"时间馅饼"图,其中包括学习、娱乐、休息等的时间。

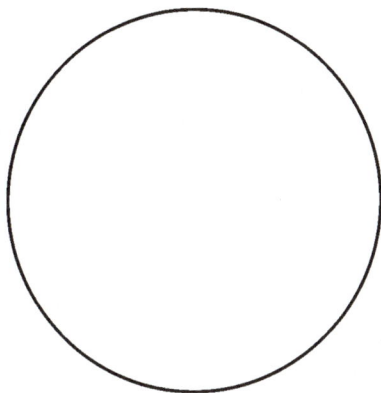

理想的"时间馅饼"图

4.你能不能采取行动,改变你目前的"时间馅饼",使它更接近你理想的"时间馅饼"?

_____

_____

_____

_____

活动二:时间管理之四象限法

1.请将你明天所有的任务写在下面的方框中。(生活、学习、工作、娱乐……)

2.按重要程度、紧迫程度的得分(−10～10 分)将任务标注在时间任务管理图上。

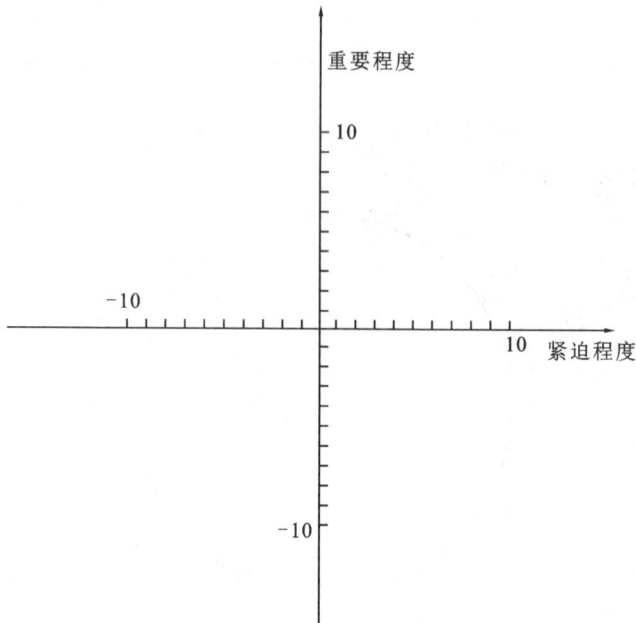

重要程度

10

−10   10 紧迫程度

−10

3.通过以上区分,你有哪些新的行动计划?

_____

_____

_____

_____

_____

_____

任务三　职业生涯规划

活动内容:明确职业目标

任务描述:怎样找到跟自己的兴趣和能力对应的工作呢? 什么类型的工作真正适合自己呢? 职业定策分三步走:第一步,通过绘制职业地图进行信息收集;第二步,通过能力结构四象限图分析自己的职业领域;第三步,找到目标职位和职业发展策略。

1.利用头脑风暴法,收集职业信息,绘制职业地图。

问题:请说出你能够想到的与你所学专业相关的职业。

(1)每个小组有 2 分钟的思考时间。

(2)每个小组需要说出 2 种相关职业,各个小组按照接龙方式依次说出相关职业,前面小组已经说过的职业,后面的小组不能够重复,直到说不出来为止。

(3)注意事项如下。

第一,可以借助霍兰德职业倾向测试等理论工具,将个人的职业兴趣与职业信息相关联。

第二,可将职业信息与专业相关联,通过收集往届毕业生的就业信息(就业去向、行业分布、就业单位性质、地域分布),梳理出本专业学生未来可能从事的职业。

第三,可以选择你感兴趣的其他职业,进行职业信息的收集和职业地图的绘制。

(4)根据上述头脑风暴的结果,按照一定的分类方式对信息进行整理和归纳,绘制你的职业地图。

_____的职业地图

小提示:职业地图可以按照 Y 轴为"事务处理(Data)与心智思考(Idea)"、X 轴为"与物接触(Thing)及与人接触(People)"进行职业信息分类。

2. 绘制能力结构四象限图。

(1)确定你的能力优势区域。

你平时更擅长和人打交道,还是更擅长跟事打交道?

你的选择:_____

你的理由:_____

(2)你更擅长抽象还是具体?

你的选择:_____

你的理由:_____

(3)明确你的能力优势区域,并解释适合这个区域的相关工作职能。下图为基于职业地图的能力结构四象限图。

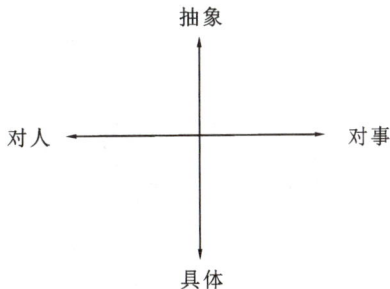

抽象

对人 ←————————→ 对事

具体

①你喜欢并擅长的是哪个领域？

□服务型　　□管理型　　□研究型　　□技术型

②这个领域有哪些适合的工作内容？

_____

_____

3.利用职业地图和能力结构四象限图,找到合适的职业,填入下表。

目标职业

目标职业	职业 1	职业 2	职业 3	职业 4
兴趣得分				
你的理由				
能力得分				
你的理由				

绘制职业定位十字架模型,找到职业发展策略,填入下表。

_____的职业定位十字架

优势:	退路:
潜能:	盲区:

请思考:

(1)你的目标职业与能力优势的匹配情况如何？

_____

_____

_____

(2)下一步你打算如何基于能力优势调整自己的工作重心？

_____

_____

（3）到底是要多做一些优势领域的工作,还是根据岗位工作提升能力优势?

智慧锦囊 ▶▶▶

一、学习的概念

学习一词,我国古代文献中早就有之。孔子说:"学而时习之,不亦说乎?"又说:"学而不思则罔,思而不学则殆。"孔子的这些观点,在一定程度上揭示了学习与练习、学习与情感、学习与思维的关系。但长期以来,人们对学习仍无一个统一的概念。

许多心理学家、教育学家和哲学家从不同的观点角度提出了学习的定义。桑代克(1931)说:"人类的学习就是人类本性和行为的改变,本性的改变只有在行为的变化上表现出来。"加涅(1977)说:"学习是人类倾向或才能的一种变化,这种变化要持续一段时间,而且不能把这种变化简单地归之为成长过程。"希尔加德(1987)说:"学习是指一个主体在某个现实情境中的重复经验引起的,对那个情境的行为或行为潜能变化。不过,这种行为的变化是不能根据主体的先天反应倾向、成熟或暂时状态(如疲劳、醉酒、内驱力)来解释的。"

我国《三字经》有云:"子不学,非所宜。幼不学,老何为。""玉不琢,不成器。人不学,不知义。""蚕吐丝,蜂酿蜜。人不学,不如物。"这些中国历史的文化精髓以最简单的比喻与对比告诉我们一些关于人生、关于学习、关于生活的最浅显也最真实的道理。学习是人类生活永恒的主题,贯穿于人的生命的全部过程,而学习的含义就在于学做一个真真正正的人、堂堂正正的人,真才实学的人、光明磊落的人。

二、影响学习的因素

(一)智力因素

学习过程是以一定的智力发展水平为前提的心智活动,因此,智力是学习的必要条件,也是成才的必要条件。智力因素一般包括观察力、注意力、记忆力、想象力和思维力,并以思维能力为核心。

1.观察力

观察能力是大学生学习的基本智力条件。达尔文曾经说过:"我既没有突出的理解力,也没有过人的机智,只是在觉察那些稍纵即逝的事物并对其进行精细观察的能力上,我可能在众人之上。"观察是个体获得知识感性材料和积累经验的基本途径和方法,也是决定大学生创造力的关键条件,从细致的观察中发现问题、提出问题,有助于激发大学生学习的兴趣和产生强烈的探索欲望,从而使学习更富有主动性和创造力。一个善于学习的大学生必须勤于观察、善于观察。

2.注意力

注意力是将心理活动集中指向一定对象的能力。个体的认知过程有赖于注意的参与和始终坚持。学习的效果与效率都取决于当事人是否能专心致志。

3.记忆力

记忆是一切学习的基础。它是人脑对经验过的事物的识记、保持、再现或再认。记忆联结着人的心理活动的过去和现在,是人们学习、工作和生活的基本技能。离开了记忆,个体就什么也学不会,任何经验都无法形成,人的行为就只能由本能来决定。

4.想象力

想象力是人脑对已有表象进行加工改造,并在头脑中创造出新形象的能力。想象力是极其重要的智力因素,爱因斯坦说过:"一切创造性的劳动都是从创造性的想象开始的。"想象力是人类创新的源泉。

5.思维力

思维能力是智力的核心,是接受知识和创造知识的关键要素。青年期的思维能力已经发展到个体思维发展的高峰期,并达到成熟。青年思维发展的最高水平一般是形式运算思维,或向"后形式运算思维"或辩证逻辑思维阶段发展。

智力水平的高低,一方面是受先天遗传因素的影响,另一方面是后天环境和教育开发的结果。先天因素决定一个人的智力潜能的大小,而后天因素决定一个人是否能充分地挖掘自己的智力潜能。

(二)非智力因素

非智力因素是指智力以外的对学习活动起着启动、导向、维持和强化作用的个性心理特征,如个体的学习兴趣、爱好、理想、抱负、自尊心、成就感、社会责任感、意志力、动机、个性等。非智力因素虽然不直接参与认知过程中对外部信息的接收、加工、处理等任务,但它对认知过程起着推动和调节的作用,是学习活动的推动者和调节者。大量研究表明,智力因素和非智力因素都对学习产生极大的影响。美国心理学家特尔曼曾对1528名智力超常的学生进行了长达50年的追踪研究,结果表明,智力水平高的人不一定能成为杰出的人才,而成功者大都具备优异的非智力因素,如坚韧、恒心、毅力,具有强烈的求知欲,不怕挫败,凡事有主见,雄心勃勃,在希望渺茫的情况下敢于坚持到底等特征。因此,一个人的成长过程离不开智力因素和非智力因素的共同影响,其中非智力因素对人起着决定性的作用。大学生想要成为对社会有贡献的具有创造精神的人才,应该注重对自己非智力因素的培养。

三、高职大学生学习的困扰及调适

(一)学习动机不足

1.学习动机不足的表现

(1)缺乏理想和抱负。胸无大志,得过且过,不关心本专业发展和职业前景,忽视专业知识的学习,对学习缺乏兴趣,学习中体验不到快乐。

（2）行为懒散。没有职业规划，经常迟到、早退、旷课。坐在教室后排睡觉、听歌、看剧、打游戏。不主动学习，不按时完成作业，学习怕苦怕累，并经常为自己的懒惰行为找借口。

（3）容易分心。上课时注意力无法集中，不专心听课，兴趣爱好容易转移。

（4）缺乏主动性和创造性。学习上从众，随波逐流，依赖老师，不愿积极主动寻求一些自己感兴趣的学习内容，满足于死记硬背地应付考试。

2. 学习动机不足的调适

具体来说，可从以下几个方面着手。

1）明确学习目标，不断强化自己的学习自觉性

想一想，我们希望经过大学学习后成为什么样的人呢？如果这个还不足以激发我们学习的动机，那么不妨结合当前社会对人才的要求和自己的专业等实际情况，明确大学四年的总目标，再一一细化每一学年、每一学期的学习目标，用纸和笔记下来。弗兰西斯·培根说："跛足而不迷路，能赶过虽健步如飞但误入歧途的人。"只有明确了自己的学习目标，确定了方向，我们才能逐步取得大学里自己所追求的成功。

2）制订学习计划，不断提高目标的吸引力

明确了学习目标，我们就要把目标付诸行动，一份详细的学习计划将有助于我们的行动。我们或许都听过或发出过这样的抱怨："大学里无论是老师还是学生都在辛勤地忙碌着，我也在忙碌着，但我不知道我最终忙碌出了什么。"如果我们有一份详细的学习计划，标明了这个学期、这个月、这个星期甚至是每一天的学习安排，那么我们就可以有条不紊地开展学习，忙碌过后再核对一下自己完成了哪些计划，哪些还没有完成，准备何时以何种方式完成，这样我们就不会感到"瞎忙"了，我们能朝着我们的目标稳步前进。

3）积极参加校园文化活动，激发自己的求知欲

俗话说得好："兴趣是最好的老师。"许多同学都有这样的体会，如果自己对某门课程感兴趣，学习起来就非常轻松，能将学习任务变成自觉的需要和愿望，而不会感到是一种沉重的苦役和精神负担。对于自己不感兴趣的课程，试着从不同的角度去了解它，或许能发现对它的兴趣，使你的学习"乐在其中"。

大学校园中的文化活动是丰富多彩的。我们可以根据自己的兴趣，有选择地参加一些自己喜欢的活动，这对激发我们的求知欲、增强学习动机有很大的帮助。兴趣是可以迁移的，通过参加自己有兴趣的活动，也可以逐步培养我们其他方面的学习兴趣。

4）正确对待成功与失败，学会合理归因

学习上的成功与失败会影响学习动机。我们在某门课程上学得很好，得到老师和同学的赞赏时，学习起来特别地积极，觉得很轻松。成功的体验可以增加我们的自信，激发我们的学习热情，增强学习的动机。而学习上失败则让我们感到沮丧，甚至会感到紧张、自卑，严重者连继续学下去的激情都没有了。然而，成功和失败的体验对学习动机的影响并不是绝对的，关键是要学会合理归因。心理学家卡温特指出，学生的自我归因倾向有积极与消极之分：凡是将成败视为自己的责任（如努力）者，在心态上是积极的，被称为求成型学生；凡是将失败归因于自己能力不足或其他外在因素者，在心态上是较为消极的，被称为避败型学生。惯于追求成功的学生，他们相信自己能够应付学业的挑战，即使难免有失败经验，但他们并不把自己的能力视为失败原因，而是把成败的关键系于个人是否付出努力。而惯于逃避失败的学生，他们对应付困难缺乏信心，总把失败归因为能力不足，而把成功归因为运气或工作容易。研究表明，个体

对活动成败的归因方式会直接影响其对待类似活动的态度与行为。

（二）考试焦虑

1. 考试焦虑的表现

考试焦虑是一种严重影响考试水平发挥的情绪反应。考试焦虑具体表现为：一是情绪上表现出担忧、焦虑、烦躁不安；二是认知上表现出注意力不集中、记忆力下降、看书效率低、思维僵化；三是行为上表现出坐立不安、手足无措；四是身体上表现出头痛、食欲下降、恶心、心慌、睡眠不好等。具有高度考试焦虑的学生在考前还会出现明显的生理、心理反应，如：出现过分担忧、恐惧、失眠、健忘、食欲减退、腹泻等症状；在临考时心慌气短、呼吸急促、手足出汗、发抖、频频上厕所、思维浮浅、判断力下降、大脑一片空白；个别学生在考场上出现视觉障碍，看不清题目、看错题目、漏题丢题、动作僵硬、手不听使唤、出现笔误，等等。

2. 考试焦虑的调适方法

1）正确地看待考试

现代的学习是多元的，评价的方式也是多元的，考试的结果并不能全面地反映一个人的学习能力和知识水平，更不能决定一个人的前途和命运。大学里的考试并非一考定成败，它只是帮助检验你这段时间的学习效果，让你发现自己的不足，以明确今后的改善方向。

2）做好充分的复习准备

80％的人的考试焦虑是由复习准备不充分引起的，因此牢固掌握知识是克服考试焦虑的根本途径。平时刻苦勤奋，考试时就会"艺高胆大"，充满信心；考前应全面复习，尽量熟悉考试要求、题型、时间、地点等，做到心中有数，避免"临阵磨枪"。我们在考试前应该对自己的能力和复习予以肯定，坚信自己有能力通过考试。

3）正确评价自我，确立恰当的学业期望，培养自信心

正确对待考试结果，不以一次成败论英雄。过于担心、焦虑不仅于事无补，而且会影响水平的正常发挥。要以平常心去应对考试，正确认识自己的能力。为自己设置合理的考试目标，既不妄自菲薄，又不好高骛远。对自己的合理期望不会带来焦虑、紧张的情绪。适度的考前紧张是正常的，它有利于我们认真对待考试，发挥正常水平。

4）妥善处理考试怯场，学会放松

如果考试时由于过分焦虑、紧张而出现怯场的情况，要暂时停止答卷，闭眼、放松，做深呼吸，并反复地自我暗示"我很平静""我很放松"，适当地舒展身体，待情绪趋于稳定后，再继续答题。如果情绪过于紧张，使自己想不起答案，这时不要心慌，不妨转移注意力，去做其他题目，可能不久就想起答案来了。平时也可以做些放松训练，缓解紧张情绪。

5）寻求考前心理辅导

若感到自己难以克服过度的考试焦虑，可以积极地寻求心理咨询的帮助。在咨询员的指导下，通过放松训练、自信训练和系统脱敏法等加以矫治，客观地认识自己，提高心理素质，增强自我心理调整能力，提高考试技巧，有效地化解外来压力，发挥出应有的水平。

四、大学生学习策略

（一）学会时间管理

开学初总能听到很多学生说：唉，老师布置的假期作业、论文、阅读任务都还没完成呢！临

近期末考试时也总有很多学生抱怨没时间复习,精神焦虑。此外,很多同学也会经常向老师咨询如何管理好自己的大学时间。学生要学习各种知识,要培养适应社会的能力,要提高自己的综合素质,要健身、娱乐、休闲等,这都需要时间,时间从何而来呢? 怎样协调分配时间呢?

光阴荏苒,岁月如刀,时间对任何人都是公平的,时间本身没有任何问题,问题在于我们每一个消耗时间资源的人。因此,时间管理(time management)的对象不是"时间",它是指面对时间而进行的"自管理者的管理",其本质就是"自我管理"。所谓的时间管理,不是管理时间,而是基于时间的"无法开源、无法节流、不可再生"等特性,去管理"自我对时间资源使用的方式、方法以及与时间对应的事项安排",以求减少时间浪费,用最短的时间或在预定的时间内实现既定目标的行为。

著名管理学家科维提出了一个时间管理的理论,把工作按照重要和紧急两个不同的维度进行了划分,基本上可以分为四个象限:既紧急又重要(如客户投诉、即将到期的任务、财务危机等)、重要但不紧急(如建立人际关系、人员培训、制订防范措施等)、紧急但不重要(如电话铃声、不速之客、部门会议等)、既不紧急也不重要(如上网、闲谈、收发邮件、写博客等)。

按处理顺序划分:先是既紧急又重要的,接着是重要但不紧急的,再到紧急但不重要的,最后才是既不紧急也不重要的。"四象限"法的关键在于第二和第三类的顺序问题,必须非常小心。另外,也要注意划分第一和第三类事,都是紧急的,区别就在于前者能带来价值,实现某种重要目标,而后者不能。以下是四个象限的具体说明:

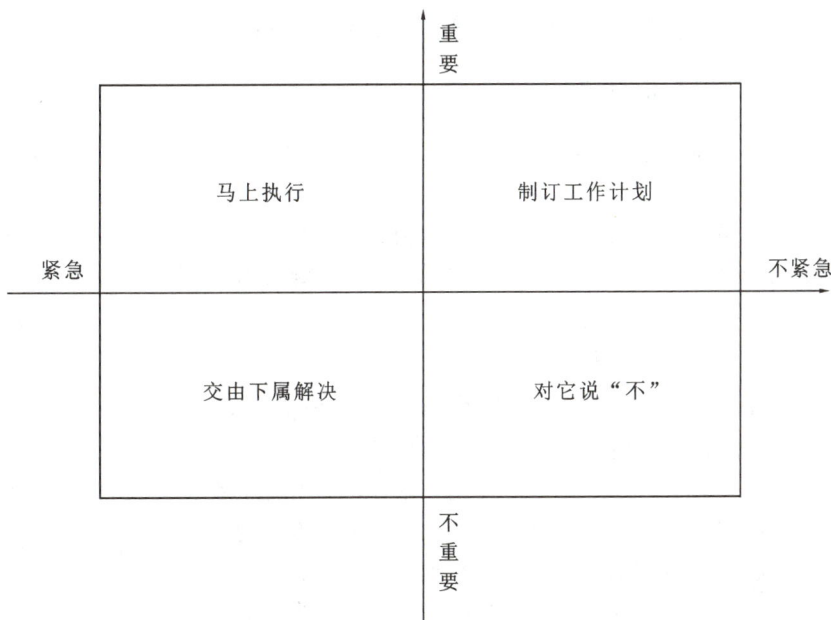

(二)培养创新能力

1. 破除"权威定式",突破思维定式

大学生在学习中要坚持不唯上、不唯书、只唯实的原则,要勇于突破思维定式的束缚,敢于质疑权威的或传统习惯的理论学说,通过各种与专业相关的观察实验、社会调查和辩证思维的

练习,提高自己对事物的细致观察能力和思维的灵活性、独创性与敏捷性;通过艺术欣赏和文学批评课程,培养丰富的形象思维和对文本的批判精神;通过剖析各类科技发明创造的案例,学习创新的思路与具体方法;通过广泛阅读提高触类旁通、类比和联想思维的能力。

2. 善于利用资源,启用榜样激励

大学拥有大量藏书的图书馆、良好的实验条件和人才济济的队伍,还开展了许多适合大学生的科技论文比赛和科研活动,如"挑战杯"全国大学生课外学术科技作品竞赛、中国"互联网＋"大学生创新创业大赛等。大学生要充分利用这些有利条件,并善于将其转换成促进自己成长和发展的力量。大学生在大学期间还会有许多接触有学术思想和成就突出的专家、教授的机会,他们都是大学生的良师益友和学习榜样;大学生应该以他们为榜样,树立远大理想,增强自己对人类命运、社会责任和社会贡献等人生价值问题的思考,树立积极进取、无私奉献、大胆创新的人生态度和勤奋努力的实干精神。

3. 投身创新实践,提高动手能力

创新思维作为一种思维,从根本上说,还停留在认识的层面。如果没有实践,那么再好的思维也是空中楼阁,只有把创新思维与创新实践紧密结合起来,才能不断把工作推向一个新层次、新水平。大学生可以在导师帮助下进行科研训练,可以充分利用大学的实验室和科研资源,引导自身对科学前沿的认识,提高实验动手能力。主动参加学校或者教育部门组织的与职业技能相关的竞赛,提高快速学习能力,提升职业技能,并检验自身时间管理和项目安排的能力。总之,大学生要注重动手能力的培养,积极参与科研和社会实践项目,在实践中不断增强科学实验能力、写作与表达能力、社会调查能力以及人际沟通能力。

五、大学生职业生涯规划

古语有云:凡事预则立,不预则废。大学生提前做好职业规划是十分必要也是极其重要的。我们每个人都是自己人生和事业的耕耘者、规划者和设计师。人生在世,要干成一番事业,只有树立了明确的目标,才能向着目标的方向努力,创造有利条件,使你的事业尽快获得成功。因此,在这个瞬息万变的社会中,应及早做好职业生涯规划,这样才能正确把握人生方向,创造成功的人生。

(一)职业生涯规划的意义

职业(vocation)的概念由来已久,对职业概念的界定主要是从社会学和经济学角度进行的。从社会学角度出发的职业含义包括四个方面的内容:第一,职业是社会分工体系中的一种社会位置;第二,职业是一种模式;第三,职业与权利、利益紧密相连;第四,职业是国家确认和认可的。从经济学角度对职业含义的解释也包含了四个方面的内容:第一,职业是社会分工体系中劳动者所获得的一种劳动角色;第二,职业是一种具有社会性的活动;第三,职业具有持续性和稳定性;第四,职业具有经济性。综合而言,职业是参与社会分工,利用专门的知识和技能,为社会创造物质财富和精神财富,以获得合理报酬作为物质生活来源,并满足精神需求的活动。

职业生涯规划是指一个人对其一生中所承担职务相继历程的预期和计划,包括一个人的学习、对一项职业或组织的生产性贡献和最终退休。

1. 增进自我了解,促进潜能开发

首先,职业生涯规划能够激发大学生自我实现的需要,培养积极上进的人生观。在我国,

自我实现有时可以被理解为"事业有成，功成名就"，而事业有成必须以正确的职业选择与发展为前提。因此，大学生应该以科学的方法来正确地、全面地认识自我，了解社会对人才的需要，找出自己在知识、能力等方面与社会需要的差距，确定自己的发展方向与目标。为了成就自我、实现人生目标，大学生有必要对大学生涯进行科学合理的规划，并按照规划采取实际的具体行动。

2. 树立规划意识，提高规划能力

其次，职业生涯规划能够引导大学生树立职业生涯规划意识，提高规划能力。可以通过引导大学生对自己的专业特长、兴趣爱好、性格特征、待人接物的能力、擅长的技能做充分的、全面的分析，帮助他们对自己进行正确评估，迅速准确地为自己定位，明白自己更适合什么样的工作，自己将来有可能在哪些方面获得成功，逐渐厘理生涯的发展方向，形成较明确的职业意向，并提升自己的生涯自主意识和责任感，为今后的事业发展做全面而长远的打算。

3. 适应社会需要，明确职业目标

再次，职业生涯规划能够促进大学生树立明确的职业目标和职业理想。职业生涯规划有助于大学生通过对自己的综合优势与劣势进行对比分析，通过对外部职业世界的了解和分析，树立明确的职业发展目标与职业理想；通过评估个人目标与现实状况之间的距离，学会运用科学的方法，采取切实可行的步骤和措施，不断增强自己的职业竞争力，实现自己的职业目标与理想。

4. 提升竞争能力，实现个体价值

最后，职业生涯规划能够增强大学生在就业中的核心竞争力。好工作不是靠运气得来的，对于大学毕业生而言，它是多种因素共同作用的结果。职业生涯规划就像一座灯塔，指引着自己在追求人生目标的道路上前进。它在总结了无数前辈智慧结晶的基础上，告诉我们做人做事的基本道理，向我们指明怎样才能事半功倍；使我们少走弯路，找到其中的捷径；还有，当我们在前进的道路上遇到困难，坚持不住而想放弃之时，生涯规划会使我们产生源源不断的动力，让我们坚定地走下去，直到成功的终点。

（二）大学生择业心理误区

心理误区是指人在心理上特别是认识和人格上陷入无出路而又不能自拔，且本人对此又缺乏意识的状态。青年大学生由于涉世不深、经验不足、自我调节能力较弱及自我期望值过高等特点，面对日益激烈的市场竞争与复杂的择业环境时，不可避免地会因心理矛盾的扭曲和沉积而表现出困惑和不适应，从而导致心理误区。具体表现如下。

1. 职业需求模糊

一个大学生，经过十余年的学校生活，从学校走向社会，一开始根本没有考虑到事业发展会怎么样，在找工作时一个是看哪个单位的牌子大，再有就是哪个单位的地方好，第三就是挑哪家单位待遇高，而并没有考虑到自身的发展问题。事实上，大学生很难一毕业就明确干什么，因为学生刚刚踏入社会，很多想法都与社会现实有相当的距离。必须要经历现实生活的磨炼，才能正确地看待自己、看待别人、看待社会，这时候定位才有意义和价值。

2. 职业期望过高

大学生只是潜人才，是"毛坯"，要培养成适销对路的"产品"还需要时间的磨炼。我们的学生普遍存在这样的误区：对自己的估计过高而对用人单位估计过低，习惯性地将用人单位的门

槛放得很低,将自己看得较高。

当然,职业期望过低也不是一件好事。如果你职业期望太高,不仅对择业不利,就是你将来工作了,也会有很强的失落感,职业满意度会下降,因为你心中的期望太高。每个学生拥有的家庭资源、个人资源、个人潜能、职业理想等不尽相同,这就要求个性化地考虑自己的职业期望。比如有的同学缺乏个人资源,家庭又寄托很高的期望,而你又只顾自己奋斗,比如考研,考不取不就业再考,此时你就应当考虑自己的家庭背景,不能一味强调自己的未来。

3. 职业起点偏高

很多大学生认为:一个人的起点非常重要,如果毕业时站位不合适,那么将来调整起来就非常困难。有的大学生强调即使不就业也要追求高起点,高起点包括地域优势、收入优势、专业优势,总之一个都不能少。大城市潜藏着巨大的机遇,你有多大的能力就可以有多大的平台,这也并非说明在大城市一定是一件好事。因为大城市竞争的压力、生存的压力、发展的压力都非常巨大,这就要求每位学生根据自己的情况适度考虑,不要盲目、盲从、盲行,要审时度势,根据自身的情况去考虑。

4. 职业准备不足

进行正确的职业选择,是大学生迈向职业生涯的第一步。尽管大学生会面临各种各样的选择,但与以往的选择相比,这次选择的意义重大。雄心万丈步入人才市场的大学生们在择业时遇到的并非都是鲜花与笑脸,更有可能遭遇到的是冷落甚至拒绝,这可能就是真实的社会。每当此时,部分大学生就会产生困惑、忧虑,甚至是逃避、失落等心理。大学生内心承受不了是因为自己的心理准备不足。当就业难成为一个无法不面对的问题时,大学生应当有这样的勇气:当你100次被拒绝,你要有第101次站起来的勇气!其次,积累你的优势,别人长一寸,你长一尺!职业生涯的成功永远属于那些不畏困难向前走的人们!

(三)困扰大学生择业的几种常见心理现象

大学生在择业中出现的矛盾心理以及心理误区,如不能得到及时的疏导宣泄,则可能发展成为影响择业的心理障碍。这种不良的心理障碍一旦形成,就会严重困扰大学生的日常学习、生活乃至择业。一般地说,大学生择业中出现的心理障碍多属适应过程中的轻度心理障碍。

1. 焦虑

焦虑是由心理冲突或挫折而引起的,是紧张、不安、焦急、忧虑、恐惧等感受交织成的情绪状态。绝大多数大学生在择业过程中,会或多或少地出现焦虑。优秀学生焦虑的问题是能否找到实现人生价值的理想单位;学业成绩不理想的学生焦虑没有单位选中自己怎么办;来自边远地区的同学为不想回本地区而焦虑;恋人们为不能继续在一起而焦虑;女同学为用人单位"只要男性"而焦虑;还有一些大学生优柔寡断,竟因不知自己毕业后向何处去而焦虑。

2. 自负

自负心理是过高地估计个人的能力,失去自知之明。在自负心理的支配下,部分大学生的择业观念不正确,心理定位偏高,只看到自己的优点,看不到自己的弱点,表现出非常强的优越感,往往不切实际地追求高工资、高名利的单位,而对一般的工作单位百般挑剔,甚至提出过高的要求。由于自负的大学生不能审时度势地认清自己,缺乏自知之明,其结果必然会高不成低不就,迟迟不能落实单位。

3. 自卑

自卑心理表现为对自己的能力评价过低,看不起自己。这一消极有害的心理在不少大学生身上存在,严重影响他们的就业。一些大学生性格比较内向,不善言辞,成绩平平,面对择业市场,常常产生自卑心理,不敢大胆推荐自己,认为自己竞争力不够。有些大学生不能客观地认识自己,在择业中他们缺乏自信心,勇气不足,例如认为自己相貌不好,怕用人单位以貌取人,更害怕用人单位拒绝而无地自容。自卑心理源于他人对自己的不客观评价和自己对自己的消极暗示。反复消极暗示可能导致认知功能的丧失,尤其是对于一些自我意识发展不健全的大学生、部分择业困难以及性格内向或有生理缺陷的大学生来说,强烈的自卑心理会成为他们择业乃至生活的最大障碍。

4. 怯懦

怯懦者害怕面对冲突,害怕别人不高兴,害怕丢面子。所以在择业时,因怯懦,他们常常退避三舍,缩手缩脚,不敢自荐。在用人单位面前,他们唯唯诺诺,不是语无伦次,就是面红耳赤、张口结舌。他们谨小慎微,生怕说错话,害怕问题回答不好而影响自己在用人单位代表心目中的形象。在公平的竞争机遇面前,由于怯懦,他们常常不能充分发挥自己的才能,以至于败下阵来,错失良机,于是产生悲观失望的情绪,导致自我评价和自信心的下降。

5. 依赖

在择业中,有的大学生对自己缺乏清醒的认识,择业信心不足,犹豫观望,择业依赖父母,依赖社会关系,依赖学校和老师。在人才市场上,父母、朋友代替大学生与用人单位洽谈的场面屡见不鲜,好像不是大学生自己求职,而是父母、朋友在求职。这些大学生缺乏自我选择、决断能力,不能积极主动地去竞争,去推销自己。依赖心理是普遍存在的,但人们并没有给予足够的重视。

6. 冷漠

当一些大学生因在择业中受到挫折而感到无能为力、失去信心时,会出现不思进取、情绪低落、情感淡漠、沮丧失落、意志麻木等反应。他们自认为"看破了红尘",决计听天由命,任凭自然发落。冷漠是遇到挫折后的一种消极的心理反应,是逃避现实、缺乏斗志的表现。这种心理是与就业的竞争机制不相适应的。

7. 问题行为

问题行为即违背社会行为规范的适应不良行为。毕业前一些大学生因某些主体需要不能满足或强度较大的挫折感,加之平日缺乏应有的品德与个性修养,可能发生各种各样的问题行为。常见的有逃课、损坏东西、对抗、报复、迁怒于人、进行不良交往、过度消费、嗜烟、嗜酒等。问题行为的存在,不仅影响学生的顺利就业,严重的还可能导致违纪与违法。

8. 躯体化症状

躯体化症状是由于心理压力和生活方式而导致的异常的生理反应。毕业前的大学生,由于心理应激水平高、心理冲突强度大、挫折体验多,加之一部分大学生性格上本来就不十分健全,因此容易导致某些躯体化症状,如头痛、头昏、血压不正常、消化紊乱、背痛、肌肉酸痛、口干、心慌、尿频、饮食障碍或睡眠障碍等。这些症状若不及时排除,则会危及学生的身体健康和心理健康。

从以上种种反应可以看出,大学生在求职择业中产生的心理障碍,具有适应性障碍的特征,主要是因大学生面对求职环境的应对不良而引起,故有的焦虑急躁,有的自卑怯懦,有的冷漠逃避,有的孤傲目空一切,有的全身不适,有的食欲不振,这都说明,他们对求职环境缺乏一种良好的适应。但这种现象只属于发展过程中的适应不良,只要大学生主动适应就业环境,各方面引导得法,这些心理障碍就会随着时间的推移而逐渐消失,大多数不会形成心理疾患。

(四)大学生怎样成功求职

择业十六字方针			
择己所爱	择己所长	择己所利	择世所需

1. 做好充分的心理准备

求职的过程不会是一帆风顺的,难免会遇到挫折和打击,因此应做好充分的心理准备,增强承受挫折、化解冲突和矛盾的能力,及时调整自己的心理状态,促使心理健康,成功求职。

1)充满信心

知人为聪,知己为明;知人不易,知己更难。大学生应该对自己有充分的认识,把主观愿望和客观条件结合起来,强化自信心理。一些大学生在求职过程中,由于怯于出头、羞于表现,常常给人以唯唯诺诺、缺乏能力的感觉,不能给自己提供施展才华的机会。面对日益激烈的人才竞争,大学生应该抛弃自卑心理,树立自信意识,充满自信。在平时就应注意培养自己良好的人格品质,改变那些不适应发展的不良的人格品质,培养自信乐观、自强不息、宽容豁达、开拓创新等品质,树立自信心。

2)正视现实

人是社会之人,是现实之人。正视社会现实是大学生择业必备的健康心态之一。我国目前的生产力还比较落后,供需形势不平衡,教育结构不合理,社会为大学生提供的工作岗位不可能使人人满意。所以,大学生要从实际出发,更新择业观念,面对人才市场,必须勇于竞争,以便被社会承认和接受。正视社会现实,还需要大学生认清社会需求,根据社会需要选择适合自己的工作,而不应好高骛远、脱离实际。

3)独立自强

社会并不把大学生当作学生或未成熟的青年看待,社会要求大学生对自己行为负完全的责任。因此,大学生在校期间有意识地培养自己的独立意识是十分重要的。首先,要培养自己独立生活的能力。从纷繁琐碎的日常小事开始,训练独立处理问题、发展各种基本生活技能的能力,摆脱家庭的关怀呵护,学会自立。其次,要注重培养独立学习、工作的能力。最后,要在思想上和心理上走向独立。思想上意识到大学生要走自己的路,要有自己独立的见解,寻求自己的奋斗目标,独立处理面对的各种问题,不断完善自己的思想体系;而心理上的独立,很重要的一方面是要有自信心,无论成功与否,身在顺境还是逆境都能坦诚地对待自己,都相信自己的能力,做到自尊、自爱、自信、自强,保持乐观进取、积极健康的心态。

4)无惧挫折

挫折是试金石,心理健康的人,勇于向挫折挑战,百折不挠;心理不健康的人,知难而退,甚至精神崩溃、行为失常。大学生在求职过程中应保持健康稳定的心理、积极进取的态度,遇到挫折,不要消极退缩,要认真分析失败的原因,是主观努力不够,还是客观要求太高,是主观条件不具备,还是客观条件太苛刻,经过认真分析,才能心中有数,调节好心态。

2. 掌握必要的求职方法及技巧

大学生在择业时,积极的心理准备和心理调适固然重要,但掌握一定的方法与技巧也是必不可少的。

1)自荐

大学生为顺利求职,需要通过各种途径和方法正确地宣传、展示和推销自己。自荐在很大程度上决定了自己能否进一步获得面试的机会,是一次不见面的"面试",因此,作为大学生要注意以下几个方面。

(1)选择恰当的自荐方式。

常见的自荐方式有口头自荐、书面自荐、广告自荐等多种。选择何种自荐方式,对每一位求职者而言,无疑是至关重要的,大学生应当从自身的实际情况出发,选择恰当的自荐方式。在人才竞争日益激烈的情况下,选择哪种自荐方式还要看用人单位的需要。同时,自荐材料的递送方式也很重要,求职者向用人单位当面呈送自荐材料,可加深用人单位的印象,增强求职成功的可能性。

(2)自荐材料准备充分。

自荐材料包括自荐信、个人简历、证明材料和学校推荐表等。自荐材料应当完整齐全。自荐信主要是进行自我情况的介绍,展示个人的能力和特点;个人简历主要让用人单位了解自己过去的经历;证明材料是个人所取得的成绩;学校推荐表反映学校对自己的认可情况。自荐材料的准备,一要实事求是,恰如其分;二要突出重点,强调个人的专长和特点;三要文笔流畅,字迹端正;四要措辞谦虚,不用可能引起别人反感的话语。

(3)掌握自我介绍的技巧。

灵活掌握自我介绍的技巧有利于帮助大学生顺利打开求职的大门。自我介绍时,要积极主动,自信大方;要突出重点,有针对性地强调自己的专业特长、知识面和兴趣爱好;要实事求是,不要文过饰非;要有的放矢,针对用人单位的具体要求来介绍自己的能力。

(4)赢得好感的技巧。

赢得用人单位的好感也就达到了求职目标的一半。为了赢得用人单位的好感,自荐时可从四个方面把握。第一,应聘时着装应整洁大方、干净利落,女同学切忌浓妆艳抹、穿着过分透明或性感的服装。第二,自荐时要充满信心,落落大方,交谈时从容不迫,声音适度。第三,自荐时以礼待人,举止得当。第四,要注意言语平实、客观,避免锋芒太露、夸夸其谈,回答问题要切题,要注意文明用语,不使用油腔滑调、格调低下的俗话。建立良好第一印象的方法(SOLER)值得重视:S——坐或站要面对别人;O——姿势要自然开放;L——身体微微前倾;E——目光接触;R——放松。

2)面试

在择业过程中,用人单位常通过面试来决定是否录用应聘者。面试不仅能考核一个人的综合能力,还可以使招聘者通过观察,了解应聘者是否具备从事某种工作的能力。面试是大学生择业的一个重要环节,应当予以充分重视。

(1)面试的准备。

为了面试时能从容应战,大学生在面试前应从三个方面做好准备:

①了解用人单位的情况。大多数招聘者都会提出与本单位有关的问题,因此,求职者对用人单位的情况应有所了解,以缩小双方的距离,增加招聘者对你的好感。在面试前,应通过网络、报纸、电视等媒体或熟人介绍等方式去搜集用人单位的信息,如历史、规模、主要业务、用人特点与要求等,从而在面试时能有的放矢。

②进行模拟问答。用人单位在面试过程中常会提出这样或那样的问题,求职者应对用人单位在面试中可能提出的问题做出预测,并进行模拟问答。招聘者要求回答的问题通常有四个方面:一是介绍自己;二是选择该单位的理由;三是对时事政策的了解和看法;四是如被录用将以什么样的抱负和姿态投入工作。事先准备好应聘单位可能提出的问题及其回答,将有助于应聘者在面试中表现出良好的状态。

③保持良好的精神状态。在参加面试前要适当放松,调整自己的心态,应注意休息,以便有充沛的精力参加面试。

(2)面试的基本礼仪。

在日常社交中,礼仪是不可少的,在面试时,求职者更应注意讲究礼仪,否则就会让招聘者觉得你缺乏修养。面试时要遵守时间,一般可提前5～10分钟到达面试地点。衣着应整洁,不要给人不修边幅之感。举止要自信文雅,表情要自然,动作要得体,坐和立都要保持良好的姿态。对方讲话时要注意聆听,向对方介绍时,眼睛要注视对方,不要东张西望,也不要眼睑低垂。

(3)面试的语言应用。

面试时的语言表达也是十分重要的。面试者回答问题时口齿要清晰,注意控制说话速度,保持语言流畅,答话要简练完整,注意不要用口头语和不文明语言,注意语调和速度的正确运用。面试时,谈话要含蓄,遇到难以回答的问题时,机智、幽默的语言会增加轻松愉快的气氛,有助于化险为夷。

(4)回答问题的技巧。

面试中,掌握答问技巧对应聘者十分重要。回答时要抓住重点,言简意赅,切忌长篇大论,让人不得要领。对招聘者提出的问题不可简单地用"是"或"否"作答,应讲清原因和理由,进行适当的解释。面试时遇到自己不知、不懂、不会的问题,不要不懂装懂,牵强附会,应诚恳坦率地承认自己的不足。虚心向对方请教,反而会引起主试的信任和好感。

3)笔试和签约

笔试是应聘考核的辅助方式,近年来受到用人单位的重视,也反映大学生的心理素质与职业素质。主要的方法有:心理测验,用来测试应聘者的心理健康状况与职业兴趣、职业能力、态度和个性、气质等;专业考试,主要是检验求职者的专业知识与相关能力;命题写作,反映求职者驾驭语言文字的能力和分析解决问题的能力。

签约是求职的最后环节,也是职业选择的最后一步。协议书规定了学校、学生和用人单位三方的权利与义务。因而作为一种合同,大学生一定要慎重对待就业协议,认真考虑合同条款并做最后决定。

总之,职业生涯发展与心理健康密切相关,心理健康的人在将来的职业生涯中拥有更多的主动权,心理健康的人在未来社会的激烈竞争中拥有更多的机遇。

心理加油站

一、拓展阅读

胡适先生的一次毕业典礼演讲

1930年,胡适先生在一次毕业典礼上,发表了一篇演讲,内容如下:

诸位毕业同学:你们现在要离开母校了,我没有什么礼物送给你们,只好送你们一句话。这一句话是:珍惜时间,不要抛弃学问。

以前的功课也许有一大部分是为了这张文凭,不得已而做的。从今以后,你们可以依自己的心愿去自由研究了。趁现在年富力强的时候,努力做一种专门学问。少年是一去不复返的,等到精力衰竭的时候,要做学问也来不及了。

有人说:出去做事之后,生活问题急需解决,哪有工夫去读书? 即使要做学问,既没有图书馆,又没有实验室,哪能做学问?

我要对你们说:凡是要等到有了图书馆才读书的,有了图书馆也不肯读书;凡是要等到有了实验室方才做研究的,有了实验室也不肯做研究。你有了决心要研究一个问题,自然会节衣缩食去买书,自然会想出法子来设置仪器。

至于时间,更不成问题。达尔文一生多病,不能多做工,每天只能做一点钟的工作。你们看他的成绩! 每天花一点钟看十页有用的书,每年可看三千六百多页书;三十年读十一万页书。

诸位,十一万页书可以使你成为一个学者了。可是每天看三种小报也得费你一点钟的工夫,四圈麻将也得费你一点半钟的光阴。看小报呢? 还是打麻将呢? 还是努力做一个学者呢?全靠你们自己选择!

易卜生说:你的最大责任就是把你这块材料铸造成器。

学问就是铸器的工具。抛弃了学问便是毁了你自己。

再会了,你们的母校眼睁睁地要看你们十年之后成什么器。

自修之道:从举一反三到无师自通——李开复给中国大学生的第四封信节选

记得我在哥伦比亚大学任助教时,曾有位中国学生的家长向我抱怨说:"你们大学里到底在教些什么? 我孩子读完了大二计算机系,居然连 VisiCalc 都不会用。"

我当时回答道:"电脑的发展日新月异。我们不能保证大学里所教的任何一项技术在五年以后仍然管用,我们也不能保证学生可以学会每一种技术和工具。我们能保证的是,你的孩子将学会思考,并掌握学习的方法,这样,无论五年以后出现什么样的新技术或新工具,你的孩子都能游刃有余。"

她接着问:"学最新的软件不是教育,那教育的本质究竟是什么呢?"

我回答说:"如果我们将学过的东西忘得一干二净时,最后剩下来的东西就是教育的本质了。"

我当时说的这句话来自教育家 B. F. Skinner 的名言。所谓"剩下来的东西",其实就是自学的能力,也就是举一反三或无师自通的能力。大学不是"职业培训班",而是一个让学生适应社会,适应不同工作岗位的平台。在大学期间,学习专业知识固然重要,但更重要的还是要学习独立思考的方法,培养举一反三的能力,只有这样,大学毕业生才能适应瞬息万变的未来世界。我认识的不少在中国读完大学来美国念研究生的朋友,他们认为来美国后,不论是学习、工作还是生活,他们最缺乏的是独立思考的能力,因为在国内时他们很少独立思考和独立决策。

上中学时,老师会一次又一次重复每一课里的关键内容。但进了大学以后,老师只会充当引路人的角色,学生必须自主地学习、探索和实践。走上工作岗位后,自学能力就显得更为重要了。微软公司曾做过一个统计:在每一名微软员工所掌握的知识内容里,只有大约10%是员工在过去的学习和工作中积累得到的,其他知识都是在加入微软后重新学习的。这一数据充分表明,一个缺乏自学能力的人是难以在微软这样的现代企业中立足的。

自学能力必须在大学期间开始培养。许多同学总是抱怨老师教得不好,懂得不多,学校的课程安排也不合理。我通常会劝这些学生说:"与其诅咒黑暗,不如点亮蜡烛。"大学生不应该只会跟在老师的身后亦步亦趋,而应当主动走在老师的前面。例如,大学老师在一个课时里通常要涵盖课本中几十页的信息内容,仅仅通过课堂听讲是无法把所有知识学通、学透的。最好的学习方法是在老师讲课之前就把课本中的相关问题琢磨清楚,然后在课堂上对照老师的讲解弥补自己在理解和认识上的不足之处。

中学生在学习知识时更多的是追求"记住"知识,而大学生就应当要求自己"理解"知识并善于提出问题。对每一个知识点,都应当多问几个"为什么"。一旦真正理解了理论或方法的来龙去脉,大家就能举一反三地学习其他知识,解决其他问题,甚至达到无师自通的境界。

事实上,很多问题都有不同的思路或观察角度。在学习知识或解决问题时,不要总是死守一种思维模式,不要让自己成为课本或经验的奴隶。只有在学习中敢于创新,善于从全新的角度出发思考问题,学生潜在的思考能力、创造能力和学习能力才能被真正激发出来。

《礼记·学记》上讲:"独学而无友,则孤陋而寡闻。"也就是说,大学生应当充分利用学校里的人才资源,从各种渠道吸收知识和方法。如果遇到好的老师,你可以主动向他们请教,或者请他们推荐一些课外的参考读物。除了资深的教授以外,大学中的青年教师、博士生、硕士生乃至自己的同班同学都是最好的知识来源和学习伙伴。每个人对问题的理解和认识都不尽相同,只有互帮互学,大家才能共同进步。

有些同学曾告诉我说,他们很羡慕我在读书时能有一位获得过图灵奖的大师传道授业。其实,虽然我非常推崇我的老师,但他在大学期间并没有教给我多少专业知识。他只是给我指明了大方向,让我分享他的经验,给我提供研究的资源,并教我做人的方法。他没有时间也没有必要指导我学习具体的专业知识。我在大学期间积累的专业知识都是通过自学获得的。刚入门时,我曾多次红着脸向我的师兄请教最基本的知识内容,开会讨论时我曾问过不少肤浅的问题,课余时间我还主动与同学探讨、切磋。"三人行必有我师。"大学生的周围到处是良师益友。只要珍惜这些难得的机会,大胆发问,经常切磋,我们就能学到最有用的知识和方法。

大学生应该充分利用图书馆和互联网,培养独立学习和研究的本领,为适应今后的工作或进一步的深造做准备。首先,除了学习老师规定的课程以外,大学生一定要学会查找书籍和文献,以便接触更广泛的知识和研究成果。例如,当我们在一门课上发现了自己感兴趣的课题,就应当积极去图书馆查阅相关文献,了解这个课题的来龙去脉和目前的研究动态。熟练和充分地使用图书馆资源,这是大学生特别是那些有志于科学研究的大学生的必备技能之一。读书时,应尽量多读一些英文原版教材。有些原版教材写得深入浅出,附有大量实例,比中文教材还适于自学。其次,在书本之外,互联网也是一个巨大的资源库,大学生们可以借助搜索引擎在网上查找各类信息。"开复学生网"开通半年以来,我发现很多同学其实并没有很好地掌握互联网的搜索技巧,有时他们提出的问题只要在搜索引擎中简单检索一下,就能轻易找到答案。还有些同学很容易相信网上的谣言,而不会利用搜索引擎自己查考、求证。除了搜索引擎以外,网上还有许多网站和社区也是很好的学习园地。

自学时,不要因为达到了学校的要求就沾沾自喜,也不要认为自己在大学里功课好就足够了。在 21 世纪的今天,人才已经变成了一个国际化的概念。当你对自己的成绩感到满意时,我建议你开始自学一些国际一流大学的课程。例如,美国麻省理工学院(MIT)的开放式课程已经在网上无偿发布出来,大家不妨去看看 MIT 的网上课程,做做 MIT 的网上试题。当你可以自如地掌握 MIT 课程时,你就可以更加自信地面对国际化的挑战了。

总之,善于举一反三,学会无师自通,这是大学四年中你可以送给自己的最好的礼物。

新生活是从选定方向开始的

比塞尔是西撒哈拉沙漠中的一个小村庄,它靠在一块 1.5 平方公里的绿洲旁,可是在肯·莱文 1926 年发现它之前,这儿的人没有一个走出过大沙漠。肯·莱文作为英国皇家学院的院士,当然不相信这种说法。他用手语向这儿的人问其原因,结果每个人的回答都是一样的:从这儿无论向哪个方向走,最后都还是要转到这个地方来。为了证实这种说法的真伪,他做了一次实验,从比塞尔向北走,结果三天半就走了出来。

比塞尔人为什么走不出来呢? 肯·莱文非常纳闷,最后他只得雇一个比塞尔人,让他带路,看看到底如何。他们带了半个月的水,牵上两匹骆驼,肯·莱文收起指南针等现代化设备,只挂一根木棍跟在后面。10 天过去了,他们走了数百英里的路程,第 11 天的早晨,一块绿洲出现在眼前。他们果然又回到了比塞尔。这一次肯·莱文终于明白了,比塞尔人之所以走不出沙漠,是因为他们根本没有认识北斗星。

在一望无际的沙漠里,一个人如果凭着感觉往前走,他会走出许许多多大小不一的圆圈,最后的足迹十有八九是一把卷尺的形状。比塞尔村处在浩瀚的沙漠中间,四周没有一点参照物,若没有认识北斗星又没有指南针,想走出沙漠,确实是不可能的。

肯·莱文在离开比塞尔时,带了一位叫阿古特尔的青年,这个青年就是上次和他合作的人,他告诉这位小伙子,只要白天休息,夜晚朝北面那颗最亮的星走,就能走出沙漠。阿古特尔跟着肯·莱文,3 天之后果然来到了大漠的边缘。

现在比塞尔已是西撒哈拉沙漠中的一颗明珠,每年有数以万计的旅游者来到这儿,阿古特尔作为比塞尔的开拓者,他的铜像被竖在小城中央。铜像的底座上刻着一行字:新生活是从选定方向开始的。

二、影视推荐

1.《风雨哈佛路》

导演:Peter Levin。

编剧:Ronni Kern。

主演:索拉·伯奇、凯莉·林奇。

上映时间:2003-04-07(美国)。

剧情简介:丽兹出生在美国的贫民窟里,从小就开始承受着家庭的千疮百孔,父母酗酒吸毒,母亲患上了精神分裂症。贫穷的丽兹需要出去乞讨,流浪在城市的角落,生活的苦难似乎无穷无尽。

随着慢慢成长,丽兹知道,只有读书成才方能改变自身命运,走出泥潭般的现况。她从老师那里争取到一张试卷,漂亮地完成答卷,争取到了读书的机会。从现在起,丽兹在漫漫的求学路上开始了征程。她千方百计申请哈佛的全额奖学金,面试时连一件像样的衣服也没有。然而,贫困并没有止住丽兹前进的决心,在她的人生里面,从不退缩地奋斗是永恒主题。

2.《三傻大闹宝莱坞》

导演:拉库马·希拉尼。

主演:阿米尔·汗、马德哈万、沙尔曼·乔什、卡琳娜·卡普。

上映时间:2011-12-08(中国),2009-12-25(印度)。

剧情简介:法罕、拉加和兰彻是同寝的大学同学,他们都在印度的著名学府帝国工业大学就读。法罕其实并不想学工业设计,他想成为一名野外摄影师;拉加的家庭十分贫困,他的家人希望拉加毕业后能找个好工作以改善家庭的经济状况;而兰彻的身世一直是一个谜,这个谜要到他们毕业十年之后才能揭晓。

大学里的生活总是和学习、考试、爱情相伴。兰彻成绩很好,总是名列前茅,而且他对机械有一种异乎寻常的热爱和天赋。而另外两个室友法罕和拉加则没有这么好的脑子,虽然学习很努力,但他们总是倒数的学生。法罕每天惦记着摄影,拉加每天畏首畏尾,早晚都要求神告佛以期自己考试通过。除了成绩出众之外,兰彻还是一个喜欢开导别人的人,他似乎是先知,又似乎是上天派来的神明,每当他人无助、犯错误或者是生活即将步入歧途的时候,他总是会恰当地出现,恰当地给予指点。因为他的这种高强的"本领",他得罪了学校的院长,整蛊了只会死记硬背的同学,而且得到了自己的爱情。

毕业前夕,院长把象征着荣誉的"太空笔"送给了兰彻,并告诉兰彻,他是一个天赋异禀的学生。毕业的时候,法罕得到了一个匈牙利摄影师的工作邀请,拉加得到了公司的聘用,而兰彻则一声不响地离开了学校。他去了哪里,没有人知道。

十年之后,当年被兰彻整蛊的"消音器"找了回来,他要带着拉加和法罕找到兰彻。在他被整蛊的那个夜晚,他和兰彻打了一个赌,要在十年之后的今天一比"事业的成功"。如今他拿着高薪、开着沃尔沃,自诩为"成功人士"。于是他便带着"两个白痴"按照一个模糊的地址走上了寻找兰彻的旅程。也许这更像是一次朝圣之旅。

旅途渐次展开,他们也在屡屡回忆着大学生活的点点滴滴。而兰彻那离奇的身世和经历也将一点一点被揭露开来。结果总是出乎意料的,在一个学校里,在笑眯眯的兰彻面前,那个

"成功人士"也不得不低下了自己高傲的脑袋。而当年和兰彻一坠爱河的姑娘最终也找到了自己的幸福。

3.《穿普拉达的女王》

导演:大卫·弗兰科尔。

主演:安妮·海瑟薇、梅丽尔·斯特里普、艾米莉·布朗特、斯坦利·图齐、西蒙·贝克。

上映时间:2007-02-27(中国),2006-06-30(美国)。

剧情简介:初涉社会的安德丽娅·桑切丝(安妮·海瑟薇饰)来到了著名时尚杂志《RUNWAY》面试,以聪明得到了主编米兰达·普雷斯丽(梅丽尔·斯特里普饰)的特许,让她担任自己的第二助理。开始的时候安德丽娅感到十分委屈,就算自己再努力工作也无法得到赞赏,经一位老前辈的指点便重新改造自己。安德丽娅工作越来越顺,甚至取代了第一助理在米兰达心中的地位,米兰达决定带着这个聪明的女孩前往法国。可安德丽娅的改变让她失去了男友及朋友的爱,令她非常矛盾。

到达法国后,安德丽娅得知了米兰达的地位不保,没想到米兰达竟然牺牲自己多年的好搭档保住了自己的地位,此事令安德丽娅深感失望,有了抽身离去的想法,到底安德丽娅会何去何从?

课后实践

推荐活动一:情景剧场"要怎么及格?"

背景:小 A,大一学生,性格开朗活泼,在高中时有老师和家长的督促管教,所以也不是特别放肆,但如今到了大学,他觉得自己摆脱了枷锁,可肆意而为。他对什么都觉得特别新鲜,什么都想去尝试。在学校学生会的选举中他落选了,比较沮丧,因为自己一直想当个管理者,不论是干什么,只要能有点小权力,能让自己的虚荣心膨胀一下就可以。最近他接触了网络游戏,慢慢地在网络游戏中,他发现可以实现他在现实中的那种虚荣,于是他逐渐地迷恋上了网络游戏,为了玩游戏,他已经很久没有去上课了,期末考试门门科目不及格。

终于,他走进了心理辅导室……

角色扮演:两位同学一组,一位扮演心理辅导员 B,一位扮演小 A,模拟心理辅导现场。心理辅导员 B 会如何帮助小 A 解决学习方面的问题?

推荐活动二:价值拍卖

活动目的:

1.激发学生思考自己的价值观念,学会抓住机会,不轻易放弃。

2.帮助学生体验和澄清自己的人生态度。

活动时间:大约需要 25 分钟。

活动道具:足够的道具钱、不同颜色的硬纸板、拍卖槌。

活动场地:室内。

活动步骤:

1.事前准备。

将拍卖的东西事先写在硬纸板上(最好是不同的颜色),以增加拍卖的趣味性及方便拍卖进行。

2.宣布游戏规则。

每个学生手中有5000元(道具钱),它代表了一个人一生的时间和精力。每个人可以根据自己对人生的理解随意竞买下表中的东西。每样东西都有底价,每次出价都以500元为单位,价高者得到东西,有出价5000元的,立即成交。

序号	拍卖内容	底价/元	序号	拍卖内容	底价/元
1	爱情	500	12	金钱	1000
2	友情	500	13	欢乐	500
3	健康	1000	14	长命百岁	500
4	美貌	500	15	豪宅名车	500
5	礼貌	1000	16	每天都能吃美食	500
6	名望	500	17	良心	1000
7	自由	500	18	孝心	1000
8	爱心	500	19	诚信	1000
9	权力	1000	20	智慧	1000
10	拥有自己的图书馆	1000	21	名牌大学录取通知书	500
11	聪明	1000	22	冒险精神	1000

3.举行拍卖会。

(1)由老师或学生主持拍卖。

(2)按游戏规则进行,直到所有的东西都拍卖完为止,然后请学生认真考虑买回来的东西。

4.讨论交流。

(1)你是否后悔你买到的东西?为什么?

(2)在拍卖的过程中,你的心情如何?

(3)有没有同学什么都没有买?为什么不买?

(4)你是否后悔自己刚才争取的东西太少?

(5)争取过来的东西是否是你最想要的?

(6)钱是否一定会带来快乐?

(7)有没有一种东西比金钱更重要,或比金钱带来更大的满足感呢?

(8)你是否甘愿为了金钱、名望而放弃一切呢?有没有比上面所说的这些更值得追寻的东西呢?

注意事项:

1.拍卖过程中,要注意纪律不能太乱,否则活动就成为乱哄哄的滑稽表演。

2.有的同学可能会重复使用自己手中的代币券,主持人应注意提醒这些学生购买所付出的钱不能超过5000元。

项目三课后实践活动记录表

姓名		学号		联系电话	
学院		专业		班级	
活动主题					
活动时间					
活动地点					
活动感悟	（不少于 300 字）				

活动图片	
自我评价	
小组评价	
教师评价	

项目四

管理情绪 应对压力

管住你心中的魔鬼，让焦虑放弃你，让抑郁远离你；在你的心中升起一轮太阳，让阳光照耀你，让温暖伴随你。 培育自尊自信、理性平和、积极向上的心态，不负韶华，勇于挑战！

学习目标 》》》

(一)知识目标

1.了解情绪产生的机制。

2.掌握情绪调节方法。

3.正确认识压力,了解大学生常见的压力源以及应对方式。

(二)能力目标

1.学会调适情绪。

2.学会积极应对压力的方式。

(三)德育目标

培养自尊自信、理性平和、勇于接受挑战、积极应对压力的态度。

课前自测 》》》

测试一 情绪稳定性测试

请根据自己的实际情况,对以下题目做出"是"或"否"的回答,每题选择"是"计1分,选择"否"计0分。

1.尽管发生了不愉快的事情,仍能毫不在乎地思考别的事情。

2.不计小隙,经常保持坦率诚恳的态度。

3.习惯于把担心的事情写在纸上并进行整理。

4.在做事情时,往往具体规定有可能实现的目标。

5.失败时仔细思考,反省其原因,但不会愁眉不展,整天闷闷不乐。

6.具有悠闲自娱的爱好。

7.常常倾听别人的意见。

8.做事有计划地积极进行,遇挫折也不气馁。

9.无路可走时,能够改变生活方式和节奏,以适应生活。

10.在学业上,尽管别人比自己强,但仍坚持"我走我的路"。

11.对自己的进步,哪怕只是一点点,都会高兴地表示出来。

12.乐于一点一滴地积聚有益的东西。

13.很少感情用事。

14.尽管很想做某一件事,但自己觉得不可能实现时也会打消念头。

15.往往理智、周密地思考和判断问题,不拘泥于小节。

评价参考：

0～6分：你的情绪不是很稳定，经常患得患失，不能很好地生活。常常拘泥于一些小事情，无论做什么事情都过分认真，总是忙忙碌碌、耗费心机。难于做出重大的决策，一丝不苟反而使自己感觉迟钝。

7～9分：情绪一般稳定。

10～15分：你的情绪很稳定，擅长处理事情、判断及思考等，不拘泥于细微小节，能积极大胆地处理一些事情，在各种困难面前毫不动摇。

我的测试结果：

测试二　大学生压力程度测试

本测试旨在提升大学生对心理压力的觉察和对心理健康的关注意识。

下面有17道题目，请您仔细阅读，然后根据自己近一个月的实际情况进行相应的计分。计分方法：0分表示"从未发生"，1分表示"偶尔发生"，2分表示"经常发生"。

1. 觉得手上事太多，无法应付。
2. 觉得时间不够，所以要争分夺秒。
3. 觉得没有时间消遣，终日记挂着一些事。
4. 遇到挫折很容易发脾气。
5. 担心别人对自己工作、学习表现的评价。
6. 觉得老师、同学和家人都不欣赏自己。
7. 担心自己的经济状况。
8. 有头痛、胃痛的毛病，难以治愈。
9. 要借助烟酒、药物和零食等抑制不安情绪。
10. 要借助安眠药协助入睡。
11. 与家人、朋友和同学相处令你发脾气。
12. 与人倾谈时，打断对方的话题。
13. 上床后觉得思潮起伏，难以入睡。
14. 有太多的工作，不能每件事都做到尽善尽美。
15. 空闲时轻松一下，也会觉得内疚。
16. 做事急躁任性而事后感到内疚。
17. 觉得自己不应该享乐。

评价参考：

0～10分：说明你的压力水平低，生活缺乏刺激，行动力不足。

11～15分：说明你的压力水平中等，感到压力，但仍可应付。

16分以上：说明你的压力偏高，需反省压力源，寻求有效的解决方法。

我的测试结果：

_____

_____

_____

案例导学 ▶▶▶

案例 1：大学生情绪失控劫持女医生

2013 年 5 月 18 日，武汉大学生陈某骑自行车撞倒 82 岁的樊阿婆，竟然引发了一起劫持案。樊阿婆因为手腕骨折需要住院，陈某面临樊阿婆家人索要千元押金，情绪激动之下竟然持刀劫持了一位女医生。民警冒充司机，偷偷拨通手机，与指挥部保持通话，97 分钟后特警夺下劫匪手中的刀，救下人质。

分析：陈某撞伤樊阿婆后并没有逃逸，而是选择送其回家并送到医院检查，由此可见，他在最开始承认并接受其撞伤樊阿婆的行为，并试图承担相应的后果。从心理层面分析，其实在这个时候陈某承认其行为对樊阿婆造成的伤害，同时出于对其行为的内疚感，试图补偿及弥补其行为的过失。后来当其没有钱却又需要交钱时，就陷入了完全无助与无力、绝望的情境中，在此情境下，愤怒替代了内疚，冲动压过了理智，在强烈的情绪驱使下他绑架了女医生。

案例 2："这是小芸吗？"

小颖和小芸是某大学大二的学生。有一天她们一起去逛街，下车时小颖不小心踩了一个中年男子的脚，可她"对不起"还没有说出口，这个男人就大声训斥起她来，嘴里边的话非常难听。这时，身边的小芸突然给了那个男人一个重重的耳光！小颖简直惊呆了，小芸平时温柔得跟小花猫一样，今天怎么这么厉害，敢打人了呢？那位男子也惊呆了，没想到一个温柔的女孩会做出这样的行为！

分析："润物细无声"，情绪的产生也是这样悄无声息，在小颖甚至都没有意识到的时候，小芸居然做出了这样过激的行为，内心愤怒的情绪使平时乖巧的女孩愤而出手，可见情绪对我们的影响是巨大的，在情绪的引导下，我们可能会做出许多意想不到的行为。

案例 3：压力山大

某大学大三学生王某，坐在教室看书时，总担心会有人坐在身后并干扰自己，有强烈的不安全感，以至于只能坐在角落或者靠墙而坐，否则无法安心看书；对同寝室一位同学放收音机的行为非常反感，有时简直难以忍受，尤其是中午睡午觉时总担心会有收音机的声音干扰自己，从而睡不着觉，经常休息不好，但又不好意思跟其发生当面冲突，因为觉得为这样的小事发脾气，可能是自己不对。很长时间不能摆脱这种心理困境，很苦恼，严重影响了自己的日常生活和学习。即将毕业,心中一片茫然,担心找不到理想的工作,有时候也懒得去想这个问题,怕增添烦恼。学习一般,在班上成绩中游,当看到其他同学都在准备"专插本",自己也想考,但是又不能集中精力学习。自卑、缺乏自信,生活态度比较消极,认为所有的一切都糟透了。家在农村,经济状况一般,认为自己有责任挑起家庭的重担,但又觉得力不从心。

分析:在该案例中,该生的心理困境主要是由各种压力源造成的。首先,该生即将面临大学毕业,择业困难构成其压力源的核心。择业压力所导致的心理紧张和心理困境,其实质是由自身能力与理想目标之间的落差造成的,落差越大,心理压力也就越大。学习成绩一般,对自己缺乏信心,但家在农村,又觉得自己责任重大,必须找到一份好工作,因此心理压力是相当大的,而且是与日俱增。择业压力使其在心理上产生不安全感,也使其心理变得异常敏感和脆弱,这种敏感的心态极易使其面临人际冲突问题,影响人际的和谐与沟通。

课堂互动

任务一 情绪探究

活动目的:通过表现各种情绪并探究自己的情绪,提高自我情绪的觉察能力。

活动步骤:

1.这里是一组人物的各种面部表情,你能表演这些情绪吗?

惊奇、愤怒、高兴、害怕、悲伤、厌恶。

2.下面列出了四种基本情绪——喜、怒、哀、惧,请在每种基本情绪后写出表现这种情绪的词语,写得越多越好。

喜:＿＿＿＿＿＿＿＿＿＿＿＿＿＿＿＿＿＿＿＿＿＿＿＿＿＿＿

怒:＿＿＿＿＿＿＿＿＿＿＿＿＿＿＿＿＿＿＿＿＿＿＿＿＿＿＿

哀:＿＿＿＿＿＿＿＿＿＿＿＿＿＿＿＿＿＿＿＿＿＿＿＿＿＿＿

惧:＿＿＿＿＿＿＿＿＿＿＿＿＿＿＿＿＿＿＿＿＿＿＿＿＿＿＿

3.自我探究——详细谈论你的情绪。情绪是从经验和行为中产生的,因此谈论情绪而不将它们与经验和行为挂钩是不现实的。现在,我们首先来看两个示例,看看如何来具体说明自己的一些负向情绪,找出负向情绪背后的原因。

示例:

(1)含糊描述:我对班级讨论感到厌倦极了。

具体陈述:每当我打算向其他同学说出自己的观点时,特别是说出一些否定性的东西时,我就感到举棋不定和为难。每当这种时候,我的心跳得特别快,手心也出汗了,觉得好像每个人都不满地盯着我。

(2)含糊描述:有时候我觉得自己是个相当过敏和心怀怨恨的人。

具体陈述:我不能很好地接受别人的批评。当我获得任何消极的反馈时,我通常微笑一下,看上去一副满不在乎的样子,但在心里我就感到不舒服了,对提意见的人也开始闹意见了。

我对自己说,那个人得为自己说的话付出代价。我发现即使想让自己承认这一点也是很难的,这听起来太小气了。例如,上周我从被我看成是朋友的王华那里得到一些消极的反馈,我就感到气愤和受伤,并从此找机会在班上找他的碴,一直找机会"回敬"他。由于我一直没能找到他什么把柄,我心里甚至感到挺不好受的。

下面我们来练习具体说明自己的一些负向情绪。先给出自己曾经经历过的负面情绪,然后用具体描述来使自己的经验、行为和情感变得清晰,从而找出情绪背后的行为或经验的原因。

(1)含糊描述:＿＿＿＿＿＿＿＿＿＿＿＿＿＿＿＿＿＿＿＿＿＿

＿＿＿＿＿＿＿＿＿＿＿＿＿＿＿＿＿＿＿＿＿＿＿＿＿＿＿＿＿＿

具体陈述:＿＿＿＿＿＿＿＿＿＿＿＿＿＿＿＿＿＿＿＿＿＿＿＿

＿＿＿＿＿＿＿＿＿＿＿＿＿＿＿＿＿＿＿＿＿＿＿＿＿＿＿＿＿＿

＿＿＿＿＿＿＿＿＿＿＿＿＿＿＿＿＿＿＿＿＿＿＿＿＿＿＿＿＿＿

＿＿＿＿＿＿＿＿＿＿＿＿＿＿＿＿＿＿＿＿＿＿＿＿＿＿＿＿＿＿

＿＿＿＿＿＿＿＿＿＿＿＿＿＿＿＿＿＿＿＿＿＿＿＿＿＿＿＿＿＿

(2)含糊描述:＿＿＿＿＿＿＿＿＿＿＿＿＿＿＿＿＿＿＿＿＿＿

＿＿＿＿＿＿＿＿＿＿＿＿＿＿＿＿＿＿＿＿＿＿＿＿＿＿＿＿＿＿

具体陈述:＿＿＿＿＿＿＿＿＿＿＿＿＿＿＿＿＿＿＿＿＿＿＿＿

＿＿＿＿＿＿＿＿＿＿＿＿＿＿＿＿＿＿＿＿＿＿＿＿＿＿＿＿＿＿

＿＿＿＿＿＿＿＿＿＿＿＿＿＿＿＿＿＿＿＿＿＿＿＿＿＿＿＿＿＿

＿＿＿＿＿＿＿＿＿＿＿＿＿＿＿＿＿＿＿＿＿＿＿＿＿＿＿＿＿＿

＿＿＿＿＿＿＿＿＿＿＿＿＿＿＿＿＿＿＿＿＿＿＿＿＿＿＿＿＿＿

4.讨论并总结探究我们的情绪的方法——内省法。

情绪的自我觉察是第一步,接下来稳定情绪或者保持良好的情绪状态都离不开自省。《论语》中就有"吾日三省吾身",讲的就是用自省的方法加强思想修养,随时反省自己的言行、心态和情绪,做到自我检查、自我批评、自我调控、自我教育。

任务二　感　受　情　绪

活动规则:

1.第一轮:

(1)游戏开始前,所有人围成一圈,并且闭上眼睛,主持人在由学生组成的圈外走几圈,然后拍一下某个学生的后背,确定"情绪源",注意尽量不要让第三者知道这个"情绪源"是谁。

(2)学生们睁开眼睛,散开,告诉他们现在是一个鸡尾酒会,他们可以在屋里任意交谈,和尽可能多的人交流。

(3)情绪源的任务就是通过眨眼睛的动作将不安的情绪传递给屋内的其他三个人,而任何一个获得眨眼睛信息的人都要将自己当作已经受到不安情绪感染的人,一旦被感染,他的任务就是向另外三个人眨眼睛,将不安的情绪继续传递给他们。

(4)五分钟以后,让学生们都坐下来,让情绪源站起来,接着是那三个被他传染的,然后是被那三个人传染的,直到所有被传染的人都站了起来,你会惊奇于情绪传染的可怕性。

2.第二轮:

(1)告诉学生们,你已经找到了治理不安情绪传染的有效措施,那就是制造快乐源,即用真挚柔和的微笑来冲淡大家因为不安而带来的阴影。

(2)让大家重新坐下围成一圈,并闭上眼睛,告诉大家你将会从他们当中选择一个同学作为快乐之源,并通过微笑将快乐传递给大家,任何一个得到微笑的人也要将微笑传递给其他三个人。

(3)在学生的身后转圈,假装指定了快乐之源,实际上你没有拍任何人的后背,然后让他们睁开眼睛,并声称游戏开始。

(4)自由活动三分钟,三分钟以后,让他们重新坐下来,并让收到快乐讯息的同学举起手来,然后让大家指出他们认为的"快乐情绪源",你会发现大家的手指会指向很多不同的人。

(5)微笑地告诉大家实际上根本就没有指定的快乐情绪源,是他们的快乐感染了他们自己。

3.讨论并分享:

(1)不安和快乐哪一个更容易被传染一些?在第一轮中,当你被传染了不安的情绪,你是否真的感觉到不安?你的举止动作会不会反映出这一点?第二轮中呢?

_____

_____

_____

(2)在游戏的过程中,你对于别人要传染给你不安的预期,导致你真的开始不安,同样你想让别人对你微笑促使你接受和给予微笑。同样在日常的生活和工作当中,你是否会遇到这种事情?

_____

_____

_____

(3)在一个团队里面,某个人的情绪是否会影响到其他人?是否会影响到团队的工作效率?为了防止被别人的负面情绪所影响,你需要做什么?

_____

_____

_____

_____

任务三 情绪调节

活动一:想法决定情绪?

场景一:荒岛上的鞋子推销员。

两个鞋子推销员到一个荒岛上,发现荒岛上的人都不穿鞋子。一个人感到非常失望,因为他认为这个岛屿上的人都不愿穿鞋,要成功推销是没有希望的。另一个推销员感到非常兴奋,因为他认为这个岛上的人还没有鞋子穿,成功推销的希望极大。

场景二:玫瑰花。

甲的看法:"这世界真是太美好了,在这丑陋、有刺的梗上,竟能长出这么美丽的花朵。"乙的看法:"这世界太悲惨了,一朵漂亮、美丽的花朵,竟然长在有刺的梗上。"

场景三:半杯水。

两个人在沙漠中迷路了,他们都十分口渴,当见到有半杯水时,他们产生了不同的情绪反应。甲:"还好,还有半杯水。"乙:"怎么只剩半杯水!"

活动步骤:

1.请同学们阅读以上三个场景,思考为何对同一件事,不同的人会产生截然不同的情绪。

_____

_____

_____

_____

2.请就以下事件,尽可能多地写出你的想法,并注明每种想法下的情绪。

事件:高考发挥失常,没有考上自己理想的学校。

想法1:	情绪1:
想法2:	情绪2:
想法3:	情绪3:
想法4:	情绪4:

3.通过以上练习,你明白了什么?

_____

_____

_____

_____

活动二:合理不合理?

1.读完下列题目后,首先试着写下你觉得不合理的想法,以及你可能有的感受和行为;然后试着写下你觉得合理的想法,以及你可能有的感受和行为。

(1)我的一帮朋友相约外出活动,却没有通知我参加。

想　　法	你可能会有的感受	你可能采取的行动
不合理的想法:		

续表

想　　法	你可能会有的感受	你可能采取的行动
合理的想法：		

(2)你想搞一个活动,但有关领导不批准。

想　　法	你可能会有的感受	你可能采取的行动
不合理的想法：		
合理的想法：		

2.常有情绪困扰的人,通常有较多不合理想法。若要去除困扰,就必须分辨自己的想法中哪些是理性的,哪些是非理性的。理性的想法与非理性的想法分别有什么特点? 如何区分理性与非理性的想法?

_____

_____

_____

3.判断下列句子哪些属于理性想法,哪些属于非理性想法。

(1)这次考试成绩糟透了,我真不是读书的料,我的前途没希望。

(2)这次考试没有保住全班第一的位置太让我伤心、生气了,我必须保持第一。

(3)宿舍里的同学都不喜欢我,我是一个不受欢迎的人。

(4)男(女)朋友离我而去,活着还有什么意思啊。

(5)这次比赛没拿奖,因为比赛时我有点紧张,没发挥好,下次可以做得更好的。

_____

_____

_____

4.这个活动给你什么启示?

_____

_____

_____

活动三:我的情绪我做主

1.请回顾理性情绪调节法 ABCDE 步骤:

A:_____

B:_____

C:_____

D:_____

E:_____

2.举例分析:最近我总处在焦虑不安和自卑的情绪中。

A:事件,最近一次考试没考好。

B:原想法,我真没用,不是读书的料。

C:引发的情绪,焦虑不安、自卑。

D:驳斥原想法的不合理性,一次失败不代表一个人永远失败,这次发挥不好也不代表我笨、没用,这一次犯了以偏概全的错误。

E:效果,自信,认真做好考前准备。

3.以你最近产生过的一种消极情绪为例,分析消极情绪的产生。

A(发生了什么事?):_____

B(当时不合理的想法):_____

C(消极情绪或行为):_____

4.请找 3 位同学驳斥你当时不合理的想法。

D1:_____

_____(签名:)

D2:_____

_____(签名:)

D3:_____

_____(签名:)

5.事情若再发生一次,现在你的想法是什么? 你的感受是什么? 又会怎么做呢?

_____

_____

_____

_____

任务四　与压力共处

活动一:压力测量

1.请为你目前的压力打分(0～10 分),在下面的直尺上用红笔标出来。

```
0  1  2  3  4  5  6  7  8  9  10
```

2.你如何看待自己的压力分数?

_____

_____

_____

3.压力对你的生活带来了哪些不适?

_____

_____

_____

4.管理好自己的压力,你有信心吗?

_____

_____

_____

活动二:我的压力圈

1.在大小圈球内写下最近生活中的各种压力(大球代表大压力,小球代表小压力)。

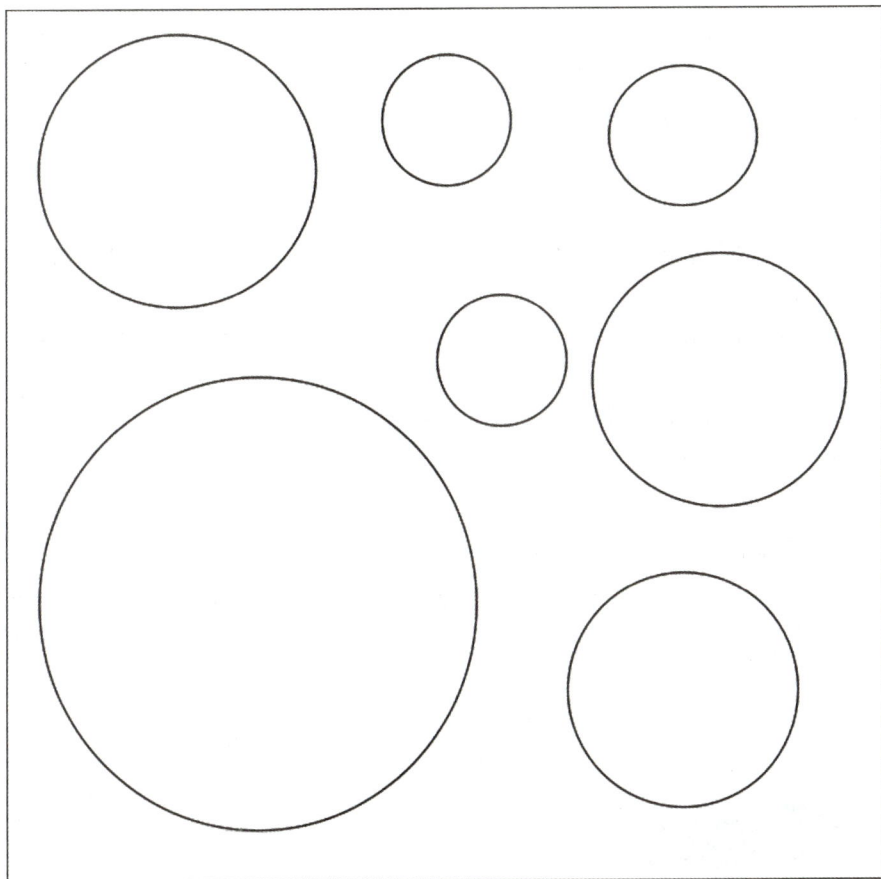

2.分组分享与交流：

(1)你的压力来源有哪些？

_____

_____

_____

(2)每个球给你的感觉是什么？

_____

_____

_____

(3)压力很大时你身体的感觉如何？哪一部分不舒服？

_____

_____

_____

活动三：舒缓压力

1.小组头脑风暴：你通常使用哪些方法对抗压力？

_____

_____

_____

2.放松训练。

(1)准备。可以采用三种姿势：

坐姿：身体坐在椅子上，背挺直，腹部微微收缩，双脚着地，与肩同宽，排除杂念，双目微闭。

站姿：双脚站立，分开，与肩同宽，双手自然下垂，排除杂念，双目微闭。

卧姿：平躺在床上，两膝分开约20厘米，脚趾稍向外，双手自然地伸直，放在身体的两侧，排除杂念，双目微闭。

(2)把注意力集中在腹部肚脐下方，用鼻子慢慢地吸气，吸气的同时，想象气流从口腔顺着气管进入腹部，腹部慢慢地鼓起来。

(3)吸足气后，稍微屏住一下，以便使氧气与血管里的浊气进行交换。

(4)用口和鼻同时将气从腹部慢慢地自然吐出来，好像在轻轻地将所有的紧张和压力吹出去，口、舌、腭感到松弛。

(5)重复以上步骤，直到感到轻松为止。

(这个练习每天可进行1～2次，每次10分钟。经过一段时间的训练，你不仅会感到心情舒畅、放松，而且在面临紧张的应急状态下，你可用此方法达到迅速解除压力、消除紧张的目的。)

智慧锦囊 ▶▶▶

正值青春年华的大学生，有着丰富而复杂的情绪体验，既有年轻的热情、欢愉、兴奋和激情,也常常经历着情绪的波动,面临烦恼、纠结的困扰。帮助大学生认识情绪、管理情绪、调节情绪,对维护大学生的身心健康,促进大学生的自我发展和人格成熟具有重要意义。

一、认识情绪

有人说,情绪是一个人内心世界的晴雨表,我们每时每刻都处在一定的情绪状态中。比如:在获得荣誉时,我们会喜悦、高兴、骄傲;当受到挫折时,我们会悲观、失望、沮丧。各种各样的情绪体验使我们的内心世界色彩斑斓,五味俱全。情绪是人类天性的重要组成部分,没有情绪,我们的生活便将失去色彩。因此,正确认识、理解情绪,感悟自我的心理历程,科学管理、调适情绪,是维护和促进心理健康的重要内容。

(一)情绪的概念

情绪是以个体愿望和需要为中介的一种心理活动,是对自身需要是否得到满足的一种主观体验。当客观事物满足人的需要和主观愿望时,就会产生积极的情绪,如喜悦、高兴等;反之,当客观事物不满足人的需要和主观愿望时,就会产生消极的情绪,如愤怒、悲伤等。

(二)情绪的表现

情绪的表现是指人的身体和精神上的变化,具体包括生理唤醒、主观感受、外部表现。

1. 生理唤醒

情绪产生时会有一系列的生理变化,包括心率、血压、呼吸、汗腺、内分泌、消化系统等的改变,也就是心理唤醒。例如:当一个人出现恐惧的情绪时,会有呼吸加快、浑身战栗、瞳孔放大等一系列的生理变化;当一个人在愤怒的时候,会出现面红耳赤、汗腺分泌增加等生理变化。这些变化是人体自主神经支配的结果,并不由自己的意识所控制。

2. 主观体验

情绪是由个体对外在环境和现实的认知产生的一种内心感受,它是人对外界客观事物的一种带有独特主观色彩的意识。例如:人在面临危险的情境时,会产生毛骨悚然的恐惧感;当人在被他人欺辱时,会感到颜面扫地、极度愤怒;与老朋友聚会,会发自内心地觉得快乐。

3. 外部表现

情绪的外部表现指的是情绪产生时身体外部的表现形式,通常称为表情。根据不同的身体表现形式,表情分为面部表情、姿态表情和语调表情。例如,人在快乐时,面部上表现为额头舒展、嘴角上翘,姿态上表现为手舞足蹈,语调上表现为声调上扬、语速变快。所以,通过对人的面部表情、姿态和语调的细致观察和辨别,可以判断其背后的情绪状态。

(三)情绪的分类

《礼记》中记载:"何谓人情？喜、怒、哀、惧、爱、恶、欲,七者弗学而能。"美国心理学家普拉切克(Plutchik)提出了八种基本情绪:悲痛、恐惧、惊奇、接受、狂喜、狂怒、警惕、憎恨。还有的心理学家提出了九种类别。关于情绪的类别,长期以来说法不一。一般来说,可以划分为以下几类:

1. 基本情绪与复合情绪

按照情绪产生的时间(先天与后天)和复杂程度,情绪可以分为基本情绪和复合情绪两类。基本情绪是指人和哺乳动物所共有的、与生俱来的原始情绪。一般认为只有快乐、愤怒、恐慌、悲哀四种基本情绪。基本情绪来自先天遗传,在婴儿或某些动物身上也能发现类似的情绪表现。从进化心理学的角度来看,基本情绪与原始人类生存息息相关,不同的情绪有不同的作用。复合情绪是指那些由基本情绪的不同组合而派生出来的情绪。复合情绪有上百种,有些复合情绪已经命名。例如,敌意就是由愤怒—厌恶—轻蔑情绪组合而成的。但还有许多复合情绪难以命名,例如爱恨交织就是一种充满矛盾的复合情绪。情绪是有机体生存、发展和适应环境的重要手段,有机体通过情绪生理心理反应使其活动状态与环境变化更相适应。

2. 积极情绪与消极情绪

按照情绪的体验性质和对人的活动影响来看,情绪可以分为积极情绪和消极情绪两类。积极情绪包括开心、快乐、愉快、幸福、平静等,伴随一种愉悦的主观体验;消极情绪包括悲伤、愤怒、恐惧、紧张、厌恶等,伴随一种明显不愉悦的主观体验。无论是积极情绪还是消极情绪都是人类具有的正常情绪,两者是可以并存的。一般来说,产生积极情绪时,人的各项生理指标比较正常,较有利于身心健康;消极情绪能让人对抗外来的危险环境,采取行动保护自己。如果消极情绪得到合理释放,能减轻积聚的压力,并不会给身心带来严重影响。

3. 心境、激情和应激

按照情绪发生的速度、强度和持续时间的差异,情绪可以分为心境、激情和应激三类。心境是指一种使人的整个心理活动都染上某种色彩的、微弱而持久的情绪状态。心境具有弥散性,当一个人处于某种心境时,他会以同一种情绪倾向去看待他所遇到的事物和他所从事的活动,仿佛所有的活动都染上了同一种情绪色彩。例如:"感时花溅泪,恨别鸟惊心","忧者见之而忧,喜者见之而喜",都是心境弥散性的表现。激情是一种爆发强烈而持续时间短暂的情绪状态。人们在生活中的狂喜、狂怒、深重的悲痛和异常的恐惧等都是激情的表现。激情具有爆发性和冲动性,同时伴随着明显的生理变化和行为表现。当激情到来的时候,大量心理能量在短时间内积聚而出,如疾风骤雨,使得当事人失去了对自己行为的控制力。应激指在出乎意料的紧迫情况下,个体产生的快速的不自觉紧张的情绪反应。人在应激状态下常伴随明显的生理变化,这是因为个体在意外刺激作用下必须调动体内全部的能量以应付紧急事件和重大变故。这个生理反应的具体过程为:紧张刺激作用于大脑,使得下丘脑兴奋,肾上腺髓质释放大量肾上腺素和去甲肾上腺素,从而大大增加通向体内某些器官和肌肉处的血流量,提高机体应付紧张刺激的能力。积极的应激反应表现为沉着冷静、急中生智,全力以赴地去排除危险,克服困难;消极的应激反应表现为惊慌失措、一筹莫展,或者发动错误的行为,加剧了事态的严重性。

(四)情绪的功能

1. 信号功能

情绪的信号功能是指在人际交往中,人们除借助言语进行交流之外,还通过情绪的流露来传递自己的思想和意图。情绪的这种功能是通过表情来实现的。表情具有信号传递作用,属于一种非言语性交际。人们可以凭借一定的表情来传递情绪信息和思想愿望。在社会交往的许多场合,人们之间的思想、愿望、态度、观点,仅靠言语无法充分表达,有时甚至不能言传,只能意会,这时表情就起到了信息交流的作用。其中,面部表情和体态表情更能突破一些距离和场合的限制,发挥独特的沟通作用。

心理学家在对英语国家人们的交往状况进行研究后发现,在日常生活中,55%的信息是靠非言语表情传递的,38%的信息是靠言语表情传递的,只有7%的信息才是靠言语传递的。表情是比言语产生更早的心理现象,婴儿在不会说话之前,主要是靠表情来与他人交流的。表情比语言更具生动性、表现力、神秘性和敏感性。特别是在言语信息暧昧不清时,表情往往具有补充作用。人们可以通过表情准确而微妙地表达自己的思想感情,也可以通过表情去辨认对方的态度和内心世界。所以,表情作为情感交流的一种方式,被视为人际关系的纽带。在许多影视作品中,人们用情绪的表露代替了语言的表达,具有"此时无声胜有声"的效果,更具感染力。

2. 动机功能

情绪具有激励作用。情绪能够以一种与生理性动机或社会性动机相同的方式激发和引导行为。有时我们会努力去做某件事,只因为这件事能够给我们带来愉快与喜悦。从情绪的动力性特征看,情绪分为积极增力的情绪和消极减力的情绪。快乐、热爱、自信等积极增力的情绪会提高人们的活动能力,而恐惧、痛苦、自卑等消极减力的情绪则会降低人们活动的积极性。有些情绪同时兼具增力和减力两种动力性质,如悲痛可以使人消沉,也可以使人化悲痛为力量。

个体的情绪表现还常被视为动机的重要指标。由于情绪可能与动机引发的行为同时出现,情绪的表达能够直接反映个体内在动机的强度与方向,因此情绪也被视为动机潜力分析的指标,即对动机的认识可以通过对情绪的辨别与分析来实现。

动机潜力是在具有挑战性的环境下所表现出的行为变化能力。当个体面对一个危险的情境时,动机潜力会发生作用,促使个体做出应激的行为。对动机潜力的分析可以由对情绪的分析获得。当面对应激场面时,个体的情绪会发生生理的、体验的以及行为的三方面的变化,这些变化会告诉我们个体在应激场合动机潜力的方向和强度。当面临危险时,有的人头脑清晰,沉着冷静地离开;而有些人则惊慌失措,浑身发抖,不能有效地避开危险。这些情绪指标可以反映出人们动机潜能的个体差异。

3. 健康功能

人对社会的适应是通过调节情绪来进行的,情绪调控的好坏会直接影响到身心健康。作为心理因素的一个重要方面,情绪同身体健康的关系早已受到人们的关注。情绪对健康的影响作用是众所周知的。积极的情绪有助于身心健康,消极的情绪会引起人的各种疾病。我国古代医书《黄帝内经》中就有"怒伤肝,喜伤心,思伤脾,忧伤肺,恐伤肾"的记载。有许多心因性疾病与人的情绪失调有关,例如溃疡、偏头痛、高血压、哮喘、月经失调等。有些人患癌症也与长期心情压抑有关。一项长达30年的关于情绪与健康关系的追踪研究发现,年轻时性情压抑、焦虑和愤怒的人患结核病、心脏病和癌症的比例是性情沉稳的人的4倍。

美国心脏病学会将易患上心脏病的人群定义为A型性格人群,认为这类人群的特征是生活压力过大,自我要求过高,性情暴躁,易发脾气。一些临床医学研究也证明,长期受不良情绪困扰,会导致各种身心疾病。因此,对不良情绪进行控制、引导,代之以积极乐观的情绪,不但能提高生活质量,也能有效地防治身体疾病。所以,积极而正常的情绪体验是保持心理平衡与身体健康的条件。曾经有人说过,"一个小丑进城,胜过一打医生"。这句话非常形象地说明了情绪对人身体健康的影响。

二、高职大学生的情绪特点

1. 情绪的丰富性

从自我意识的发展看,高职大学生出现较多的是自我体验、自我尊重的需要强烈,易产生自卑、自负等情绪;从社交看,高职大学生的交往范围日益扩大,与同学、朋友及师长之间交往频繁,有的大学生开始恋爱,情绪表现得更细腻、更复杂;大学生通过各种活动了解社会,学习社会的道德规范,对自己的身份、角色、志向、价值等问题有了更深入的思考,理智感、美感、集体荣誉感等高级情感也有所发展。

2. 情绪的不稳定性

由于高职大学生的人生观、价值观还未完全定型,认知能力还有待提高,大学生的情绪活动往往强烈而不能持久,情绪活动随着认知标准的改变而改变。喜怒哀乐无常、阴晴雾雨变化是高职大学生情绪常见的现象,风平浪静之后可能就是疾风暴雨。大学生情绪容易从一个极端走向另一个极端,高兴时忘乎所以,看什么都顺眼,消沉时心灰意冷,看什么都别扭,情绪呈现不稳定状态。

3. 情绪的掩饰性

高职大学生随着知识水平的提高、思想内涵的丰富,在情绪反应上较隐晦。他们已具备在一定的情境下压抑控制自己的愤怒、悲伤等情绪,而将真实的情绪掩饰起来的能力,形成外在表现和内心体验不一致的特点。他们会根据一定的条件来表达情绪,如对一件事情或对某人明明是厌烦的,但由于种种原因,可能表现出较好的或不在意的态度。

4. 情绪的冲动性

有的心理学家把青年期形容为"疾风怒涛"时期。高职大学生的情绪往往表现得快而强烈,常因一点小事振奋不已,豪情万丈。高职大学生情绪的冲动性一般表现为对外部环境或他人的不满,情绪失控,语言、行动极富攻击性,如果不予以引导,会给大学生本人以及社会带来危害。

三、高职大学生不良情绪的调适

(一)健康情绪的特征

健康的情绪能够使人学习工作效率增强,有益于人的身心健康。健康的情绪的共同特征表现在以下几个方面。

1. 情生有因

健康情绪的产生和发展,必须是由明确的原因引起的,如高兴是因为有喜事,悲哀是遇到不愉快或不幸事件,愤怒是挫折引起的等。相反,无缘无故的喜怒哀乐,莫名其妙的悲伤恐惧,则是情绪不健康的表现。

2. 情绪反应适时、适度

情绪反应与引起情绪的刺激相符合,情绪反应的时间与反应的程度相适应。如果微弱的刺激引起强烈的情绪反应,则表明情绪不太健康。

3. 情绪反应稳定

人的中枢神经系统活动处于相对平衡状态时,情绪比较稳定。一般来说,健康情绪反应是刚产生时比较强烈,随着时间的推移,反应逐渐减弱;而不健康情绪则表现为情绪反应时强时弱,变化莫测,喜怒无常,常处于不稳定状态。

4. 主导心境愉快

心境愉快表明个体身心活动和谐与满足,充满幸福感,这是大学生情绪健康的核心。情绪健康并不否认消极情绪存在的合理性和它的意义,但健康的情绪必须是积极情绪多于消极情绪,而且所出现的消极情绪时间较短、程度较轻,不涉及与产生消极情绪无关的人和事,即对象明确。如果一名大学生经常情绪低落,愁眉苦脸,心情郁闷,总是处于不良情绪的状态中,则是情绪不健康的表现。

(二)情绪调适的方法

日常生活中,高职大学生经常采用忍耐、逃避和爆发的方式进行情绪管理,虽然这些方式可以在一定程度上缓解不良情绪的负面作用,但是无法根治情绪问题,甚至会造成严重的不良社会后果。有效的情绪管理是大学生学业成功的关键,能够保证学习过程中认知过程的顺利开展;有效的情绪管理有利于大学生建立良好的人际关系,促进大学生的人际沟通;有效的情绪管理有利于大学生的身心健康,有助于大学生更好地投入到学习、工作和生活中。

1. 接纳自己的情绪

健康情绪不是指时刻处于阳光状态,而是指你所表现出的情绪应与你所遇到的事件呈现出一致性。所以,当你的情绪体验符合客观事件时,第一时间暗示自己:"我现在的情绪是正常的。"这样暗示,情绪张力就会下降,内心自然恢复平静。很多时候人的痛苦并不是来源于情绪本身,而是来源于对情绪的抵触。情绪提醒我们的根本目的,是让我们去解决引起我们情绪的问题,而不是让我们纠结于情绪本身。我们要做的就是接纳这种情绪,然后分析它产生的原因。

2. 合理宣泄

情绪问题有时就像奔腾的江水,如果打开闸门,让江水顺流而下,情绪问题可能自然得到缓解。管理好自己的情绪,重要的是学会在接纳自己情绪的基础上加以合理的疏导和宣泄,不掩饰自己的负面情绪,在不违背社会伦理道德和不触犯法律的条件下直接表达出来,合理地宣泄情绪。合理宣泄主要包括以下几种具体的方式:

(1)倾诉。这是一种最常见的宣泄方式。当一个人产生了不良情绪时,可以找朋友、同学、老师、心理咨询师聊一聊,将心里的烦恼、郁闷倾吐出来,以减轻内心的压力,增强克服挫折的信心。

(2)呐喊。当一个人情绪不佳时,可以在空旷的原野、树林中大喊、大哭、大笑或者大声朗读、唱歌,以此宣泄内心的消极情绪,达到放松心态的目的。

(3)运动。人们在运动时身体会发热流汗,新陈代谢、血液循环会加快,身体中的有害物质会被排出体外。人们在情绪不佳时,可以通过适度运动转移注意力、拓展思路、放松身心,减轻紧张和焦虑。

此外,还可以通过在宣泄室打假人、打沙包等方式宣泄愤怒的情绪。

3. 转移注意力

注意力的转移不仅能够中止不良刺激源的作用,防止消极情绪的泛化、蔓延,同时,参与其他有意义、有兴趣的活动能够增强积极的情绪体验。常用的方式有:做自己感兴趣的事情,转移话题,转换环境。根据自己的情绪和场景、兴趣爱好及外界事物的吸引力来选择最有效的转移方式,用愉快的活动占据时间,用时间的推移淡化不良情绪,用积极情绪抵消消极情绪。音乐和美术活动是调控情绪的最佳方式,欢快有力的节奏可以使情绪消沉者振奋,感觉充满力量;轻松优美的旋律让紧张不安者松弛。散步、看电影、下棋、钓鱼、摆弄花草等兴趣爱好,都是很好的情绪转移方式。

4. 改变认知

情绪是以人的认知为基础的,不良情绪往往产生于不正确的认知,改变了不正确的认知,情绪问题就可能得到缓解。情绪 ABC 理论,又叫合理情绪疗法,是 20 世纪 50 年代美国心理学家艾利斯创立的心理治疗理论及方法。在这个理论中,A 指诱发性事件(activating events);B 指个体遇到诱发性事件之后产生的信念(beliefs),就是对这一事件的看法、解释和评价;C 指在诱发性事件和相应理念的作用下,个体情绪和行为的最终结果(consequences)。该理论认为,人的情绪和反应不是某一事件引起的,而是人们对这一事件的看法和评价引起的。

经过研究发现,很多大学生的情绪困扰来自于认知偏差,所以大学生树立正确的认知观点是保持情绪健康的关键。大学生要积极参加人生观、价值观的教学活动,充分认识 ABC 理论,用合理的想法代替原来不合理的片面或极端的想法,消除不良情绪。

四、压力应对

(一)认识压力

1. 什么是压力

压力在西方文献中也称为应激(stress),压力是一般意义上使用的概念,应激则是临床使用的概念。压力这个概念首先由加拿大心理学家谢尔耶提出。他认为压力是产生于个体无能力、无资源应对"外在需求"时的一种非特定的生理反应。我国学者普遍认为压力有三种含义:①指那些使人感到紧张的事件或环境刺激,如失业、天灾、贫困等;②指某种具有威胁性的刺激引起的生理或心理反应;③指刺激与反应的交互关系。

2. 压力构成的三要素

压力事件本身不构成现实压力,需要满足以下三个条件才能构成现实压力:

(1)个体感觉到自己的需要目标有威胁;

(2)个体无力对压力源进行常规应对;

(3)负面情绪,是个体与压力之间不能很好地相互协调所导致的生理心理失衡的一种紧张状态。

个体没有感受到压力源,或个体认知评估认为压力源不构成威胁;或虽然个体经过认知评估认为压力源有一定的威胁,但这个威胁在自己的控制能力之中,都不构成现实压力。压力既不完全来自客观也不完全来自主观,而是主客观相互作用的结果。压力既包括作用于我们机体的各种紧张事件或环境刺激,也包括我们对这些事件或刺激的心理感受和生理反应、应对方式等,即个体应激心理过程。

3. 压力反应的阶段

谢尔耶认为人的压力反应可以分为三个阶段。

(1)警觉阶段:感知压力源。大脑和身体暂时失衡,稳定状态稍微倾斜,心跳加速、体温和血压降低,调动身体中储存的物质和能量,收集对方的相关信息,自己充分准备人力、物力,组织、构思,以便应对危机的来临。

（2）抗拒阶段:适应性资源被动员起来抵挡压力源。先前的症状逐渐消失,内分泌系统开始发挥作用,脑垂体腺与肾上腺皮质分泌大量激素,增加对压力来源的抗拒力,用实际行动尝试解决问题。

（3）衰竭阶段:个体已经无法适应长期的压力,脑垂体腺和肾上腺皮质无法再连续分泌激素,可能导致对身体的伤害,若发展下去,可能产生极端衰竭,甚至死亡。

（二）大学生常见的压力

大学生虽在生理上已基本成熟,但由于社会经验缺乏,他们在心理发展、人格发展、为人处世上远远未达到完善的程度。因此在当今社会,大学生在适应环境、学习、人际交往、恋爱、职业规划等方面遇到一些压力是不可避免的。

1. 学习方面的压力

这是大学生最常遇到的压力。随着社会竞争愈演愈烈,大学生都希望自己日后在社会中更有竞争力,因而对自己的学习很重视,除了保证日常学习外,还要参加各种职业资格证书考试、英语等级考试、计算机水平测试、"专插本"考试等。

2. 人际交往的压力

人际交往对大学生而言是仅次于学业发展的一项重要的社会需要。大学生都希望获得更广泛的良好人际关系,从而维系个人发展与社会需要之间的纽带。但是在人际交往中,由于生活习惯、性格特点不同或者成长经验不足往往难以达到理想效果。要么难以抛开自尊、自傲和矜持的面具,要么因为缺乏人际交往与沟通的技巧,以错误的方式伸出橄榄枝,反而引起别人的误解,导致人际交往上的挫败,从而在心理上产生极大的压力。

3. 恋爱的压力

对爱情的渴望也常常折磨着大学生。大学生在身体发育上已经成熟,已进入性成熟阶段。在心理上,大学生普遍对爱情充满憧憬,渴望拥有浪漫的爱情。但由于社会经验较少、人际沟通技巧有所欠缺、没有稳定的经济收入、毕业后去向不定等因素,大学生在恋爱方面经常会遇到困扰。有些大学生一旦失恋,不仅会失去情感上的依恋对象,而且会使自尊心受到巨大的伤害。有些大学生会因此而否定自己,对自己能否被爱、被认可产生怀疑。

4. 择业的压力

求职就业是每个大学生在毕业时都要面临的问题。当今社会竞争日益激烈,逐年加大的就业压力,给大学生带来的隐性压力不言而喻。双向选择、自主就业的制度给大学生提供了发展的空间,也给他们带来了更大的挑战。因此,对即将毕业的大学生来说,择业更是一种现实的压力。有的大学生不能正确评价自己,缺乏自信,不敢竞争,错失良机;有的大学生盲目自大,结果高不成低不就;有的大学生盲目冲动,片面追求高待遇,最终陷入失败的泥潭。

5. 生活的压力

不少来自农村经济贫困家庭或城市务工家庭的大学生,因为家庭拮据,交不起学费,连生活费也成问题,也可能导致这些大学生参加集体活动减少,高消费受到限制。有些大学生还可能遭遇父母离异、亲人亡故、长期患病、家庭经济破产、经济纠纷等意外事件的打击,导致出现痛苦、自卑、抑郁、挫折等心理问题。

(三)高职大学生的压力管理

压力无处不有,无可逃避,为了能很好地适应大学乃至今后的学习、生活和工作,大学生宜进行有效的压力管理,提高自己的压力适应能力。所谓压力管理,是指针对可预见的压力源进行必要的干预,维护身心健康,提高问题处理的效率,保证学习生活目标顺利实现的管理活动。压力应对具有事后性和被动性,而压力管理则带有一定程度的主动性和积极性特征,它包含压力应对。大学生可从以下几个方面着手进行压力管理。

1. 构建自己的社会支持系统

当一个人独自面对压力的时候,其应激反应的消极作用远远大于社会支持的效果。因此,要想不在压力面前孤立无助,最好构建自己的社会支持系统,这其中包括自己的亲人、朋友、同学、老师等。社会支持系统可以在你需要的时候给你情感安慰、行动建议,帮助你渡过难关。强大的社会支持让你不再感到孤立无援,可以迅速恢复你的信心和勇气,面对挑战,解决问题。

2. 直面问题,解决问题

直接面对问题,而不是逃避、压抑、转嫁或迁怒于无关的人或事;理性地评价、选择解决问题的方案;解决问题的策略要与现实相符,其出发点是对问题的真实估计,而不是自我欺骗或自暴自弃。先找来纸笔,将你面临的核心问题写下来,接下来你需要围绕着这个问题逐步回答:这个问题是如何产生的? 这个问题真的与我有关吗? 这个问题真的就是一种威胁吗? 这个问题真的就不能解决吗? 通过如此反复逐层深入的自我辨析,厘清问题症结所在,从而减轻对压力情境认识的模糊或者夸大威胁而产生的焦虑。

3. 学会经常进行放松训练

放松训练是通过一定的练习程序,学习有意识地控制和调节自己的身心活动,以降低机体唤醒水平,调整因紧张而紊乱的身心功能,从而使机体内环境保持平衡与稳定的过程。

(1)坚持适当和必要的体育锻炼。当感到有压力的时候,需要做的不是坐在那里发愁或者抱怨,而应该出去活动、慢跑。慢跑的过程中,呼吸缓慢而有节奏,让神经和身体彻底放松。体育活动是非常有效的减压方式,可以迅速改善某些生理系统及其功能,让你充满生命活力,找回控制感,从而有效减轻你的心理压力。

(2)置身于文艺世界。可以看电影、听音乐、欣赏书画作品,任何让你真正能够感受到美的东西,你都可以尝试。在欣赏和感受美的过程中,你将找回人性的光辉、世界的美好和生活的希望。

(3)郊游或者远足。可以根据你的时间和你的经济条件,把自己交给大自然。请记住:大自然永远是人类最宽宏慈爱的母亲! 当你面对她的时候,你可以完全抛开你在社会中因为防御需要带上的层层面具,重新思考过去没有考虑到的东西,真实面对自己。

(4)阅读书籍,吸取榜样的力量。当你面对压力感到不知所措的时候,可以从榜样身上寻找力量。杰出人物毫无疑问经历了无数的挫折与压力,那么他们是怎么做的? 去看看人物传记吧。

如果上述方式都无济于事,那么,我们建议你寻求专业人士的帮助。你需要进行心理咨询,让专业人士引导你排除压力。

心理加油站 ▶▶▶

一、拓展阅读

钉 钉 子

有一个男孩脾气很坏,于是他的父亲就给了他一袋钉子,并且告诉他,当他想发脾气的时候,就钉一颗钉子在后院的围篱上。第一天,这个男孩钉下了 40 颗钉子。慢慢地,男孩可以控制他的情绪,不再乱发脾气,所以每天钉下的钉子也跟着减少了,他发现控制自己的脾气比钉下那些钉子来得容易一些。终于,父亲告诉他,现在开始每当他能控制自己的脾气的时候,就拔出一颗钉子。一天天过去了,最后男孩告诉他的父亲,他终于把所有的钉子都拔出来了。于是,父亲牵着他的手来到后院,告诉他说:"孩子,你做得很好。但看看那些围篱上的坑坑洞洞,这些围篱将永远不能恢复从前的样子了。你生气时所说的话就像这些钉子一样,会留下很难弥补的疤痕,有些是难以磨灭的呀!"从此,男孩终于懂得管理情绪的重要性了。

富 人 穷 人

有个富人,背着许多金银珠宝去远方寻找快乐,可是走遍了千山万水也没有找到。一天,一位衣衫褴褛的农夫唱着山歌走过来。富人向农夫讨教快乐的秘诀,农夫笑着说:"哪里有什么秘诀,只要你把背负的东西放下就可以了。"

富人蓦然醒悟——自己背着那么沉重的金银珠宝,腰都快被压弯了,而且住店怕偷,行路怕抢,成天忧心忡忡,惊魂不定,怎么能快乐得起来呢?

很多时候,不是快乐离我们太远,而是我们根本不知道自己和快乐之间的距离;不是快乐太难,是我们活得还不够简单。

在你少年时,行囊是空的,因此轻松,所以快乐。但之后的岁月,你一路拣拾,行囊渐渐装满了,因为沉重,快乐也就消失了。你以为装进去的都是好东西,可正是这些好东西,让你在斤斤计较中无法快乐。

对一个喜欢零食的孩子来说,买一座金山和买一包话梅的钱没什么区别,所以孩子很容易快乐。

一位作家非常赞赏瑞士奶牛和非洲狮子的生存哲学,他说,假如你的饭量是三个面包,那么你为第四个面包所做的一切努力都是愚蠢的。

因此,你不快乐是因为你背负了太多的负担,这也是由于你的欲望所致,试着放下一些超重的欲望,你就会有一个新的发现。

二、影视推荐

1.《头脑特工队》

导演:彼特·道格特。

主演:艾米·波勒、菲利斯·史密斯、刘易斯·布莱克、敏迪·卡灵、比尔·哈德尔。

上映时间:2015-06-19(美国),2015-10-06(中国)。

剧情简介:莱莉因为父亲工作的原因举家搬迁至旧金山,要准备适应新环境,但就在此时,莱莉脑中控制欢乐与忧伤的两位脑内大臣乐乐与忧忧迷失在茫茫脑海中,大脑总部只剩下掌管愤怒、害怕与厌恶的三位干部,导致本来乐观的莱莉变成愤世嫉俗的少女。乐乐与忧忧必须要尽快在复杂的脑中世界回到大脑总部,让莱莉重拾原本快乐正常的情绪。

2.《当幸福来敲门》

导演:加布里尔·穆奇诺。

主演:威尔·史密斯、贾登·史密斯、桑迪·牛顿。

上映时间:2006-12-15。

剧情简介:20世纪80年代初,美国经济萧条,失业率奇高,男主人公克里斯是一位医疗器械的推销员,他代理的医疗器械因性价比不高导致销售困难,生活陷入窘迫,妻子也不堪重负选择了离开。克里斯独自带着5岁的儿子,生活艰苦,睡过厕所,住过救济站,最终,通过极其艰苦的努力,他通过了股票公司20∶1的严苛考核,成为一名高薪的股票经纪人,人生从此开始了新的篇章。

课后实践

推荐活动一:突围闯关

活动目的:体验压力。

活动步骤:

1.突围。选出一位成员,站在团体中央,其他的成员则手臂相连,形成包围。被包围在团体中央的成员可以采用任何方式,力求突围挣脱;而围成一圈的成员要各尽气力,不让被包围者逃出。一段时间之后,换其他成员突围。

2.闯关。所有的成员围成一圈,并手臂相连。领导者或其中一位成员站在圈外,设法打入成员内。其他成员应尽量排斥,直到闯关者成功。一段时间之后,换其他成员闯关。

3.分享与讨论:

(1)当你一个人面对团体时,是否感受到了压力? 那是一种什么样的感受?

(2)当你和团队一起时有压力吗? 那是一种什么样的感受?

(3)这个活动让你懂得了什么?

推荐活动二:我的压力故事

活动目的:了解正常压力的界限,客观感受压力。

活动步骤:

1.团队中不相识的两个人迅速组成搭档,分A、B角色,A先向B讲述一件让自己有压力感的事情(属于正常压力),以及自己是怎样应对的。角色互换,重复以上内容。

2.每次讲述3分钟。

3.分享与讨论:

(1)不同的压力带给你的是什么?

(2)还可以有什么应对方式?

(3)当压力出现时,如果积极应对会带给我们什么? 如果消极对待又带给我们什么?

推荐活动三:压力小品

活动目的:让大家进一步了解生活中的压力。

活动要求:

1.以小组为单位,演绎一个生活中的压力事件。

2.全体成员都上场,有人演主角,有人饰配角。

3.作品要有问题、有应对。

项目四课后实践活动记录表

姓名		学号		联系电话	
学院		专业		班级	
活动主题					
活动时间					
活动地点					
活动感悟	（不少于 300 字）				

续表

活动图片	
自我评价	
小组评价	
教师评价	

项目五

化解冲突 和谐关系

相识有缘，携手同行，人间真情，温暖你我，让我们用心守护所有美好的情谊，齐心协力，共创和谐！

学习目标 ▶▶▶

（一）知识目标

1.了解人际效应和人际冲突的化解模式。

2.掌握提升人际关系的方法。

3.正确认识关系与冲突,了解大学生的人际冲突的心理规律。

（二）能力目标

1.学会提升人际关系。

2.学会积极应对人际冲突。

（三）德育目标

培养乐观积极和理性平和的心态,建立与人和谐相处、积极应对冲突的行为模式。

课前自测 ▶▶▶

测试一　大学生人际关系综合诊断量表

这是一份人际关系行为困扰的诊断表,共28个问题。在每个问题后,选"是"的打"√",计1分;选"否"的打"×",计0分。请你认真完成,然后对照后面的评价参考检查自己的人际关系是否和谐。

1.关于自己的烦恼有口难言。（　　　）

2.和生人见面感觉不自然。（　　　）

3.过分羡慕和妒忌别人。（　　　）

4.与异性交往太少。（　　　）

5.对连续不断的会谈感到困难。（　　　）

6.在社交场合感到紧张。（　　　）

7.时常伤害别人。（　　　）

8.与异性来往感觉不自然。（　　　）

9.与一大群朋友在一起,常感到孤寂或失落。（　　　）

10.极易受窘。（　　　）

11.与别人不能和睦相处。（　　　）

12.不知道与异性相处如何适可而止。（　　　）

13.当不熟悉的人对自己倾诉他的生平遭遇以求同情时,自己常感到不自在。（　　　）

14.担心别人对自己有什么坏印象。（　　　）

15.总是尽力使别人赏识自己。（　　）

16.暗自思慕异性。（　　）

17.时常避免表达自己的感受。（　　）

18.对自己的仪表(容貌)缺乏信心。（　　）

19.讨厌某人或被某人所讨厌。（　　）

20.瞧不起异性。（　　）

21.不能专注地倾听。（　　）

22.自己的烦恼无人可倾诉。（　　）

23.受别人排斥与冷落。（　　）

24.被异性瞧不起。（　　）

25.不能广泛地听取各种意见、看法。（　　）

26.自己常因受伤害而暗自伤心。（　　）

27.常被别人谈论、愚弄。（　　）

28.与异性交往不知如何更好地相处。（　　）

评价参考：

如果你得到的总分在0～8分之间,那么说明你在与朋友相处上的困扰较少。你善于交谈,性格比较开朗,主动关心别人,对你周围的朋友都比较好,愿意和他们在一起,他们也都喜欢你,你们相处得不错。而且,你能够从与朋友相处中得到许多乐趣。你的生活是比较充实和丰富多彩的,你与异性朋友也相处得很好。一句话,你不存在或较少存在交友方面的困扰,你善于与朋友相处,人缘很好,获得许多人的好感与赞同。

如果你得到的总分在9～14分之间,那么,你与朋友相处存在一定程度的困扰。你的人缘很一般,换句话说,你和朋友的关系并不牢固,时好时坏,经常处在一种起伏波动的状态之中。

如果你得到的总分在15～20分之间,那就表明你在同朋友相处上的行为困扰较严重;分数超过20分,则表明你的人际关系的行为困扰程度很严重,而且在心理上出现较为明显的障碍。你可能不善于交谈,也可能是一个性格孤僻的人,不开朗,或者有明显的自高自大、讨人嫌的行为。

我的测试结果：

_____

_____

_____

_____

_____

_____

_____

_____

_____

测试二　TKI冲突处理模式量表

(Thomas、Kilmann 编制)

以下30组句子分别描述了人们不同的行为反应,选出最符合你的行为特征的描述,圈出句子前面的字母。也许两种描述和你的行为都不是十分相似,但是,请你从中选择一个和你的行为更加接近的描述。

1. A　有时,我会让别人来承担解决问题的责任。
   C　在协商时,我强调共同点,而不是针对不同点。
2. D　我努力寻求折中的解决方案。
   E　我试图考虑到别人和自己关切的全部事情。
3. B　我总是坚定地追求自己的目标。
   C　我也许会为了维护关系而尽量安抚别人的情绪。
4. D　我努力寻求折中的解决方案。
   C　有时,为了满足他人的意愿,我会牺牲自己的意愿。
5. E　为了解决问题,我不断寻求别人的协助。
   A　我尽量避免产生无端的紧张气氛。
6. A　我尽量避免给自己带来不愉快。
   B　我努力使别人接受我的立场。
7. A　我尽量把问题延后,直到自己有时间对此进行仔细的考虑。
   D　我会放弃自己的一些观点,来换取别人放弃他们的一些观点。
8. B　我总是坚定地追求我的目标。
   E　我尽量把所有的忧虑和问题公开化。
9. A　我觉得差异并不总是值得担忧的。
   B　我努力按照自己的方式做事。
10. B　我总是坚定地追求我自己的目标。
    D　我努力寻求折中的解决方案。
11. E　我尽量把所有的忧虑和问题公开化。
    C　我也许会为了维护关系而尽量安抚别人的情绪。
12. A　有时,我不会坚持自己的立场,以避免不必要的争论。
    D　如果别人接受我的部分观点,那么我也会接受他们的部分观点。
13. D　我选择保持中庸之道。
    B　我竭力坚持自己的观点。
14. E　我告诉别人我的观点,并询问他们的观点。
    B　我努力让别人看到我的观点的逻辑性和好处。
15. C　我也许会为了维护关系而尽量安抚别人的情绪。
    A　我会做一切的努力以避免紧张气氛。
16. C　我尽量不伤害他人的感情。
    B　我努力阐述我的观点的好处,以此说服别人。
17. B　我总是坚定地追求自己的目标。
    A　我尽量避免产生无意义的紧张气氛。

18. C　我也许会允许别人保留他们的看法,如果这样做可以让他们感到愉快。

　　D　如果别人接受我的部分观点,那么我也会接受他们的部分观点。

19. E　我尽量把所有的忧虑和问题公开化。

　　A　我尽量把问题延后,直到自己有时间对此进行仔细的考虑。

20. E　我试图立刻解决我们之间的差异。

　　D　我努力寻求双方的得失平衡。

21. C　在进行协商的时候,我尽量考虑别人的意愿。

　　E　我总是倾向于直接讨论问题。

22. D　我试图在自己的观点和别人的观点之间寻求折中。

　　B　我坚持自己的意愿。

23. E　我总是希望能够满足所有人的意愿。

　　A　有时,我会让其他人来承担解决问题的责任。

24. C　如果别人的想法对他来说很重要,那么我会尽量满足他。

　　D　我尽量让别人接受大家都让一步。

25. B　我努力让别人看到我的观点的逻辑性和好处。

　　C　在进行协商时,我尽量考虑别人的意愿。

26. D　我选择保持中庸之道。

　　E　我总是希望能够满足所有人的意愿。

27. A　有时,我不会坚持自己的立场,以避免不必要的争论。

　　C　我也许会允许别人保留他们的看法,如果这样做可以让他们感到愉快。

28. B　我总是坚定地追求我的目标。

　　E　为了解决问题,我通常向别人寻求协助。

29. D　我选择保持中庸之道。

　　A　我觉得差异并不总是值得担忧的。

30. C　我尽量不伤害别人的感情。

　　E　我总是和别人共同探讨,共同解决问题。

评价参考:

1.请数一数各个字母被圈的次数,总和应该是30。

A:(　　　)

B:(　　　)

C:(　　　)

D:(　　　)

E:(　　　)

2.请把统计的数据以小点的形式分别标注在下图相对应的空格内,并将这些小点连接起来。

	A(回避型)	B(竞争型)	C(忍让型)	D(妥协型)	E(合作型)
12					
11					
10					
9					
8					
7					
6					
5					
4					
3					
2					
1					
0					

3.观察连接出来的图案,如果是"√"形,说明在应对人际冲突时更倾向于使用合作的处理方式;如果是"V"形,说明应对人际冲突时更倾向于使用回避或合作的处理方式。即图形最高点所在的位置就是自己常用的人际冲突处理方式。

4.知识点介绍:这个测验是基于 Thomas 对人际冲突处理方式的研究(具体内容参见"智慧锦囊")。

5.通过对各种人际冲突处理方式的了解,可以确定自己日常生活中面临人际冲突处理时比较倾向的行为方式和反应类型。

案例导学 ▶▶▶

案例 1:我想回家

杨蓉以较好的成绩从北方考上了南方某高校,接到通知书时,她对未来的生活充满了憧憬。然而,杨蓉进校后情绪低落消沉,失去自信心,认为自己进了个"不大好"的环境,每次打电话回家都会忍不住落泪。与她同宿舍的同学,除了她以外,其余都是广东人。杨蓉觉得她们是不同世界的人,说着广东话,见多识广,活跃能干,在一起时能讨论包罗万象的话题,有说有笑。在她们面前,自己就像个未见过世面的孩子,觉得其他人看不起她。她参加校、系、班学生干部的竞选屡战屡败。课堂上老师深不可测而又枯燥无味的讲授,激不起她的学习热情。她发现自己"毫无特长",感到自己与周围的一切格格不入,喜欢独来独往,也没有人理她。有一段时间,她曾想到了退学。她说她找不到自己。她开始厌恶周围的事物,觉得很多人都很"假"。她渴望成功,但又不愿改变自己的性格,她说那是她骨子里的东西。她常常盼望着放假回家。

分析:在大学生群体中,有部分学生由于早年经历、个性和社会环境等因素的影响,其人际交往不能顺利发展,甚至产生人际交往障碍。他们中有的人或身心有缺陷,或多次遭受挫折和失败等因素,觉得自己不如别人,怕丢面子,被别人看不起,所以不愿积极主动参与社交,自我封闭,在社交场合表现得拘谨消极,事事避让,处处退缩。像杨蓉这样社交自卑感严重的人,大多性格内向,感情脆弱,多愁善感,自惭形秽,觉得自己这也不如人,那也不如人,总担心别人瞧不起自己,在人际交往中处于一种自我否定的心理状态,在行为上表现为消极等待、被动防守。这在主观上是在保护自尊,客观上却压抑了自己的潜能,如不能加以克服,会影响一个人个性的健康发展,影响到与他人的正常交往以及学习、生活和未来的职业。

案例2:我不想在宿舍里住了

一个俊秀的女生李某走进咨询室,眉宇间充满惆怅,惴惴不安地说:"老师,我不想在宿舍里住了。"说完便低下了头。

"我看你是有心事,愿不愿意具体说一说?"老师耐心地问。

在老师关切的目光下,她敞开了心扉:"我不喜欢我们宿舍的人,我和她们格格不入。我喜欢安静,可她们每天总是闹哄哄的,天天三人一群、两人一伙。晚上很晚才睡觉,还特别喜欢聊天,灯光和说话的声音搞得我彻夜难眠。我不想把时间和精力放在处理人际关系上,只想做自己的事,但是我现在什么也做不成,她们总是在干扰我,我想搬出去算了。"

分析:李某的问题为寝室生活适应不良。来自五湖四海的同学、朝夕相处的寝室室友、不同年级的老乡、不同院系学生组织的校内团体,使大学新生的人际交往环境一下子变得复杂多样。寝室里的同学在生活习惯、作息时间、寝室卫生等方面不可避免地产生许多矛盾和冲突。李某显然还没有学会如何面对这些矛盾,一心想逃避引发矛盾的环境。

案例3:社交恐惧症

小A,女,23岁。在读高中时,有次在食堂遇到一个同班的男同学,互相对视一下。这个男同学学习好,长得也很帅,小A自己早就对他有好感,但没有说过话。这次面对面的对视,她忽然觉得自己脸红了,怕被同学们看出她对那个男同学的爱慕之情。以后,见到别的男同学她也感到表情不自然,脸红,心情抑郁、沉闷。考入大学后不久,她见了女同学也脸红起来,觉得女同学也看出了她的心思。近一年来,不论是见到熟人、生人、男人、女人,她都感到脸红、心慌,无地自容,好像心里有愧。因此,她尽量避开人,不到食堂吃饭,一个人躲在教室角落里读书,与父母、姐姐也很少交流。她曾想到自杀或过隐居生活,感到实在难以控制自己,不得已才寻求帮助。

分析:本案例的当事人表现出社交恐惧症的典型症状——不敢见人,与人交往时面红耳赤,精神处于一种非常紧张的状态,拒绝与任何人发生社交关系,自我孤立,抑郁消沉。社交恐惧症患者对自己的神态举止和言谈过分敏感,生怕自己在别人面前失态出丑。他们越是害怕,就越是无法控制自己的失态行为,反而在别人面前感到异常紧张,极不自然。他们越是提醒自己不要脸红,越是脸红得厉害,而不自然的面部表情和行为更加强了紧张意识,形成恶性循环。在以往交往中的受挫经验和消极的自我暗示,会使他们对交往情境形成一种条件反射般的害怕心理。

课堂互动

任务一　认识人际

活动一：无家可归

活动目的：增强同学间的互动与了解，培养学生的团队意识。

活动步骤：

1.请同学们手拉手围成一个圈，老师站在中间。听到开始指令后，大家拉着手逆时针跑起来。

2.老师说："马兰花儿开。"同学问："开几瓣？"

3.老师答："开 n 瓣！"（n 可以是随意的数字）同学们立即自动组成一个正好有 n 个人的小组。活动可重复进行，变换数字 n。

4.活动分享：

(1)无家可归时有什么感受呢？

(2)找到家的同学有什么感受呢？

活动二：我的人际年轮圈

活动目的：了解自己的人际状况和社会支持系统。

活动步骤：

1.在白纸的中间画一个实心圆点，表示自己。

2.以这个实心圆点为中心，画三个半径不等的同心圆，代表三种人际财富和人际圈。

3.将亲朋好友的名字写在图上，名字越靠近中心圆点，表明你与他的关系越密切。

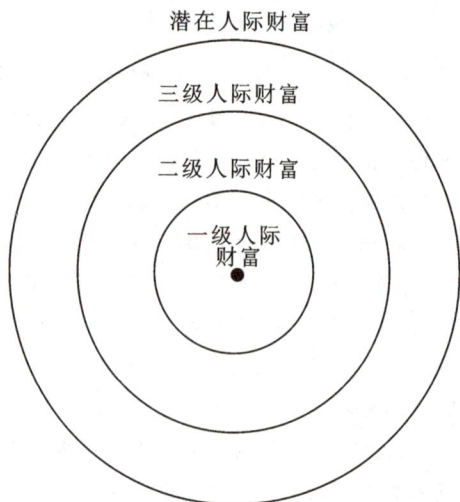

潜在人际财富

三级人际财富

二级人际财富

一级人际
财富

说明:

(1)写在最小同心圆内的属于你的"一级人际财富"。你们彼此相爱,你愿意让对方走进自己心灵的最深处,分享你内心的秘密、痛苦和快乐。这样的人际财富不多,却是你最大的心灵慰藉,也是你生命中最重要的成长力量。

(2)写在第二大同心圆内的是你的"二级人际财富"。你们彼此关心,时常聚在一起聊天玩耍,一起分享快乐,一起努力奋斗,虽然你们之间有些秘密是无法分享的,但这类朋友让你时常感到人生的温暖。

(3)写在最大一个同心圆内的属于你的"三级人际财富"。这些朋友,可以是平时见面打个招呼,但是需要帮助时也愿意尽力帮忙的朋友;可以是曾经比较亲密但渐渐疏远,却仍然在你心中占有一席之地的朋友;也可以是平时难得见面,却不会忘记逢年过节问候一声的朋友。

(4)同心圆外的空白处代表你的"潜在人际财富"。尽量搜索你的记忆系统,把那些虽然比较疏远但仍属于你的人际财富的人的名字写下来。

思考:

1.你的人际圈现状如何?你满意吗?

2.你认为要拥有更多的人际财富需要做到什么呢?

活动三:连环手游戏

活动目的:给小组分配任务,使小组成员在与他人合作解决问题的过程中体会到在人际交往中要注意语言的魅力:安慰受创伤的人,鼓励失败的人,祝贺真正取得成就的人,帮助有困难的人。学会人际交往的技巧,提高人际交往能力。处事果断、富有主见、精神饱满、充满自信的人容易激发别人的交往动机,博得别人的信任,产生使人乐于交往的魅力。

活动步骤:

1.将参与人员分成若干小组,让每组成员站成一个面向圆心的圆圈。

2.让成员先举起右手,握住对面那个人的手;再举起左手,握住另外一个人的手,现在团体面对一个错综复杂的问题:在不松手的情况下,想办法把这张乱网解开,最后形成一个大家手拉手围成的大圆圈。

3.乱网一定可以解开,但答案会有两种:一种是一个大圈,另外一种是两个套着的环。

4.如果在尝试过程中,实在解不开,允许学生决定相邻两只手断开一次,但再次进行时必须马上封闭。

5.获胜团队有机会展现小组风采,分享感受。

任务二　学会沟通

活动一:技巧分析

活动目的:掌握人际沟通的技巧。

活动内容:仔细阅读以下案例,并找出 A 同学在开解 B 同学时所运用的人际沟通技巧有哪些,请分别填进表格中。

案例背景：

有一天，A 同学看见 B 同学闷闷不乐的样子，上课也不能集中注意力，精神恍惚，于是过来和 B 同学聊聊天。

以下是他们的对话内容：

A 同学：最近怎么啦？看你好像有点不开心的样子。

B 同学：最近和班上的一位同学闹矛盾了，我不小心弄丢了她的校园卡，这几天我们都没有说话，我觉得她还在生我的气。（A 同学双眼认真注视 B 同学。）

A 同学：校园卡是比较重要，弄丢了，她感到生气也是有可能的，难怪你这么紧张。那你去找过那校园卡吗？

B 同学：找过呀，我找了一个下午，去过的地方都找遍了，但还是找不到。

A 同学：我觉得你可以尝试跟她沟通一下，把情况说清楚。

B 同学：但是我觉得她不会理我。

A 同学：你不去尝试一下怎么知道呢？你看是不是尽快解决问题比逃避问题更好呢？你一向是个行动力很强的人，相信自己可以做到。

B 同学：嗯，你说得很有道理。我马上去找她。

完成以下表格：

A 的谈话内容	所运用的沟通技巧

活动二：情景剧场——人际沟通技巧的运用

活动目的：整理知识，结合生活场景，灵活运用各种人际沟通技巧，包括倾听、共情、赞美、鼓励、真诚、专注、主动等。

活动步骤：

1. 小组讨论，总结常用的人际沟通技巧有哪些，并结合生活进行分析。

2. 请两位同学为一组，选择其中一个场景，运用沟通技巧，分别设计 A 和 B 的对话内容，并进行角色扮演（名字自拟）。

场景 1：A 想要拍摄一个短视频，参加学校的短视频比赛，根据剧本苦苦寻觅，终于找到他认为的最佳女主角人选 B，而 B 同学是一个学习优秀但很内向的贫困生，A 如何向 B 提出邀请？

场景 2：A 的男朋友向她提出分手，她很伤心，总是哭，连饭都吃不下。B 是 A 的舍友，知道此事，请问 B 会如何开解 A？

场景 3：A 有一天在宿舍洗衣服，因为急急忙忙，没看清楚 B 放在阳台晾晒的新鞋子，把洗衣服的脏水倒在了鞋子上。A知道这是B很喜欢的新鞋子,A可以如何与B说呢?

A和B的对话:

（空白框）

3.随机抽取小组到讲台上进行角色表演。

4.小组讨论分享:

(1)请分析设计对话中所具体运用的沟通技巧,判断是否恰当,或者是否能起到积极效果,还可以如何改进。

(2)请分别谈谈扮演A或B时的心理感受。

任务三 处理冲突

活动一:角色扮演——空椅子技术

活动目的:帮助同学理解换位思考,站在别人的角度考虑问题,然后去理解别人,了解自己。

活动步骤:

1.老师介绍空椅子技术,在讲台上放两张椅子,当学生坐到一张椅子上面时,就扮演自己;坐在另一张椅子上时,就扮演别人,两者展开对话。

2.请同学们回忆自己在人际交往中与人发生冲突或误解的事件,并写在横线上。

_____

_____

3.针对自己在人际交往中遇到的问题,利用空椅子技术展开对话。

4.说一说你处于不同角色时的想法和感受。

_____

_____

_____

_____

活动二:宿舍的故事

活动目的:通过宿舍中的冲突事件的呈现,让我们看到自己是如何面对、处理和感受这些人际冲突事件的,从而更加了解自己,重新思考自己的习惯反应,找到和谐、积极的人际相处方式。

活动步骤:

1.请阅读以下宿舍里的场景。

场景 1:周日的下午,你回到宿舍,看见同学 A 已经回来,但是宿舍地板上满是纸屑垃圾,桌面是外卖饭盒和食物残羹,还散发出阵阵异味。

场景 2:中午放学,你回到宿舍,闻到了一股臭味。你仔细找了找,发现同学 A 在床尾养了一只仓鼠,而你是一个对气味过敏的人,该怎么办呢?

2.请选择其中一个场景。当你看到这个场景,你有什么反应呢?你会对 A 说些什么或者做些什么?

_____

_____

_____

_____

3.按照 Thomas 对人际冲突处理方式的分类,你的反应属于哪种人际冲突处理方式?(相关内容参见"智慧锦囊"。)

_____

4.你当时的想法是什么?你的感受如何?(包括对 A 同学、对自己、对自己处理这件事情上。)

_____

_____

_____

5.你这样做的结果会是什么呢?你能接受这样的结果吗?

_____

_____

_____

6.如果让你重新选择一次,你会采取何种行为方式对待 A 同学以及该场景?理由是什么?

_____

_____

_____

智慧锦囊

马克思曾经说过：人是各种社会关系的总和。每个人都不是孤立存在的，他必定存在于各种社会关系之中，因此，良好的人际关系是生存和发展的必要条件。大学生要充分认识到人际交往的重要性，了解和掌握人际交往的基本知识，学会尊重、理解和关爱他人，能够妥善处理人际交往中的冲突和矛盾，愉快地与他人合作，建立良好的人际关系。

一、影响大学生人际交往的心理因素

1.认知因素

这里所说的认知包括对自己的认知、对他人的认知以及对交往本身的认知三个方面。过高评价自己，过低评价对方，就会导致人际交往中的盛气凌人、狂妄自大；相反，过低评价自己，过高评价对方，则会导致人际交往中的畏畏缩缩、自抑自卑。

我们在认知他人、形成有关他人的印象过程中常常受人际认知的心理效应的影响，而可能发生这样或那样的偏差。我们要了解这些心理效应，以纠正对他人认知中的偏差。

1）首因效应

首因效应又称"第一印象效应"，是指最初接触到的信息所形成的印象对我们以后的行为活动和评价的影响，实际上指的就是"第一印象"的影响。初次印象包括谈吐、相貌、服饰、举止、神态，这些对于感知者来说都是新的信息，它们对感官的刺激也比较强烈，有一种新鲜感。这就如同在一张白纸上，第一笔抹上的色彩总是十分清晰、深刻一样。第一印象效应是一个妇孺皆知的道理，每个人都力图给别人留下良好的"第一印象"。

2）近因效应

近因效应是指最近的信息对人的认知具有强烈的影响，最后留下的印象比较深刻，这就是心理学上的所谓后摄作用。认知者在与陌生人交往时，首因效应起的作用较大；而与熟人交往时，近因效应的作用则较为明显。近因效应在人际交往中普遍存在，如某人平时表现很好，可一旦做了一件错事，就容易给别人留下很深的负面印象。特别是两个平时关系很好的同学，因为一件小事，就闹矛盾，甚至反目为仇，根本不考虑平时两人的深厚友谊。因此，我们在人际交往中应该注意克服近因效应带来的认知偏差，要学会用动态的、发展的、历史的、全面的眼光看待他人，与他人建立良好的人际关系。

3）晕轮效应

我们第一次与一个年轻人交往，如果他长得眉清目秀，衣冠整洁，举止彬彬有礼，我们就会对他产生一个好印象，并给予他积极肯定的评价，认为他有教养，有才能，工作一定不错，并可能预言他前程似锦。相反，如果这个年轻人衣帽不整，讲话吞吞吐吐，我们就会对他产生不好的印象，还会给予他消极否定的评价，认为他知识浅薄，缺乏才干，甚至认为他是一个不可信赖的人，将来也不会有什么作为。这就是常发生在我们生活中的"晕轮效应"。

4）刻板印象

刻板印象指的是人们对某一类人或事物产生的比较固定、概括而笼统的看法，是我们在认识他人时经常出现的一种相当普遍的现象。比如：知识分子是戴着眼镜、面色苍白的"白面书生"形象，农民是粗手大脚、质朴安分的形象；法国人是浪漫的，英国人是保守的；女性是温柔的、细心的，男性是理性的、豪爽的、粗心的，等等，实际上都是"刻板印象"。

5）投射效应

投射效应也叫自我投射效应。自我投射指内在心理的外在化，即以己度人，把自己的情感、意志特征投射到他人身上，强加于人，以为他人也应如此，结果往往对他人的情感、意向做出错误评价，歪曲他人愿望，造成人际交往障碍。典型的投射效应就是人们常说的"以小人之心，度君子之腹"，认为别人和自己一样有着相同的好恶、相似的观点。这种情况在人际交往中的表现形式是多种多样的。

对人际交往本身的认识也同样影响交往行为，比如对交往的交互性原则认识不足就会导致交往中对某一方利害关系的过度关注。

2. 情感障碍

人与人之间的交往常由感情而萌发，情感成分是人际交往的重要部分。大学生由于感情丰富、变化快，有时对人对事过于敏感，常常忽略客观现实，重一时不重全面，而使人际交往缺乏稳定性，产生各种障碍。

（1）恐惧引起的交往障碍。有些大学生有交往的欲望，但无交往的勇气。常常表现为与人交往时（尤其是在大众场合下），会不由自主地感到紧张、害怕以至手足无措、语无伦次，严重的甚至害怕见人。尤其害怕与比自己水平高、能力强及有所成就的人进行交往，怕他人瞧不起自己。有的同学一到人群中就觉得紧张不安，在课堂上、教室里、图书馆，都会觉得别人在注意自己、挑剔自己，轻视或敌视自己，以致无法安下心来听课、看书、做作业。这些恐惧使生活黯淡、不愉快，造成一系列不良的心理反应。

（2）嫉妒引起的交往障碍。嫉妒是指在意识到自己对某人、某事、某物品的占有或占有意识受到现实的或潜在的威胁时产生的情感，表现为对他人的长处、成绩等心怀不满。嫉妒的人心理承受能力较差，经不住挫折，容不得甚至反对别人超过自己。对胜过自己的同学轻则蔑视，重则仇视，有的甚至不择手段地攻击对方。嫉妒的种类很多，有的因容貌、家庭条件等因素而产生嫉妒，有的因智力、能力、交往等因素产生嫉妒，从而引起交往障碍。

（3）自卑引起的交往障碍。在交往活动中，自卑表现为缺乏自信、自惭形秽，想象成功的体验少，想象失败的体验多。自卑的浅层感受是别人看不起自己，而深层的体验是自己看不起自己。当出现深层体验时，便觉得自己什么都不行，似乎所有的人都比自己强得多。因而，在交往中常感到不安，将社交圈子限制在狭小范围内。

（4）自傲引起的交往障碍。自傲与自卑的性质相反，表现为不切实际地高估自己，在他人面前盛气凌人，自以为是，过于相信自己而不相信他人，总是把交往的对方当作缺乏头脑的笨蛋，常指责、轻视、攻击别人，使对方感到难堪、紧张、窘迫，因而影响彼此交往。

（5）孤僻引起的交往障碍。孤僻有两种情况：一种是孤芳自赏，自命清高，不愿与人为伍，与人不合群，自己将自己封闭起来；另一种是有某种特殊的怪僻，使人无法接纳，从而影响了人际交往。

3. 人格因素

人际交往中，人格因素有至关重要的作用。所谓人格，简单地说是指人在各种心理过程中经常地、稳定地表现出来的心理特点,包括气质、性格等。不良的人格特征容易给人以不愉快的感受乃至一种危险感,因而会影响人际交往。下面是较常见的一些不良人格因素及其对交往的影响。

(1)为人虚伪。与这种人交往,人们没有安全感。

(2)自私自利。这种人只关心自己的需要,不关心他人,人们在与这种人的交往中会经常感到精神上、物质上受损。

(3)不尊重人。与这种人交往,易被挫伤自尊心。

(4)报复心强。与这种人交往,使人常担心稍有不慎,就会遭报复,感到心理紧张。

(5)嫉妒心强。与这种人交往,易使人感到自己被嫉恨、被排挤、被剥夺,从而感到不舒服、不安全。

(6)猜疑心重。常令人在交往中感到冤枉委屈,难以从内心接近。

(7)苛求于人。这种人易使人感到紧张和压抑,并易使自尊心受挫。

(8)过分自卑。这种人常被感觉为无能,与此种人交往使人感到有负担、沉闷。

(9)骄傲自满。使人感到威胁或难以信任。

(10)孤独固执。自我防御心理太强,相互间难以影响,使人感到交往无效或交往很累。

因此,为了改善人际交往,应努力培养良好的人格品质。

4. 能力因素

人际交往能力的欠缺是影响人际交往的原因之一,而对有些大学生来说,则是主要原因。这些同学想关心他人,但不知从何做起;想赞美他人,可怎么也开不了口或词不达意;交友的愿望强烈,然而总感到没有机会;想调解他人的矛盾,没想到好心办了坏事;交往中想表现自己,却出尽洋相;内心想表示温柔,言语则是硬邦邦的。

二、人际交往,从心开始

(一)拆除心中的篱笆墙

篱笆墙是农家用来把房子四周的空地围起来的类似栅栏的东西,有的上面还有荆棘,不小心碰上会扎人。农家的篱笆墙有双重作用:一是经济作用,可以在里面种些果树蔬菜什么的;二是向别人表示这是属于自己的"领地",要进入必须征得自己的同意,否则就有贸然侵犯的嫌疑。如果你在人际关系上存在这样那样的问题,不妨仔细想想是否早就在自己的心里筑好了一道道篱笆墙,随时防范别人的靠近。这道看不见的篱笆墙就是自我封闭。

自我封闭的人在情绪上的显著特点是情感淡漠,不能对别人给予的情感表达做出恰当的反应。在这些人脸上很少能看到笑容,总是一副冷冰冰、心事重重的样子。这无形之中在告诉周围的人:我很烦,请别靠近我!周围的人自然也就退避三舍,敬而远之。

自我封闭的人还有某种程度上的自我中心倾向,他很难相信自己的人际关系问题主要原因在自身,而喜欢归咎于别人。

对照一下你自己,是否符合这些特征呢?如果真是这样,那么试着按下面的方法去做,一定会收到良好的效果,从此告别孤独与寂寞。

第一,适当地自我暴露。不再自我封闭,最重要的问题就是扩大"公众我",减少"秘密我""隐私我"。懂得自我暴露的人,不仅可以让别人去认识自己、了解自己,同时自己也可以借此机会认识别人、了解别人。如果你从来不向别人提及任何有关自己的情况,在别人眼里只是个谜,初时别人可能感到好奇,然而多次交往仍然无法深入便会意兴索然,离你而去。

第二,学会微笑。人们常说:"微笑是人际关系的润滑剂。"经常使用这种润滑剂,你的人际关系一定能正常运转。刚刚开始时,如果你觉得对别人微笑实在有点难为情,可以先从对自己微笑开始。对自己微笑,这是在开玩笑吗?一点也不是。

你每天抽出一小段时间,站在镜子面前,对着镜子里面的那个你微笑,同时在心里回忆一些有趣的事。一周或稍长一段时间后,你会发现自己脸上的笑容变得自然起来,也变得多起来,当然对别人微笑也不再是件难事。

第三,多掌握些技能,丰富自己的业余生活。如果你对舞蹈、音乐、绘画、体育运动等活动感兴趣的话,闲下来的时候不要把自己关在屋子里,可以去跳跳舞、听听音乐、打打球。不要在乎自己的舞姿不美、球技不高,这些都是次要的,你只要想着自己不再孤独、寂寞就可以。在业余生活中扩大人际圈子,广交朋友,真是一举两得。

(二)给人留下良好的第一印象

拆除了心中的篱笆墙,走出了自我封闭圈,这是迈向成功交际的第一步。一切人际交往几乎都是从与陌生人打交道开始的。心理学把彼此陌生的人初次见面时所形成的直观感受叫作第一印象。良好的第一印象是交往成功、和谐人际关系的良好开端。因此,在与人的初次交往过程中,要注意给人以良好的第一印象。该怎么做呢?主要应该做到:礼貌待人,主动热情;积极求同,缩短距离;了解对方,记住特征。

1. 礼貌待人,主动热情

礼貌待人首先要求用语礼貌,使用"请""谢谢您""对不起"等这些日常礼貌用语既是对别人的尊重,也是对自己的尊重。其次是举止得体,坐有坐相,站有站姿,不忸怩作态也不随意放肆。主动热情在交往中表现为喜欢、赞美和关注他人。同时良好的卫生习惯、机灵勤快也能给人留下良好的印象。

2. 积极求同,缩短距离

人际交往中有个重要的原则:相似性原则。双方如果在兴趣、爱好、观点、志向,甚至年龄、籍贯、服饰等方面有相同之处,往往就可以缩短彼此间的距离,改变陌生感。常言道:亲不亲,故乡人;美不美,故乡水。异邦遇同乡,他地谈故里。初次交往中积极寻求接近的共同点,会给人留下良好的第一印象。

3. 了解对方,记住特征

与人初次交往之前,如有可能要尽量了解对方的情况,作为相识和交谈的基础。譬如你了解到对方喜欢养花,那么你就可以在谈话时说些有关养花的逸闻趣事,对方一定对你的谈话感兴趣。

了解对方,记住特征,其中最重要的是很快弄清楚并记住对方的姓名、工作单位和职务。这往往是你对别人重视和感兴趣的标志。

卡耐基在《如何赢得朋友及影响他人》一书中写道:"一个人的姓名是自己最熟悉、最甜美、最妙不可言的一种声音。"在初次交往中应充分利用这一点。

(三)展示自己的人格魅力

初次交往给人以良好的第一印象,不是在演戏,演完就拉倒;而是希望能够以此为契机继续交往下去,建立进一步的人际关系。

然而,要建立和谐的人际关系仅仅凭第一印象是不够的。所谓"路遥知马力,日久见人心",如果不能在继续的交往过程中向对方展示自己的人格魅力,建立和谐的人际关系也只是一句空话。

人格就是人的样子,是人的心态、品格、个性、气质和行为方式的基本特征。展示自己的人格魅力就是表现真实的自我——自己自觉自愿表现出来的自我形象,而不是迫不得已装出来的样子。

现实生活中绝大多数的人既不是真正的君子也不是纯粹的小人,虽然境界不是很高但品行不差,修养不是很深但不乏良知,知识不够渊博但不假充权威……这些表现谈不上完美,但绝对要比极力掩饰可爱。

人格魅力不是追求完美,而是发展积极的心态,表现真实的自我。

表现真实的自我必须克服以下思维误区:

(1)我决不能暴露自己的感受如何,我的欲望是什么,除非这些感受和欲望使别人高兴和满意,会给人好印象,如不能说"我不相信你""我喜欢与异性交往"。

(2)我决不能对别人表示不满,流露出厌烦的意思,我要把这种不赞成、不满意、不喜欢的意思藏在心底,不能让人知道,以免惹是生非,得罪他人。

(3)我不能暴露自己的缺点和笨拙,不能让别人瞧不起我,如我不参加自己不擅长的活动,我不在公共场合发言。

(4)我不能表露"我认为如何""我想怎么办",以免授人把柄,说自己骄傲自负,因此即使有看法也不说。

(5)我不能表现得与众不同,不能太惹人注目。树大招风,枪打出头鸟,与众不同就会遭人排挤攻击,还是随大流安全。

如果你此时还有这些想法,请赶快与它们彻底决裂。也许你会暂时遭到冷落,但最终赢得的是更多的人包括曾经冷落你的人的友谊和尊重。

(四)把握人际距离

"不识庐山真面目,只缘身在此山中。"庐山乃人间胜境,看不出它的妙处来,是身在山中之故。人与自然景观之间的关系尚且如此,人与人之间的关系更是微妙有加。

许多人都有这样的经验和体会:亲密的人际关系经常发生摩擦和矛盾,反倒不及初次交往容易。很多家庭中的成员常常相互埋怨,正是这种情况的表现。按理说应该是交往得越深就越容易相处,人际关系也越好,可事实上并非如此,原因何在?

很简单,就是人们忽略了一个"度"的问题。因此,尽管有着良好的愿望——希望自己所拥有的人际关系亲密度越高越好,但还必须记住"亲密并非无间,美好需要距离"。

对人际距离的把握应注意以下几个方面:

首先要尊重别人的隐私。不论多么亲密的人际关系,也应彼此保留一块心理空间。人们总以为亲密的人际关系,特别是夫妻之间、父母与子女之间似乎不应当有什么隐私可言,其实越是亲密的人际关系越是要尊重隐私。

这种尊重表现为不随便打听、追问他人的内心秘密,也不随便向别人吐露自己的隐私。过度的自我暴露虽不存在打听别人隐私的问题,却存在向对方靠得太近的问题,容易失去应有的人际距离。

其次要有容纳意识。容纳意识要求我们尊重差异,容纳个性,容纳对方的缺点,谅解对方的一般过错。"水至清则无鱼,人至察则无徒。"清澈见底的水里面不会有鱼,过分挑剔的人也不会有朋友。没有容纳意识,迟早会将人际关系推向崩溃的边缘。

最后要懂得运用距离效应。距离效应是指由于时间的阻隔,彼此间有了距离;一旦把距离缩短,重新相聚,双方的感情就会得到最充分的宣泄。

在这里,距离成了情感的添加剂。可见,有时距离的存在也能给人以美的享受。因此,应当培养自己拉开一定距离看他人的习惯,同时也不要时时刻刻把自己的透明度设置为百分之百。内心没有隐秘足显自己的坦荡,但因此失去了应有的人际距离,无形中为以后的人际矛盾种下祸根,这就不是明智之举。

三、人际交往中的沟通技巧

人际交往中如果能恰当地运用沟通技巧,可以提升沟通效率,促进人际关系,实现人际和谐。

(一)倾听

听别人说话,看似是一件很容易的事情,但生活中,我们常常是听到第二句话就开始分心、走神或者以打岔的方式打断对方的话语。心理研究发现,人们在遇到心理困扰的时候,大多喜欢以倾诉的方式来调节情绪,所以当我们听到对方想要跟你详谈时,可能是因为对方遇到了难题和困扰,需要你的帮助、理解,特别是心理上的支持。懂得倾听的人,可以更容易让对方感受到你的真诚和情谊,从而提升彼此的关系。

关于倾听,具体应注意以下几个方面:

第一,倾听要以接纳为基础。

只有无条件地尊重和接纳,才能真正做到倾听。人与人之间,在人生观、价值观、生活方式等方面都可能有差异。例如,一个乐观积极的人,会认为内向消极的人总是为一点点小麻烦、小挫折就悲伤痛苦,简直是小题大做。真正的倾听要尊重对方的价值观,不能用自己的价值观去评判对方的价值观,而是用平和、中立的心态去理解他人的想法和行为。

第二,倾听要以关注为前提。

我们一般在听别人谈论的内容时,常常关注于自己感兴趣的话题,对于自己不感兴趣的,则不认真听取。这本身是一种正常的心理倾向,毕竟人的注意力有限,我们本能地关注更加吸引自己的事物。但在人际沟通中,在特定的交流中,认真地关注对方的言语和非言语内容,是十分必要的。我们可以通过目光和表情的形式去关注,并且不仅要关注对方的说话内容,还要关注语言背后的情感和情绪。

第三,倾听要以积极为方向。

人际交流中的倾听应该是非常积极的,我们要懂得去捕捉对话中积极的内容。有时虽然我们表达的话语中有积极、消极、负面等信息,但其实我们更希望别人能强化自己正面、积极的一面。所以,倾听的过程不是被动地接收信息,而是一个辩证思考和分析的过程,要能觉察问题的关键,客观而积极地看待问题。

第四,倾听也要适当参与。

倾听还包括在恰当的时机给予对方合适的反馈,也就是说倾听本身也是一个参与的过程。可以点头、微笑,或者用"嗯""是的""之后呢""这样"等词语来回应。有的时候,对方沉默,我们也可以用积极的目光给予他关注和鼓励,而不是打岔或者打断,应允许存在这种彼此的沉默,以及沉默中的思考或者是情绪的疏导。这些参与方式可以让对方感受到自己是被理解的、被接纳的、被鼓励的,从而实现真诚的交流。

(二)共情

人本主义心理学家罗杰斯一直都把共情(empathy)看作在心理咨询过程中促使来访者发生积极变化的重要影响因素。按照罗杰斯的观点,共情是一种能够深入体验对方的精神世界,就如体验自己的精神世界一样的能力。我们把这种沟通的能力运用在人际交往中,可以更好地提升人际关系。

首先,共情不同于同情。当我们同情一个人的时候,常常会以给予物质帮助或者精神抚慰的方式来体现,而共情则关注精神境界的感受和理解。伊根(Egan,1975)把共情分成两种,一种是"初级共情",一种是"高级的准确的共情"。

我们举个例子来说明:

有个同学周日回到宿舍跟你抱怨说:"平时在学校学习这么累,周末回家难得可以休息,当然要睡个懒觉啦,但是妈妈一早就把我叫醒,还要我帮忙做家务。我动作慢一点,还不停地责骂……"

我们在听到对方这样的抱怨时,常常是这样回应的:"你是小题大做吧,早点起来不就可以了吗。"或者是:"你妈妈没有错啊,你真的挺懒的。"这是完全没有做到共情的反馈,每个人听到这样的反馈都有一种"不被理解""敷衍应对"的感觉,当然很难继续之后的交流,从而影响人际交往的质量。

当我们采取的是"初级共情"的反应时,可以这样说:"……我能理解你当时的心情,感到愤怒、委屈……"我们做出的反应是以自己为参照系统,真切地去体验对方的体验。而"高级的准确的共情"则是这样反应:"……如果我是你,可能也会有这种想法。我能感受到当时你的愤怒、委屈……你是不是觉得妈妈不理解你……"这种回应,比起初级共情,除了能设身处地地感受对方的感受,表明自己的态度,还进一步引导对方就自己的感受进行思考。可见,这两种共情的沟通方式,都可以让诉说者不同程度地感受到自己被尊重、被接纳、被理解。每个人都有这些心理需求,所以能恰当地在沟通中做到共情的人,自然是受欢迎的,而且这也是通过帮助别人成长而促使自我成长的过程。

总结伊根(Egan,1975)和哈克尼(H. Hackney,1988)等心理学家对共情的阐述,我们把它分为三个步骤:①从对方的内心世界出发,设身处地地体验其内心感受;②准确地表达你所感受到的对方的体验;③引导对方就自己的行为和感受进行思考。要做到准确而恰当的共情,需要多练习。生活中,与朋友、亲戚交谈时,注意澄清他们说话的内容和意思。当别人和你讲述事情时,你可以尝试把这些内容画面化,把语言变成生活的图像,如拍电影一样。另外,还要丰富自己的情绪词汇,以利于理解、感受。

（三）赞美

哈佛大学心理学家威廉·詹姆斯说："人性深处最大的欲望，莫过于受到外界的认可与赞美。"人际交往中，要实现有效沟通，需要满足对方的心理需求。每次当我们听到别人对自己的赞美时，我们都会感到十分喜悦，哪怕可能会有一点点"猜疑"别人是否真心，但无论如何，都是感到舒服的。所以，当我们赞美别人时，他们也一样有这样的美好体验。但是从中国人的传统文化的传承中，我们都是比较内敛的，认为好的东西大家默认就好了。还有很多人认为所谓的赞美就是阿谀奉承，只有"小人"才会做这种事情。甚至在亲密关系中的人，也常常是"爱在心头口难开"，最后只要一开口就是伤害，用抱怨、挑剔、攻击替代了对彼此的赞美、赞赏、肯定。所以我们需要看到一些偏见和固化思维，从开口说出你的赞美开始，提升人际关系。

运用赞美也是有艺术的。从赞美的内容看，可以从对方的外表、拥有的物品开始，最好能赞美对方人格方面的品质或者一些具体的事件。赞美时要注意态度真诚、实事求是、注重细节、投其所好、别出心裁、新颖独特、视角积极、及时表达、间接赞美，等等。在赞美过程中，第一，要注意态度真诚，哪怕是一句简单的话语，配合真诚的态度，对方就能真切感受到你的积极意义。我们内心的真实态度会通过语气、语调和面部表情、肢体语言等非语言的方式表达出来，言语可以撒谎，这些非语言的表达却能传递出真实的情感。赞美应该建立在真心实意的基础上。第二，赞美最好能描述他人的人格特质、具体事件或者细节。一些放之四海皆可用的赞美，往往收效甚微，甚至会令人产生反感。例如，你称赞一个人的厨艺好，一种表达是"你的厨艺真好"，一种是"你今天做的酱油鸡，肉质嫩滑而且咸香恰好，绝对是人间美味"，两种赞美方式相比，后者更加能打动人。第三，赞美需要注意及时表达。很多人看在眼里，记在心里，总是事情过去了才偶尔表露自己的赞美之情。从行为主义心理学的观点分析，当别人做了一些值得你赞赏的事情时，你能及时向对方表达赞美，是一种给予正性强化的反馈方式，可以刺激对方以后再多重复这种美好的行为。

生活中，我们要根据具体的对象来采取恰当的赞美方式。例如，女士们都喜欢别人赞美自己年轻美丽，但如果面对一位八十多岁的老奶奶，我们则应该赞美其身体健朗。又例如，一位身材很苗条的女同学被你称赞身段瘦削，这位女同学可能就很不喜欢，因为她其实一直在用各种办法让自己胖起来。所以不是大多数人都喜欢的赞美都可以随意运用，要注意投其所好。

运用赞美的技巧和方法还有很多，需要我们在实践中不断体验和摸索。无论是最好的方法，还是次好的方法，只要我们做了，就会带来好处。我们付出的是赞美和肯定别人的语言，收获的则是爱、亲密而健康的关系。在健康的人际关系中，我们自己也能收获到别人给予的赞美和肯定。爱自然在双方的关系中不断流动和增长。

四、人际冲突及其处理

"冲突"一词是一个社会学移植概念。美国社会学家特纳认为："冲突是双方之间公开与直接的互动，在冲突中的每一方的行动都是力图阻止对方达到目标。"在过去的研究中，冲突被认为是一种动力机制，发生在个体或群体内，或个体与群体之间，两者处于相互独立的关系，而且很可能在某些具体的情境中，如资源稀缺；也与个体情况有关，如之前的冲突历史，或人际距离。尽管对冲突的定义不同，但归结起来，主要围绕三个特征去定义什么是冲突：不一致（disagreement）、消极情绪（negative emotion）和干扰（interference）。

对于人际关系来说，冲突可以带来挑战，也可以带来机遇。冲突的负面功能主要表现在：由于心存芥蒂，双方沟通不良、产生情感隔膜，甚至相互诋毁、相互拆台；或者由于互不相让、恶意攻击导致双方关系破裂。但是冲突也可以有很强的正面功能，这类似于俗话说的"不打不相识"。冲突的正面功能主要有：一方面，双方把隐藏的不满、误解公开表达出来，可以通过争辩而得以澄清、化解，从而消除隔阂，增进理解，加深关系；另一方面，双方把各自的看法及其理由摆出来，通过建设性的争论，可以形成"头脑风暴"，彼此激发新思想，最后找到解决问题的更好方案。

虽然每个人都希望能与他人和谐相处，最好不要发生冲突，但人际冲突是不可避免的，因此对冲突的积极态度不是逃避，而是学习如何"处理冲突"。美国行为科学家托马斯（K. Thomas）和他的同事克尔曼（Ralph H. Kilmann）在1974年提出了一种解决冲突的二维模式：以沟通者潜在意向为基础，认为冲突发生后，参与者有两种可能的策略可供选择——关心自己和关心他人。其中，"关心自己"表示在追求个人利益过程中的武断程度，为纵坐标；"关心他人"表示在追求个人利益过程中与他人合作的程度，为横坐标，从而定义冲突行为的二维空间。于是，就出现了五种不同的冲突处理的策略：竞争（competition）、合作（collaboration）、妥协（compromise）、忍让（accommodation）和回避（avoiding）。竞争：双方均不考虑对方所受的影响，只考虑自己的利益和目标。合作：共同找到对自己有利的解决方式，实现共赢。回避：不在乎自己的利益，也不关心对方的反应，采取退缩或压抑的方式，以避免冲突的发生。忍让：满足对方的要求，牺牲自己的利益，达到息事宁人、维持关系的目的。妥协：与对方互做让步，各自牺牲部分的利益，以达到和平共处的状态。如下图所示：

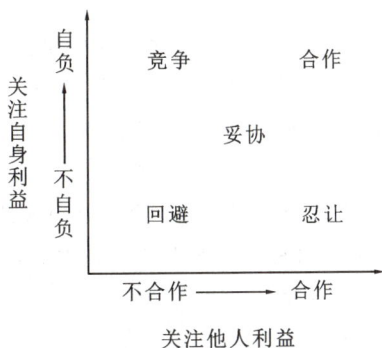

Thomas 人际冲突处理模式

不同的人际冲突的处理方式会带来不同的影响，了解它们，有利于我们更加积极地看待自己，接纳自己在冲突处理过程中的感受，并且看到可以改进的地方。我们在不同的事件中，由于关注自己或者他人利益的不同，会采取不同的处理方式，这本身没有绝对的对和错，但我们可以通过总结经验、学习方法、改变观念，在不可避免的人际冲突中找到和谐、积极、有效的处理方式，从而提升我们的心理健康状态。

心理加油站 ▶▶▶

一、拓展阅读

人际交往中的刺猬法则

为了研究刺猬在寒冷冬天的生活习性,生物学家做了一个实验:把十几只刺猬放到户外的空地上。这些刺猬被冻得浑身发抖,为了取暖,他们只好紧紧地靠在一起,而相互靠拢后,又因为忍受不了彼此身上的长刺,很快就又各自分开了。可天气实在太冷了,它们又靠在一起取暖。然而,靠在一起时的刺痛使它们不得不再度分开。挨得太近,身上会被刺痛;离得太远,又冻得难受。就这样反反复复地分了又聚,聚了又分,不断地在受冻与受刺过程中挣扎。最后,刺猬们终于找到了一个适中的距离,既可以相互取暖,又不至于被彼此刺伤。

在人际交往中,我们正是这样一类带刺的动物,想要靠近同类,从别人那里获得温暖和支持;可距离缩小,又因为距离太小感觉到胁迫和压力。这其实是因为在人际交往中,每个人都需要独占一定的空间,这个空间就叫作人际空间。

正所谓喝酒七分醉,吃饭八分饱,人际交往也需要处处给人留有余地。热恋中的情侣或者是交好的朋友,总是喜欢不分昼夜地腻在一起,恨不能上厕所都像学生时期一样同往同行,殊不知,这正是人际交往的大忌。一是容易丧失新鲜感,二是容易产生依赖心理,三是使心理上感到压力。

没有人能容忍他人闯入自己的空间。人与人之间需要保持一定的空间距离,即使最亲密的两人之间也是一样。任何一个人,在自己的周围都需要有一个能掌控的自我空间,如果两个气球靠得太近,互相挤压,最后的结果必然是爆炸。这也就是为什么两个本来关系密切的人,越是形影不离就越容易爆发争吵。

对人际距离的把握应注意以下几个方面。首先要尊重别人的隐私。不论多么亲密的人际关系,也应彼此保留一块心理空间。这种尊重表现为不随便打听、追问他人的内心秘密,也不随便向别人吐露自己的隐私。其次要有容纳意识。容纳意识要求我们尊重差异,容纳个性,容纳对方的缺点,谅解对方的一般过错。最后要懂得运用距离效应,距离的存在能够给人以美的感受。

人际交往的技巧

1.不批评、不责备、不抱怨。
2.给予真诚的赞赏与感谢。
3.引发他人心中的渴望。
4.真诚地关心他人。

5.记住,姓名对任何人而言,都是最悦耳的语言。

6.经常微笑。

7.聆听——鼓励他人多讲自己的事。

8.谈论他人感兴趣的话题。

9.衷心让别人觉得他很重要。

二、影视推荐

1.《追风筝的人》

导演:马克·福斯特。

编剧:大卫·贝尼奥夫、卡勒德·胡赛尼。

主演:赫立德·阿卜杜拉、阿托莎·利奥妮、肖恩·托布。

上映时间:2007年10月(芝加哥国际电影节)。

剧情简介:2000年美国加利福尼亚,知名作家阿富汗人Amir接到一个电话,将他带回了童年的岁月……

1978年阿富汗喀布尔,Amir是富家少爷,仆人Ali的儿子Hassan是他忠实的跟班与玩伴。两人参加了一场传统的斗风筝比赛,Amir经历了终生难忘的事情,两人的命运随之改变:Ali和Hassan离开了Amir家,音信全无;随着阿富汗战争的爆发,Amir和父亲移民到美国,过上了新的生活。

电话是父亲的老朋友Rahim打来的,希望Amir能够到阿富汗去找Hassan的儿子Sohrab,等待Amir的,除了满目疮痍的家乡、不堪回首的往事,还有难以启齿的秘密。

2.《小马宝莉大电影》

导演:杰森·西森。

编剧:Meghan McCarthy、JoeBallarini。

主演:奥卓·阿杜巴、艾米莉·布朗特。

上映时间:2017-10-06(北美),2018-02-02(中国)。

剧情简介:一股新黑暗势力威胁到小马国,六位小伙伴Twilight Sparkle(紫悦)、Apple Jack(苹果嘉儿)、Rainbow Dash(云宝)、Pinkie Pie(碧琪)、Flutter Shy(柔柔)和Rarity(珍奇)离开小马国踏上难忘之旅,在旅途中他们结交新朋友,遇到刺激的挑战,必须通过友谊的魔力拯救自己的家园。

课后实践

推荐活动一:翻叶子

活动目的:提升对自己的认识和团队合作的能力。

用具:塑胶帆布若干块。

活动步骤与规则:

1.根据人数多少给予大、中、小的塑胶帆布。

2.活动要求地面平整开阔,没有硬物。

3.强调在活动中注意安全,不要踢伤"翻叶子"的队友。

4.尽量避免踩在队友的脚上保持平衡,坚持不住的同学要及时报告。

5.队员在"翻叶子"的时候手指触地要重新开始。

6.所有人身体的任何部位均不可触碰到叶子以外的部分,把"叶子"翻面的小组则成功完成任务。

7.完成任务用时最少的小组胜出。

8.分享与收获:

(1)各位觉得"叶子"像什么?而整个过程又是什么?

(2)在生活中有无类似感受?

(3)从过程中你学到了什么?

(4)合作过程中彼此的关系是否拉近了?

(5)要达到目标,团队应该如何合作?有什么重要的影响因素?

推荐活动二:记录改变

活动目的:通过行为强化提升人际关系的技巧。

活动步骤:

1.完成表格内容,每天记录赞美别人的次数。

时　　间	赞美的次数	你 的 感 受	对方的反应	我的人际关系状态
星期一				
星期二				
星期三				
星期四				
星期五				
星期六				
星期日				

2.一周后评价自己的人际关系是否有改善,具体以 1~10 分为标准,10 分是最满意自己的人际关系状态,给自己的人际关系总体感觉打分。

项目五课后实践活动记录表

姓名		学号		联系电话	
学院		专业		班级	
活动主题					
活动时间					
活动地点					
活动感悟	（不少于 300 字）				

活动图片	
自我评价	
小组评价	
教师评价	

项目六

感悟爱情　爱中成长

张开恋爱的翅膀，飞向幸福的殿堂。爱情是一位导师、一所学校，让我们怀着一颗真挚的心，在爱的指引下不断成长，成就更好的自己。

学习目标

(一)知识目标

1. 了解爱情与性心理的基本知识。

2. 认识大学生恋爱与性心理发展的一般特点。

3. 掌握大学生常见恋爱心理困惑的调适方法。

(二)能力目标

1. 培养爱与被爱的能力。

2. 能够调适恋爱与性心理困惑,形成并保持健康的恋爱与性心理。

(三)德育目标

1. 树立正确的恋爱观。

2. 树立正确的性爱观。

课前自测

大学生恋爱态度测试

这是一份大学生恋爱态度的诊断量表,一共有 16 个问题,请你根据自己的实际情况,在 4 个选项中选择其中一项。(为了保证测试的准确性,请你认真选择,并做好记录。)

1. 你对未来妻子的要求最主要的是(男生选择):

A. 善于理家做活,利落能干。(2)

B. 容貌漂亮,风度翩翩。(1)

C. 人品不错,能体贴帮助自己。(3)

D. 顺从你的意思。(1)

2. 你对未来丈夫的要求最主要的是(女生选择):

A. 潇洒大方,有男子风度。(1)

B. 有钱有势,社交能力强。(1)

C. 为人诚实正直,有进取心,待人和蔼可亲。(3)

D. 只要他爱我,其他都不考虑。(2)

3. 你认为完美的结合是:

A. 门当户对。(1)

B. 郎才女貌。(1)

C.心心相印。(3)

D.情趣相投。(2)

4.你对最佳恋爱时间的考虑是：

A.自己已经成熟,懂得人生的意义和爱情的内涵,并且确定了事业上的主攻方向。(3)

B.随着年龄的增大,自有贤妻或好丈夫光临。(2)

C.先下手为强,越早越主动。(0)

D.还没想过。(1)

5.你希望自己是怎样结识恋人的：

A.青梅竹马,情深意长。(2)

B.一见钟情,难分难舍。(1)

C.在工作和学习中逐渐产生恋情。(3)

D.经熟人介绍。(1)

6.你认为推进爱情的良策是：

A.极力讨好取悦对方。(1)

B.尽力使自己变得更完美。(3)

C.百依百顺,言听计从。(2)

D.无计可施。(0)

7.你希望恋爱的时间是：

A.越短越好,最好是"闪电式"。(1)

B.时间依进展而定。(3)

C.时间要拖长些。(2)

D.自己无主张,全听对方的。(0)

8.谁都希望完整全面地了解对方,你觉得了解他(她)的最佳途径是：

A.精心布置特殊场面,连连对恋人进行考验。(0)

B.坦诚相待地交谈,细心地观察。(3)

C.通过朋友打听。(2)

D.没想过。(1)

9.你十分倾心的恋人,随着时间的推移,暴露一些缺点和不足,这时候你：

A.采取婉转的方式告知并帮助对方改进。(3)

B.无所谓。(1)

C.嫌弃对方,犹豫动摇。(0)

D.内心十分痛苦。(2)

10.当你初步踏进爱河之中,一位条件更好的异性对你表示爱慕时,你会：

A.说明实情。(3)

B.对其冷淡,但维持友谊。(2)

C.瞒着恋人和其来往。(0)

D.听之任之。(1)

11.当你久已倾慕一位异性并发出爱的信息时,你忽然发现他(她)另有所爱,你怎么办?

A.静观待变,进退自如。(2)

B.参与角逐,继续穷追。(1)

C.抽身止步,成人之美。(3)

D.不知道。(0)

12.恋爱进程很少会一帆风顺,你对恋爱中出现的矛盾、波折怎么看?

A.最好平顺些。既然已经出现了,也是件好事,双方正好趁此了解和考验对方。(3)

B.感到伤心难过,认为这是不幸。(2)

C.疑虑顿生,就此提出分手。(1)

D.没对策。(1)

13.由于性格不合或其他原因,你们的恋爱搁浅了,对方提出分手,这时候你:

A.千方百计缠住对方。(1)

B.到处诋毁对方名誉。(0)

C.说声再见,各奔前程。(3)

D.不知所措。(1)

14.当你十分信赖的恋人背信弃义,喜新厌旧,甩掉你以后,你怎么办?

A.当自己眼睛看错了人。(2)

B.你不仁,我不义。(0)

C.吸取教训,重新开始一段恋爱。(3)

D.痛苦得难以自拔。(1)

15.你爱途坎坷,多次恋爱均告失败,随着年龄增长进入"老大难"的行列,你:

A.一如从前,宁缺毋滥。(2)

B.讨厌追求,随便凑合一个。(1)

C.检查一下选择标准是否实际。(3)

D.叹息命运不佳,从此绝望。(0)

16.你认为恋爱作为人生一个重要的环节,其最终所达到的目的应当是:

A.找到一位情投意合的爱侣。(3)

B.成家过日子,抚育儿女。(2)

C.满足性的饥渴。(0)

D.只是觉得新鲜有趣,没有明确的想法。(1)

评价参考:

将你所选字母后的数字相加:

总分在42分以上说明你的恋爱观正确;

总分在33~41分之间说明你的恋爱观基本正确;

总分在32分以下说明你的恋爱观需要调整。

我的测试结果:

案例导学

案 例 1

小陈,女,22岁。小陈是个有主见的女孩子,虽然看到宿舍的姐妹都纷纷谈恋爱,自己形单影只,但也没有随便接受别的男孩子的追求。在上大三时,终于经不住一个师兄的追求,做了他的女朋友。经过一段时间的相处后,小陈发现师兄成熟稳重、细心体贴,虽然有些不思进取,但也对他产生了感情,而且用情专一,全身心地付出,并且在相恋的过程中经不住男友的要求,将第一次给了男友,之后两个人过了一段甜甜蜜蜜的日子。

可是,好景不长,随着毕业找工作,男友未能留在学校所在的城市,而是去了其他地方。开始,小陈和男友还鸿雁传书,但是没过多久,男友不再像以前那样对小陈嘘寒问暖,每当小陈追问,男友总是说忙于事业,为以后他们更好的生活奋斗。然而,半年后,小陈没有等来奋斗的成果,而是收到男友分手的请求。原来,长时间的分离和工作压力,使得两人产生了深深的隔阂,加上小陈好强的个性,已经让男友意识到他们并不合适。于是,在外漂泊的男友接受了自己女同事的橄榄枝,告诉小陈他已经找到了适合自己的人,和小陈在一起双方都不会幸福。好强的小陈不能接受这样的结局,甚至跑去男友工作的地方,苦苦哀求,但是于事无补,男友的心已经回不来了。失恋给小陈带来极大的伤害,她像变了一个人,以前活泼开朗的她变得沉默寡言,非常消沉,感觉自己什么都没有了。有一次甚至喝药自杀,幸亏同学们发现得早,及时抢救了过来。

讨论:

1.面对师兄的不断追求,小陈应如何对待? 你认为她做好恋爱的准备了吗?

2.恋爱期间是否应该有性行为?

3.面对男友提出的"两人性格不合,在一起生活不会幸福"的分手语,作为小陈,应该如何面对失恋?

分析:目前,大学生因恋爱分手导致的心理问题已日益严重。多数大学生没有恋爱或失恋的经验,面对恋爱和失恋的种种问题根本不知所措,无所适从。青春期的大学生,心理上尚未完全成熟。他们认为爱情就是一切,心中渴望爱情、追求爱情,却没有做好恋爱的准备,很多人还因为青春的冲动,品尝了禁果,有的甚至怀孕堕胎,多次流产导致不孕。如果有了性接触的男女最后修成正果,那是皆大欢喜。可一旦不能结成夫妻,对第一次和男生有性接触的女生将是沉重的打击。所以在对待恋爱中的性时,男生们一定要对自己爱的人负责,克制自己的冲动。女生要懂得拒绝是对自己的人生负责,如果这个人爱你,他不会在意你的拒绝。小陈在遭到失恋的打击并做出过激行为后,接受了很好的心理辅导,在心理辅导老师的慢慢开导中,小陈逐渐恢复正常。其实在他们分开后,小陈也明白了男友并不是最适合自己的,她心里放不下的是自己曾经疯狂付出却没有得到回报。经过这样的事情,小陈成熟理智了许多,并很快调整好自己的状态,投入到毕业准备中。

案　例　2

小青,大一学生,独生子女,家庭条件较好,父母对她宠爱有加。但是一个学期过后,宿舍的集体生活让小青很不适应,而班里的同学又因为小青心高气傲,与她成为朋友的不多,苦闷的小青只好上网寻找安慰。她有许多网友,大家都聊得很好。

渐渐地,她发现和其中一个男生特别投机。一次不太在意的见面,让小青对这个男生更加心仪,因为她发现男孩比想象中好很多,而且是这个城市另外一所重点大学的大学生,从此小青的网恋就变成了现实中的恋爱。但是随着长时间的相处,小青发现男友不仅不是大学生,还不止她一个女朋友,他有许多像自己这样从网上骗来的女朋友。男友一直在欺骗她,这就如晴天霹雳,骄傲的小青心里接受不了这样的事实,没有心思做任何事,出现了忧郁、茶饭不思、脾气暴躁等症状。

讨论:

1.如何对待网恋?

2.面对网恋失败,如何克服心理障碍?

分析:小青因为不能很好地适应学校生活,在学校内部找不到可以倾诉的人,转而在学校外部寻找精神慰藉,没想到却把自己真实的感情给了一个并不真实的人。真正相处了以后,发现他根本没有网上那么优秀,也不像在网上那么好,只是虚有外表而已。更没想到的是,这个男孩是专在网上欺骗女孩感情的人,因此造成心理障碍。网络是虚拟的,它可以让人们随意幻想,有些男孩把自己想成白马王子,女孩想成白雪公主,但是不管怎么想象,生活都要恢复本来的面目。所以,对在校的大学生来说,网恋时一定要小心谨慎,多方了解考察对方,不可被对方一时的甜言蜜语欺骗。

课堂互动 ▶▶▶▶

任 务 一　认 识 爱 情

活动一:爱情是什么?

活动目的:了解爱情的本质。

活动步骤:以小组为单位,发挥大家的聪明才智,用比喻的方法描写爱情。描写得越多越好,最后在全班评选出最有创意的小组。

活动要求:以所写比喻句的数量为主要衡量标准,兼顾句子的质量。

活动二:我的恋人

活动目的:培养大学生健康的恋爱观。

活动步骤:对于每一个走向成熟的人来说,爱情都会成为他(她)生命中的重要课题。就同学们而言,无论你是已经拥有了爱情,还是即将拥有爱情,都需要对自己选择爱人的条件有一定的认识。下面,请你用词语或句子写出自己选择恋人的五条标准,并分享。

第一条:_____

第二条:_____

第三条:_____

第四条:_____

第五条:_____

问题1:你最希望伴侣具备什么特点(至少在纸上写下5个)? 最不能容忍的特点是什么(至少写下1个)?

_____

_____

_____

问题2:男女生分开分享,然后小组讨论,男女在选择伴侣上有差异吗?

_____

_____

_____

问题3:这个结果说明什么? 这个结果与你自己原来的选择标准一样吗? 今天的讨论对你有什么影响?

_____

_____

_____

任务二　培养爱的能力

活动一:爱的能力

爱的能力是一种综合素质的融合,是在爱的过程中一系列能力的总和。具体地讲,爱的能力应该至少包括以下几个方面。请你发挥自己的思维和想象的能力,把以下五句话补充完整。

1.爱的能力包括_____的能力。

2.爱的能力包括_____的能力。

3.爱的能力包括_____的能力。

4.爱的能力包括_____的能力。

5.爱的能力包括_____的能力。

活动二:失恋助我成长

活动目的:积极面对失恋,顺利度过失恋期。

活动步骤:

1.首先,请你列出失恋的好处:

_____

_____

_____

_____

2.以小组为单位,分别列举失恋的好处后,以下面的句型为模板,完成5句话。

因为失恋了,所以我获得了……

_____

_____

_____

_____

3.在全班范围内共同评出"失恋十大好处",作为最合理、最可行的建议,以此作为本班共同的情感自卫盾牌。

因为失恋了,所以我获得了_____

因为失恋了,所以我获得了_____

因为失恋了,所以我获得了_____

因为失恋了,所以我获得了_____

因为失恋了,所以我获得了_____

因为失恋了,所以我获得了_____

因为失恋了,所以我获得了_____

因为失恋了,所以我获得了_____

因为失恋了,所以我获得了_____

因为失恋了,所以我获得了_____

活动三:爱要大声说出来

活动目的:引导学生思考关于爱的表达方式,并思考哪种方式更适合自己。

活动步骤:

1.全班同学分为若干组,8~10人一组。

2.小组成员讨论所知道的表白方式(可以来自现实生活、影视或文学作品)。

3.将这些表白方式汇总呈现在贴纸板上。

4.团体成员两人一组,面对面站好,分出A角色和B角色。

5.首先A角色用自己喜欢或贴纸板上写的爱的表白方式向B角色表达自己的爱意,要尽量尝试多种方式,直到对方接受自己的爱为止;B角色要感受自己更喜欢哪种表白方式,同时可以尝试拒绝,时间为5分钟。然后角色互换。

6.感悟与分享。

(1)团体成员分享自己喜欢的爱的表达方式,并说明为什么喜欢这种方式。

_____

　　(2)该活动中,当自己向对方表达爱意时,要做哪些准备?

_____

　　(3)当B角色阻碍自己表达爱意的时候,自己的心情如何? 有什么感受? 自己又是怎么克服困难的? 从中学到了什么?

_____

任务三　培养健康的性心理与行为

活动一:小小辩论会

　　辩题:婚前性行为。

　　活动目的:通过对大学生婚前性行为的辩论,使同学们从多方面分析婚前性关系的利弊,学会对自己的性行为负责。

　　活动步骤:将全班同学分成甲、乙两方,双方分别持赞同婚前性行为和反对婚前性行为的观点,双方辩论,最后请专家点评。

　　甲方:赞同婚前性行为,论据_____

_____

_____

　　乙方:反对婚前性行为,论据_____

_____

_____

_____

活动二:学会拒绝

　　活动内容:对那些你不愿接受的性要求,要学会拒绝。每个人都有权利与义务告诉对方自己现阶段的性态度,告诉他现阶段不要发生性关系的理由。也许对方正是你的所爱,对方会给你某些诱惑,但是你是自己性爱的主人。

　　对话练习:

　　男:你不知道你错过的是什么。

　　女:_____

　　(参考答案:"是的,我知道——我错过了艾滋病、未婚怀孕、堕胎和忧虑。")

　　男:我无法控制自己。

　　女:_____

　　(参考答案:"但是我可以。")

　　男:每个人都在这么做。

　　女:_____

　　(参考答案:"但不是我,我不是那'每个人'。")

男：你有什么不对劲是不是？

女：_____

（参考答案："我很正常，还是让我们保持距离吧！"）

男：你可以信任我。

女：_____

（参考答案："我是信任你，我信任你会停止对我施加压力。"）

男：我爱你，难道你不爱我吗？

女：_____

（参考答案："我不必对你证明我的爱，如果你真的爱我，就请你尊重我。"）

女：你是不是男人？

男：_____

（参考答案："发生性行为并不代表我就是男人，正因为我非常在意，所以我才不急在一时。"）

智慧锦囊 ▶▶▶

爱情是每个青年人都憧憬和向往的，也是大家都非常关注的话题。在大学校园里，很多大学生都品尝过爱情的滋味，爱情给他们带来了欢乐，也带来了痛苦。许多大学生感慨：我经历了爱情，却不懂爱情。因此，爱情是值得我们不断学习、思考的课题。

一、什么是爱情

（一）爱情的定义

什么是爱情？有人说爱是牺牲，有人说爱是奉献，有人说爱是索取，还有人说爱是浪漫的、爱是有激情的、爱是永恒。究竟什么是爱情呢？

爱情（love）是人际吸引的强烈形式和最高形式，它有广义和狭义之分。广义的爱情是指存在于各种亲近关系中的爱，意味着人际关系中的接近、悦纳、共存的需要及持续和深刻的同情，是一种共鸣的亲密感情。狭义的爱情是指心理成熟到一定程度的异性个体之间的强烈的人际吸引。以下我们介绍的内容专指这种狭义的爱情。

马克思认为，爱情是男女双方之间基于一定客观物质基础和共同的生活理想，在各自内心形成的相互倾慕，并渴望对方成为自己终身伴侣的一种强烈的、纯真的、持久的感情。爱情的本质，是人的社会属性与人的自然属性相结合的异性间的崇高感情。爱情的获得需要经历一个由感性到理性，由片面到全面，由肤浅到深入，最后达到相互肯定、相互融合的过程。

（二）爱情的特征

作为人与人之间特定的社会关系，爱情具有以下一些基本特征：

1. 自主性和互爱性

爱情是一种复杂、圣洁、崇高的感情活动，它是由两颗心弹拨出来的和弦，彼此互相倾慕，情投意合。真正的爱情是不可强求的，只能以当事人双方的互爱为前提，当事人既是爱者又是被爱者。在爱情发展中,男女双方必须始终处于平等互爱的地位。单恋虽然也是一种强烈的情感,但它不是互爱意义上的爱情,它只能从内部消耗一个人的精神力量,从而造成心灵创伤,因而是不可取的。

2. 专一性和排他性

爱情是两颗心相撞发出的共鸣,男女一旦相爱,就会要求彼此忠贞,并且排斥任何第三者亲近双方中的一方。伟大的教育家陶行知曾经很形象地说过:爱情之酒甜而苦,两人喝是甘露,三人喝是酸醋,随便喝要中毒。这话是很有道理的。

3. 持久性和阶段性

爱情是一棵苍松而不是一枝昙花,爱情所包含的感情因素和义务因素,不仅存在于婚前的整个恋爱过程之中,而且延续到婚后的夫妻生活和家庭生活。爱情的持久性表现在爱情的不断深化、充实和提高上,恰如莎士比亚所说:真正的爱,非环境所能改变;真正的爱,非时间所能磨灭;真正的爱,给我们带来欢乐和生命。事实上,爱情的持久性正是建立和保持婚姻关系的基础。真正的爱情不会随着年岁的增长而减弱,但人生的不同年龄阶段,爱情的表现会有所不同,具有阶段性。

4. 社会性和道德性

爱情虽然是男女之间相互爱慕的私情,但具有丰富的社会内容。爱情的内涵、本质以及追求爱情的方式,必然要受到各种社会关系及社会因素的影响。爱情的道德性是指爱情中蕴含着对对方的强烈的义务感和责任心。

(三)爱情的成分与种类

爱情的含义从古至今有多种说法,虽各有差异,但内容基本一致,主要涉及生理因素、心理因素和社会因素三个方面。生理因素是指爱情产生于男女两性之间,异性吸引的生物本能使之产生相结合的强烈愿望;心理因素是指爱情会愉悦身心,能产生美好的心理体验;社会因素是指爱情属于社会现象,既受社会道德、法律规范的约束,还具有传宗接代的社会功能。

美国心理学家斯腾伯格在《心理评论》中以"质"和"量"的分析方法,提出著名的"爱情三角形理论"。斯腾伯格认为,"完美的爱情"包括三种成分:亲密(familiarity)、激情(enthusiasm)和承诺(promise)。以生理因素为主的两性关系是激情,以心理因素为主的两性关系是亲密,以社会因素为主的两性关系是承诺。

1. 亲密

亲密指在爱情关系中能促进亲近、联结等体验的情感,它能引起亲密和温暖的情感体验。这是爱情中的情绪成分。它包括如下内容:①改善所爱的人的福利的愿望;②与所爱的人在一起体验到快乐;③对所爱的人高度关注;④在需要帮助时能指望所爱的人;⑤互相理解;⑥分享一个人的自我和一个人的所有;⑦接受来自所爱的人情感方面的支持;⑧对所爱的人提供情感方面的支持;⑨能与所爱的人进行亲密的沟通交流;⑩重视对方在自己生活中的价值。

2. 激情

激情是基于浪漫、身体吸引之上的性冲动与性兴奋,是爱情中的性欲成分,是爱情的主要驱动力,也是爱情中的情绪成分。激情能引起浪漫恋爱、体态吸引、性完美,以及爱情关系中的其他有关现象。或者说,该成分就是在爱情关系中能引起激情体验的各种动机性的唤醒源以及其他形式的唤醒源。它包括一种激烈地渴望与另外一个人成为一个统一体的状态。在爱情关系中,性的需要是引起这种激情体验的主导形式。

3. 承诺

承诺是爱情中的理智成分,它对情绪和动机是一种控制因素,包括将自己投身于一份感情的决定及维持感情的努力。具体来说承诺包括两方面:①在短期方面,指一个人做出了爱另外一个人的决定;②在长期方面,指那些能维持爱情关系的承诺或担保、投入、忠心、义务感或责任心。但是,这两个方面不一定同时具备。爱的决定并不一定意味着对其忠守;同样,忠守也不一定意味着做出决定。现实中,许多人实际上在心理上承担了对另一个人的爱,却未必承认,更不用说做出什么决定了。然而,无论是在时间上,还是在逻辑上,大多数的情况都是决定成分优先于忠守成分。承诺大体上相当于我们中国人常说的"山盟海誓""天长地久""忠贞不渝"之类。

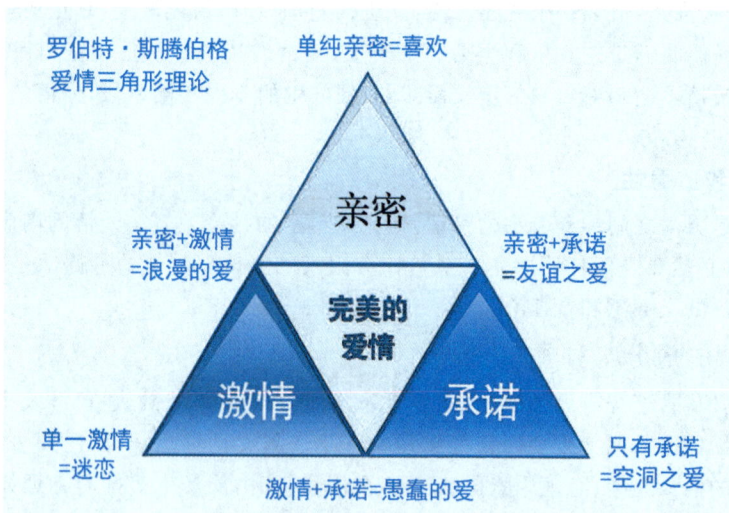

亲密、激情与承诺组成了爱情三角形的三个顶点,成为对爱情进行描述的维度,圆满的爱包含这三个成分,如上图所示。随着认识的时间增加及相处方式的改变,上述的三种成分将有所改变,随着爱情三角形组成元素的增减,其形状与大小也会发生改变。在此基础上,爱情可以分成以下八种类型:

爱 情 类 型	爱 情 因 素		
	亲密	激情	承诺
无爱	×	×	×
空洞的爱	×	×	√
喜欢	√	×	×
迷恋	×	√	×
愚蠢的爱	×	√	√

续表

爱情类型	爱情因素		
	亲密	激情	承诺
浪漫的爱	√	√	×
友谊之爱	√	×	√
完美的爱	√	√	√

(四)爱情的层次、特征和发展阶段

卢家楣研究指出,爱情有三个层次和三个主要特征。三个层次从低到高依次是以性爱为主的层次、以情爱为主的层次、性爱和情爱的和谐统一。层次越高的爱情越牢固,越有生命力。三个特征是排他与专一的统一、冲动与韧性的统一、自私与无私的统一。

爱情的心理发展阶段包括心动阶段、钟情阶段和成熟阶段。

1. 心动阶段

心动往往是恋爱的前奏,并没有建立具体的联系。当遇到的人恰恰是自己喜欢的类型,抑或有许多共同的兴趣爱好,能谈得来,甚至仅仅是因为对方的气质或长发,个体可能就会产生心动的感觉。心动来得迅速,诱发的因素众多,因此并没有情感的深度卷入,仅仅是有"眼缘"——对方的外表或行为、言语打动了你。

2. 钟情阶段

由最初的感觉上升为情感的全面卷入,这就步入了钟情阶段。钟情意味着和对方有情感上的互相支持和包容,表现在行为层面就是常常希望和对方在一起,感觉到在心理上需要对方,有强烈的情感共鸣,对许多事物诱发的情感体验趋向一致,比如喜欢某一种食物、讨厌某一个人等。

3. 成熟阶段

当情感上具有了强烈的归属感后,认知开始重新评估恋爱双方亲密关系的本质。爱情不仅仅是感觉和情感的卷入,还包括对对方生活中一切方面的认可,客观地评价对方的优缺点,在理智层面接受对方的缺点,在情感层面也不产生厌恶感。由对个体的"盲目"爱慕发展为成熟稳定的认知、情感卷入。在人生观、价值观方面取得较多一致,在理智感、道德感、美感方面能互相促进、互相影响,逐步形成你中有我、我中有你的和谐局面。

(五)亲密关系的促进因素

亲密关系的发展不能一蹴而就,它需要一些可靠的心理基础和行为技巧。当然,任何技巧的过度使用都会对亲密关系产生阻碍,但是,好的技巧就像润滑剂一样,会促进亲密关系的健康发展。

1. 安全型依恋

爱情不仅仅是一种选择的体验,其实更是一种生物性的驱使,其目的在于满足个体归属和爱的需要。爱情中的依恋包含双方的理解,提供和接受支持,重视并享受和相爱的人在一起;激情之爱还包括身体上的亲昵、排他性的期待,以及对爱人的迷恋。在依恋类型中,安全型依

恋是亲密关系展开的心理基础,它经常表现为尊重、理解和宽容。研究表明,敏感的、反应型的母亲会让孩子对于世界的可靠性形成一种基本的信任感,她们一般会培养出安全型依恋的孩子。在童年期曾经受到过细心养育的人往往会和他们日后的爱情伴侣发展出温馨而具有支持性的感情。

2. 公平

伴侣从感情中所得到的应该和双方各自投入的多少成正比。如果两个人的所得相同,他们的贡献也应该是相同的;如果两个人都觉得自己的所得和付出成正比,公平感油然而生,否则其中一方会体验到不公平。在持续时间较长的人际关系中,比如室友或爱人之间,公平感极其重要,一个长期体验不公平感的个体是不会主动去维护一段令人难受的关系的。当然,公平感的获得并不会追求完全相同的交换,而是更随意地通过一些不同利益的交换来达到。不斤斤计较是产生公平感的基础。在婚姻中,如果双方明确要求对方该如何做时,只会破坏他们之间的关系。只有当对方自愿做出某种正向的行为时,爱情才真正发生了。研究表明,乐意在恋爱关系中做贡献的人所建立的恋爱关系的质量比回避奉献的人要好,而且有更高的个人幸福感。公平常常意味着分享和承担。Haas 和 Stafford(1998)指出,通过分享任务和活动来保持与对方的接近是维持长久爱情关系的最常使用的策略。

另外,长期公平原则还可以解释为什么婚姻双方的"资源"往往是相当的,比如外表吸引力、社会地位等方面往往是匹配的。不公平感体验会导致婚姻紧张,而又进一步加强了不公平感。处于公平关系中的人们往往满意度更高,那些认为其关系不平等的人会觉得不舒服,被占便宜的一方感到愤怒,占了便宜的一方觉得内疚。但是,多数时候,"占了便宜"的人对于不公平较为不敏感。例如,大部分的丈夫会觉得他们做的家务比妻子认为的要多得多,即使他们仅仅是擦擦地板。

3. 自我表露

深厚的伴侣关系是亲密无间的。这种关系使人们能真实地展现自己,并且可以从中知道自己被他人接受的程度。信任取代了焦虑,使人们更容易展现自己,而不需要担心失去他人的友情或爱情。随着互相关系的深入和发展,自我表露的伴侣会越来越多地向对方展现自我,他们彼此的了解就越发深入。人们不仅喜欢那些敞开胸怀的人,而且会向自己喜欢的人敞开心扉。在进行自我表露之后,人们会增加互信和喜爱感。

二、大学生恋爱中存在的心理问题及调适

1. 因缺乏自信产生的心理问题

一些大学生总感到自己缺乏被爱的吸引力,也有些大学生为自己还没恋爱感到自卑,认为自己对异性没有吸引力,认为别人瞧不起自己,不敢坦然地与异性交往,更怕在异性面前失误,只好用回避与异性接触的办法保护自尊心,并极力掩盖内心深处的痛苦与失落。

原因:一方面,在大学生恋爱过程中常见的"恋爱的晕轮效应"会导致对自我和对对方的认知偏差和评价偏差。自我评价出现偏差,学生往往过于关注别人对自己的评价,却从未认真考虑过自己如何给自己一个客观的评价。另一方面,对恋爱吸引力有误解以及缺乏科学的认知。表面上看,似乎人们的择偶心理倾向于外在魅力,实际上男女大学生在选择异性对象的条件上大多都认为性格、才能、心理相容、人品和兴趣爱好更具吸引力。随着年级的升高,大学生对选

择恋爱对象的条件越来越实际,一般不会再"跟着感觉走"。

调适:有这种心理问题的大学生首先应从各方面多寻找自己的长处,挖掘和排列一下自己能吸引他人的闪光点及特征,并学着变换一下思维方式,用自己的优点与别人的缺点去对比,以增强自信、悦纳自己。其次,学会辩证地思考问题,看到事物的两面性。最后,大胆地去与异性同学交往,多参加有异性同学的集体活动和娱乐活动,去了解和观察自己所欣赏的异性同学。同时,也了解自己的恋爱期待心理特征,缩短真实自我与理想自我的心理差距,调节好恋爱心理的内部期待与外部期待的矛盾,矫正恋爱动机和恋爱价值取向。

2.单相思产生的心理问题

单相思是指异性关系中的一方倾心于另一方,却得不到对方回报的单方面的"爱情"。单恋者往往充满幻想,而且自愿为对方奉献一切,具有伟大而深沉的悲哀;对单恋对象往往过分关注,害怕遭到拒绝或再次遭到拒绝而不敢坦露心迹,宁愿单方面进入幻想的连续剧中。单相思本身并不算心理障碍,但盲目的非理性的单相思如果得不到合理的疏导与调适,就会导致心理失调,甚至是更为严重的后果。单相思使某些学生陷入痛苦的境地,茶饭不思,神情恍惚,对生活失去乐趣,心理逐渐失衡,常常处于空虚、烦恼,甚至绝望之中。轻者导致强迫性神经症,重者导致抑郁症,更严重者在行为上会出现攻击倾向,指向外部的可能是对思恋对象的攻击,指向内部的就是自杀。

原因:形成单相思的原因很多,主要有以下几点。

(1)自卑。害单相思的大学生往往在内心把自己暗恋的人过分地美化了,他们在相处或者相遇之中,被对方的容貌、才华或者品行所吸引,从而形成对对方的爱慕,但是由于吸引而美化对方,相比之下总感觉自己配不上对方,因此不敢接近所暗恋的人,而是以其丰富的想象力,在幻想中得到异性的爱。

(2)信念误区。单恋者认为爱仅仅是投入,不要承诺、不要回报、不顾一切的精神恋爱才是最伟大的爱。

(3)心理防卫。有的单相思者由于自己的认知偏差,不能正确地对待被拒绝的事实,而仅仅是为了"自尊",就自我强迫,坚持求爱到底。在现实生活中,有的大学生在遭到对方反复拒绝后,并不死心,仍然死心塌地地"缠"着对方,给双方造成心理负担;甚至有的单相思者经过锲而不舍的努力,最后获得对方的爱以后,主动终止与对方的恋爱关系,以"挽回自己的面子"。

调适:单相思的心理调适可以从以下方面进行。

其一,要划清爱情与好感的界限。心理学实验证明:爱情与好感绝不是一回事。爱情与好感是两种性质不同的体验,如果不能有效辨别,常常会错把好感当爱情而过早地射出丘比特之箭,从而平添许多痛苦。

其二,不要过分相信自己的感觉。"情人眼里出西施",感觉里往往包含错觉。因此,大学生一定要学会客观地判断对方的行为,从而获取有关爱情的真实信息。

其三,要增强理智感。勇敢地面对客观现实,摆脱虚幻的爱情罗网。积极地采取现实的方法发展和培养自己的爱情。恩格斯说过,爱情是"以互爱为前提的",它应是两颗心弹拨的和弦,绝不是单方的独奏。强扭的瓜儿不甜,婚姻不能强求,虽然对方给自己留下了美好的"第一印象",但既然这无法发展为爱情,我们就应该勇敢接受现实。

其四,把自己对对方的爱转移到学习和工作上。青年人都有爱和被爱的权利,但是,过度的爱情追求必然降低人本身的价值。生活中还有比爱情重要的东西,这就是事业。把更多的精力投入到事业中去,不仅可以使自己从事业中寻找到新的乐趣,而且这也是排解烦恼的有效办法。

3. 失恋产生的心理问题

失恋是指恋爱的一方否认或中止恋爱关系给另一方造成的一种严重挫折。从心理角度来看,失恋可以说是大学生求学期间最严重的挫折之一。失恋是大学生恋爱现象中最为常见的负性事件,在大学生寻求的心理咨询中所占的比例较高。李瑜(2019)在对高职院校大学生的调查中发现,在进入大学前,近七成"00后"大一新生有过恋爱经历,其中恋爱经历在2次以上(含2次)的占30%。在进入大学后3个月的时间里,感情发生变化的大一新生占23%,其中经历分手变化的占三分之二。大学生失恋的原因主要包含主观和客观两方面的内容。在主观方面,性格不合、志趣不投、价值观不同、消费观有差异、对异性缺乏应有的了解和尊重、沟通模式单一、情感分享失败等均会造成大学生失恋。在客观方面,父母反对、异地相恋、毕业、第三者介入等也是失恋的重要原因。同时,随着个性化的彰显,部分大学生恋爱动机不纯,恋爱是为了解决自己的孤独感、寂寞感,甚至是改善物质生活条件等,这些恋爱多以失恋告终。失恋会造成一系列消极心理反应,如难堪、羞辱感、失落、悲伤、孤独、虚无、绝望和报复等,一般来讲主要表现为:

(1)情绪极度悲伤和绝望。其症状表现强度与失恋者对恋爱对象的满意程度成正比。

(2)充满难堪和羞辱感,甚至感到羞于见人,无地自容。自尊心越强者,恋爱公开程度越大者,这种症状就表现得越明显。

(3)充满了虚无感和失落感。热恋时对爱情的存在越肯定,失恋后的虚无感也就越强烈;热恋时产生的依赖心理倾向越大,得到恋人的温暖和安慰越多,失落感的表现就越显著。

(4)充满了冷淡和憎恶感。失恋后对平时所感兴趣的事物已感到索然无味,而对"薄情郎"或"负情女"则产生出一种憎恶感。

(5)有强烈的报复、自杀意念,或者内化为自我折磨。

原因:大学生产生失恋现象的心理原因有很多种,概括起来有三个。一是在大学生心目中,爱情的理想与现实的差距让人感受到一种难以名状的失落。也就是说,总相信有完美的爱存在,可现实却没有十全十美的男人或女人,更没有十全十美的自己。二是决定恋爱能否成功的因素是多方面的,如年龄、外貌、品行、性格、文化、职业、兴趣、爱好、经济状况、民族、宗教信仰、政治态度等,或许只有某方面的相互欣赏和认可就走到了一起,或许也仅仅因为某一点看不惯就分手了。殊不知,要达成多方面的默契是需要时间的,要建立一份永久的爱情与幸福的家庭是需要相互理解、共同努力的。三是由大学生恋爱的心理特征所引发并形成的恋爱低龄化、公开化、高速进展和恋爱的多元化所致。

调适:失恋问题是自身问题,主要应从自身解决。根据心理学原理,大学生面对失恋可通过以下方法进行自我调节:

(1)价值补偿法。

此法旨在稳定人的情绪,平衡人的心理,增强信心和勇气,而且对事业的成功还能起到激励作用。失恋大学生要努力克服爱情至上的观念,明确爱情固然重要,但毕竟不是生活的全部,生活中还有比爱情更重要的东西,那就是对理想、事业和工作的追求。要自觉摆脱失恋的阴影,把精力投入到学习工作之中,把失恋升华为一种奋发向上的动力。

(2)多维思考法。

心理学认为,当受到外界刺激、情绪不能自主时,排遣这种不良情绪的关键是冷静和理智。失恋后,不妨静下心来回忆一下整个恋爱过程,冷静、客观地分析一下失恋的原因,认真地总结经验教训,如:你们的恋爱是否存在盲目性? 对方感情的变化有无道理? 这样的爱值不值得留恋?

(3)活动转移法。

因失恋而悲痛欲绝的大学生,可以通过参加有意义的活动,如文体活动、学习班、继续深造等,将自己的注意力转移到其他事上去,使消极的情绪得到控制。置身于欢乐的环境中,用新的乐趣来冲淡心中的郁闷,可使自己忘掉痛苦和烦恼。心理学认为,当保持记忆的条件暂时不存在,或被另一种现象干扰时,就会造成人们对某种事物的遗忘。这样,伤感者不仅精神上得到了补偿,而且可以打开生活的视野,产生新的理想和追求。

(4)自我安慰法。

此法是指当人产生悲观失望的情绪时,通过自我调节,使心理上得到某些满足,以促进心理平衡。恋爱同其他事情一样,既有成功,也有失败,那么,我们为什么只苛求成功而不正视失败呢? 况且,第一次闯入你心中的异性并不就是唯一可爱的,第一次做出的择偶选择也未必就是最佳选择,除了对方之外,难道就没有别的人可选择了吗?

(5)积极认知法。

任何事物都有其正反两面,失恋虽说是一次失败的恋爱,但同样有其独特的积极意义。比如:失恋能避免以后的婚姻失败,失恋能增长阅历和耐挫能力,失恋能澄清自我的爱情观,失恋能让人学会珍惜、尊重和宽容,等等。多从积极的角度认识失恋问题能有效降低痛苦感,将失恋的负面影响降低。

三、如何培养爱的能力

埃里希·弗罗姆在《爱的艺术》一书中提出:爱是一门艺术。爱的问题不仅是一个对象问题,而且是一个能力问题。如果不努力发展自己的全部人格,任何爱的努力都会失败;如果没有爱他人的能力,自己在爱的生活中永远不会得到满足。具备爱的能力会引导一个人去真正地爱他人,也真正地爱自己,能真正体验到爱给人带来的快乐和幸福。恋爱的过程也是培养爱的能力的过程。

(一)培养表达爱的能力

当心中有了爱,在理智分析之后,要敢于表达、善于表达,这是一种爱的能力。有些大学生心中有爱但拙于表达,常遭到恋人的猜测和抱怨。因此,大学生要努力培养自己表达爱情的能力,在遇到心仪的对象,向对方表达时要真诚、大方、适度,这样才能捕获心中的爱情。

在表达你的爱之前,请自问:

· 你想要表达你的爱吗?

· 你有足够的勇气和信心表达你的爱吗?

- 你能用恰当的方式和语言表达你对她(他)的爱吗?
- 你做好被她(他)拒绝的心理准备了吗?

(二)培养接受爱的能力

当别人向你表达爱时,如果不能清楚地回答是接受还是拒绝,请给自己时间准备。对于渴望爱情的大学生来说,首先要懂得爱是什么,自己喜欢什么,自己需要什么、适合什么;其次要能及时准确地对爱的信息做出判断,以利于做出正确的响应;最后还应具有良好的心理承受能力,能坦然地做出选择,并能兼顾好学业、爱情、未来三者的关系。只有这样才能爱情、学业双丰收,拥有美好的未来!

在面对一份爱情时,请自问:

- 你的爱情是突如其来的还是自己一直渴望的?
- 对于被爱你感到高兴吗?
- 你接到爱的信号了吗?

(三)培养拒绝爱的能力

这是对自己不愿或不值得接受的爱加以拒绝的能力。不少大学生在别人向自己示爱时优柔寡断,怕伤害对方,又怕对方误会。接受爱不代表尊重;拒绝爱也并不表示不尊重。负责任的接受和拒绝都是对他人的尊重。但在拒绝时,要注意两个方面。

(1)在并不希望得到的爱情到来时,要果断、勇敢地说"不"。因为爱情来不得半点勉强和将就,如果优柔寡断或屈服于对方的穷追不舍,发展下去对双方都不利。

(2)要把握恰当的拒绝方式。虽然每个人都有拒绝爱的权利,但是珍重每一份真挚的感情是对他人的尊重,也是一种自尊,同时是对一个人道德情操的检验。

如果你已经明确表明拒绝之意,而对方仍无理纠缠,则应该向老师、家长、朋友求助,共同解决问题。

(四)培养发展爱的能力

恋爱是两个人的事,两个独立的人走到了一起,共同经营着一份感情。确实,爱情是需要经营的,不同的经营方式带来了不同的恋爱结果。其实出现矛盾并不可怕,可怕的是采取了不当的经营方式。

培养发展爱的能力,就是要培养无私的品格和奉献精神,要培养善于处理矛盾的能力和经营爱情的能力。每个人都想追求和保持自己美好的爱情,然而如何才能经营好自己的爱情呢?

(1)在爱情的发展过程中,双方要有意识地提高自己的人格修养,培养自己的人格魅力,要不断地丰富自己,增强相互的吸引力。

(2)在爱情的发展过程中,双方要保持自己独特的个性和空间,但同时又要保持与对方的和谐,做到两心相悦。

(3)在爱情的发展过程中,培养善于处理矛盾的能力,有效地化解消除恋爱和家庭生活中的矛盾纠纷,使爱情得到健康稳定的发展。一旦双方出现矛盾和分歧,首先要尊重和信任对方,要及时沟通,相互理解,站在对方角度考虑问题,本着对恋人负责、对社会负责的理念,才能共同把爱情经营好。

四、性心理和性心理健康

(一)性心理和性心理健康的定义

告子主张:"食、色,性也。"孔子说:"饮食男女,人之大欲存焉!"就是说,以饮食为基础的物质生活和以繁衍后代为目的的性生活是人类的两大基本生活需要,性和饥择食、渴择饮一样,是人生而有之的本能。性是成年男女亘古不变的话题。从广义上来讲,性包含一切与两性互动和对立有关的议题,包括性、性别和性别角色。例如,"相夫教子"是对传统女性的性别角色定位,而"女汉子"是当前社会对女性观念和态度的变化。从狭义上来看,"性"更多地意指男女双方亲密的情感交流和身体接触行为。

身体是心理产生和发展的物质基础,个体在身体生长发育成熟的过程中,也伴随着心理的发展过程。性心理是指在性生理的基础上,与性征、性欲、性行为有关的心理状态和心理过程,也包括了与异性交往和婚恋的心理状态。性生理是性心理发展的生物学基础,性生理发育的障碍或缺陷,会导致性心理的发展出现偏差。大学生正处于性生理发育成熟、性心理逐渐趋向成熟的时期,这也是性生理需求与性的社会规范之间的冲突阶段。

性心理健康是指个体具有正常的性欲望,能够正确认识性的有关问题,并且具有较强的性适应能力,能和异性进行恰当交往,在免受性问题困扰的同时,还能增进自身人格的完善,促进自己身心的健康发展。性心理健康作为身心健康的一部分,与人的身体构造、生理功能、心理素质和社会适应密切相关。

世界卫生组织对性心理健康所下的定义是:通过丰富和完善的人格、人际交往和爱情方式,达到性行为在肉体、感情、理智和社会诸方面的圆满和协调。性心理健康是人类健康不容忽视的重要组成部分,因此在大学校园开展性教育非常必要。

(二)性心理的发展和性意识的成熟

随着青春期第二性征的发展以及相应的身体变化,大学生逐渐将异性作为性能量投注的有效对象。大学生试着参与到异性朋友的生活中去,开始关心异性的身体变化和穿着打扮,对异性评头论足。同时,也会关心和在意异性朋友对自己各方面的评价。异性的生理变化在一定程度上激发了大学生的好奇心和自尊感。他们试着将自己与异性父母的交往模式迁移过来,以帮助自己顺利地融入校园生活;他们精心组织自己的语言,总结自己的交往模式,试图更好地理解异性,融入异性的生活中。

青春期是儿童向成人过渡的中间阶段,是"人生历程的十字路口",处于青春期的人在身体结构上与儿童有别,又在心智水平上与成人不同。第二性征的发育和完成贯穿整个青春期。在此阶段,男女青年在心理方面的变化也反映在性心理领域:他们对性的意识,由不自觉到自觉;关注的对象,由同性转为异性;对异性的态度,由反感到爱慕。但由于在整个青春期中,青年人的情绪浮躁摇摆,容易变化,如果不及时引导,他们常常因为过度好奇、热情、幻想、冲动、性欲等驱使而不能自制。若再受社会上不良现象的影响,会使某些青年滋长不健康的性心理,以致早恋早婚、荒废学业,甚至触犯法律,走上犯罪的道路。因此,不论青年本人、家长或老师,均应该对青春期的性心理变化有一定了解,要依据青年性意识的发展规律培养和引导青年人的性意识,做到有的放矢。

青春期内性意识的发展一般可以分为四个时期：

1. 性抵触期

性抵触期指在青春发育之初一段较短的时期,青少年总想远远地避开异性,以少女表现得尤为明显,这主要与生理因素有关。由于第二性征的生理变化,青少年对自身所发生的剧变感到茫然与害羞,本能地产生对异性的疏远和反感。此一时期持续一年左右。

2. 仰慕长者期

在青春发育中期,男女青年常对周围环境中某些在体育、文艺、学识以及外貌上特别出众者(多是年长者),在精神上引发共鸣,仰慕爱戴、心向往之,而且尽量模仿这些长者的言谈举动,甚至入迷。

3. 向往异性期

青春发育后期,随着性发育渐趋成熟,青年人对与自己年龄相当的异性产生兴趣,并希望在接触过程中吸引异性对自己的关注。但由于青少年情绪不稳定,自我意识甚强,在与异性接触的过程中,容易引起言语理解上的冲突,常因琐碎小事而争吵甚至绝交,可能频繁地更换交往对象。

4. 恋爱期

青春发育完成,已达成年阶段,青年把情感集中寄予自己钟情的一个异性身上,彼此常在一起,情投意合,在工作、学习中互相支持,生活中互相照顾体贴,憧憬婚后的美满生活,并开始为组织未来的家庭做准备工作,这时的青年男女对周围环境的注意减少。女青年常充满浪漫的幻想,向往被爱,易于多愁善感;男青年则有强烈的爱别人的欲望,从而得到独立感的满足,他们的心情往往较兴奋。

(三)健康的性心理标准

健康性心理是指成年后将性爱指向异性,并能与异性和睦相处,伴随自身性器官和生理的成熟,有与年龄变化相一致的性欲和性反应,而且能通过正确途径满足性欲,疏导情感,度过幸福人生。同时,成年后,能正确认识和处理自己的性能量,通过合理、卫生、健康的手段升华欲望,对自己的性行为负责,逐步承担自身社会角色要求的社会责任。

大学生对性的认识还停留在好奇、探索阶段,比较片面和肤浅,也并不具备相应的心理素质以应对性行为所产生的生理和心理困惑。因此,多数学校并不鼓励大学生的婚前性行为。但是,由于青年学生性生理已经成熟,集聚在体内的性能量需要发泄,加之大学生家庭性教育不及时,以及受国外色情电影的负面影响,部分大学生表现出异常性心理行为。

一般认为,健康的性心理应具有以下特征:

(1)具有科学的性知识:性的解剖知识,性的安全知识。

(2)认同与悦纳自己的生理性别,即男性应具有男性意识,女性应具有女性意识,无性别认同紊乱,不怨恨自己的性别。

(3)伴随性器官和生理的成熟,有与年龄变化相一致的性欲和性反应,并能进行有理智的情感实现与控制。

(4)能正确认识和处理自己的性行为带来的后果,并有社会道德责任感。

(5)能与同性和异性自然、和谐相处;在婚姻前提下的性生活符合男女平等、科学、卫生的原则。

总之,文明的人既要有内心健康的性心理,也要有文明卫生的性爱行为,达到内在心理与外在行为的和谐统一。

(四)大学生常见的性心理困扰与调适

1. 性体像意识的困扰与调适

这主要表现为大学生不能正确、客观地认识自己的身体及其第二性征。如唐爱武的调查报告中就有50%的女生和16%的男生对青春期出现的第二性征感到害羞、不安和不理解。女性对自己的乳房发育不满意,为形体的胖瘦而烦恼,有的大学生由于片面追求苗条而形成体像障碍。男性对自己的生殖器不满意,为身材矮小而苦恼。有的大学生认识不到生长的突增在身体的各个部位并不同时开始,因而产生体像和自信心方面的问题。因此,大学生要学习科学的性知识,树立正确的性审美观。

2. 性冲动和性幻想的困扰与调适

性冲动是指由于性刺激引起大脑皮层的活动,产生性欲,再通过大脑皮层向身体组织发出指令。性冲动和性幻想是性发育过程中出现的正常现象,它代表着性知觉的觉醒和性意识的萌发。性冲动和性幻想不一定产生性行为,所以不必过分自责,不要认为是卑鄙、见不得人的事。事实上性幻想对于减少人的紧张与焦虑乃至性压抑都是有益的。但如果频繁出现性梦或性幻想就会影响休息、睡眠和体力的恢复,严重的还会导致神经衰弱,给身心健康带来不利影响。因此,在心理尚未成熟时应尽量减少声、光刺激;不接触黄色、淫秽读物;适时接触性刺激;锻炼理智和克制能力。

3. 性自慰的焦虑与调适

事实上,性自慰本身并不会带来害处,它是"标准的性行为的一种"。美国著名的性研究专家马斯特斯和约翰逊用先进的仪器,对性自慰和性交做了比较,发现两者基本一致,认为没有理由把性自慰当作有害身心健康的异常性行为看待。并且,在大学生不能用性交行为来释放他们内心积聚起来的性冲动能量的情况下,性自慰也许是他们可以采取的主要性行为。性自慰的危害并不在于性自慰本身,而在于对性自慰的担忧、恐惧、羞愧和罪恶感。对性自慰的错误认识,既是大学生烦恼的真正原因,又是使之变得难以节制的心理原因。不少大学生在接受性知识教育和咨询后,一旦明白性自慰是正常的、无害的,并且性自慰并不是个别人的行为后,心理负担卸了下来,这样性自慰的欲望和行为反而减少、容易调节了。

4. 性心理偏差行为与调适

性心理偏差行为是指青少年在性发育过程中的不适应行为,如过度手淫、迷恋黄色书刊、不当性游戏、轻度性别认同困难等,一般不属于性心理障碍,但对这些不适应行为应给予有效的干预。手淫本身不是心理障碍,对身体并无损害,也不是罪恶,应该注意的是对手淫的错误观念引起的心理冲突。对于过度手淫要采取转移注意力、转向于参加文体活动的方法予以纠正。丰富兴趣爱好,培养大胆开朗的个性,增强性道德观念和意志品质,其中关键的一步是对异性脱敏。通过咨询和自身的努力,往往能有效地改变性心理偏差行为。

心理加油站 ▶▶▶

一、拓展阅读

远离性骚扰

性骚扰是指通过利诱和威胁，将自己的性殷勤强加于他人，迫使他人屈从自己的性意志，满足其变态的性侵犯的奢望。这是一种极不道德的行为。

最容易受性骚扰的情景：

(1)在清晨或黄昏，特别是在夜间单独行走在偏僻道路的少女。

(2)独身居住或单独进入男性房间的少女。

(3)择友不慎，处事草率，结交品质恶劣的男性为友的女性。

(4)相貌迷人，举止风骚，穿着裸露，行为轻浮的女子。

性骚扰往往是在有机可乘的情况下进行的，因此青少年女子在言行上要注意以下几点：

(1)性骚扰主要是性欲激发的。作为女性应懂得保护自己，不要穿过于透明、裸露的服装，言行举止切忌轻浮。

(2)夜间不要走偏僻小路。夜间行路时如遇到有人尾随盯梢，要尽量与其保持一定距离，并迅速地走向有灯光处或者有行人、店铺的地方。

(3)乘公共汽车时，如果发现有成群结伙、流里流气的人蜂拥上车，最好走向车的前部，靠近司机或售票员站立；不要挤在人群中间，并且要尽量避免和这些人同时在一个站下车。

(4)尽量避免单独去男性宿舍。如果向男教师请教有关学习问题，最好约上几个要好的同学一起去。单独在家时，如果有人敲门，必须先问清情况，在你认为安全时，方可让其入内。

(5)当有人对你非礼时，应想办法躲避，情况紧急时要立即呼救。现在社会风气正在好转，见义勇为、互相帮助的事情越来越多，只要你提高警惕，具有精神上的防卫术，是可以避免受骚扰侵害的。

异性交往的禁忌

(1)过分拘谨。应该从心理上像对待同性那样去对待与异性的交往，该说的说，该做的做，需要握手就握手，需要并肩就并肩，任何矫揉造作和忸怩作态反而使人讨厌。

(2)过分随便。男女间交往过分拘谨固然令人生厌，但过分随便，诸如嬉笑打闹、你推我拉之类的举止也应力求避免。同时也要意识到，有些话题只能在同性之间交谈，有些玩笑话不宜在异性面前乱说。

(3)过分卖弄。在与异性交往中，如果想卖弄自己见多识广而讲个不停，丝毫不给别人插话的机会,或者在争辩中有理不让人,无理也要辩三分,都会使人反感。

(4)违反习俗。男女交往的方式要适合当前的社会心理。青少年男女间提倡群体交往,不提倡个别过密交往;女青少年不去男性的单身住所,不单独与男性去偏僻的地方;去异性同学的家里要事先得到对方的同意;接待异性同学来访,穿着要整齐等。

放弃的寓言:蜜蜂与鲜花

玫瑰花枯萎了,蜜蜂仍拼命吮吸,因为它以前从这朵花上吮吸过甜蜜。但是,现在在这朵花上,蜜蜂吮吸的是毒汁。蜜蜂知道这一点,因为毒汁苦涩,与以前的味道有天壤之别。于是,蜜蜂气愤不过,它吸一口就抬起头来向整个世界抱怨,为什么味道变了?!终于有一天,不知道是什么原因,蜜蜂振动翅膀,飞高了一点。这时,它发现,枯萎的玫瑰花周围,处处是鲜花。

这是关于爱情的寓言,是一位年轻的语文老师的真实感悟。有一段时间,她失恋了,很痛苦,一直想约我聊聊,希望我的心理学知识能给她一些帮助。我们一直约时间,但快两个月过去了,两人的时间总不能碰巧凑在一起。最后一次约她,她说:"谢谢! 不用了,我想明白了。"原来,她刚从九寨沟回来。失恋的痛苦仍在纠缠她,让她神情恍惚,不能享受九寨沟的美丽。不经意的时候,她留意到一只小蜜蜂正在一朵鲜花上采蜜。那一刹那间,她脑子里电闪雷鸣般地出现了一句话:"枯萎的鲜花上,蜜蜂只能吮吸到毒汁。"当然,大自然中的小蜜蜂不会这么做,只有人类才这么傻,她这句话里的蜜蜂当然指她自己。这一刹那,她顿悟出了放弃的道理。以前,她想让我帮她走出来,但翅膀其实就长在她自己身上,她想飞就能飞。放弃并不容易,爱情中的放弃尤其令人痛苦。因为,爱情是对我们幼小时候的亲子关系的复制。幼小的孩子,无论从哪个方面看,都离不开爸爸妈妈。如果爸爸妈妈完全否定他,那对他来说就意味着死亡,这是终极的伤害和恐惧。我们多多少少都曾体验过被爸爸妈妈否定的痛苦和恐惧,所以,当爱情——这个亲子关系的复制品再一次让我们体验这种痛苦和恐惧时,我们的情绪很容易变得非常糟糕。不过,爱情和亲子关系相比,有一个巨大的差别:小时候,我们无能为力,一切都是父母说了算;但现在,我们长大了,我们有力量自己去选择自己的命运。可以说,童年时,我们是没有翅膀的小蜜蜂,但现在,我们有了一双强有力的翅膀了。但是,当深深地陷入爱情时,我们会回归童年,我们会忘记自己有一双可以飞翔的翅膀。等我们自己悟出这一点后,爱情就不再是对亲子关系的自动复制,我们的爱情就获得了自由,就有了放弃的力量。

切记,爱情是两个人的事情,两个完全平等的、有独立人格的人的事情。你可以努力,但不是说,你努力了就一定会有效果,因为另一个人,你并不能左右。所以,无论你多么在乎一份爱情,如果另一个人坚决要离开你,请尊重他的选择。并且,还要记得,你不再是童年的你,只能听凭痛苦的折磨。你已成人,你有一双强有力的翅膀,你完全可以飞出一个已经变成毒药的关系。

二、影视推荐

1.《爱情故事》

导演:阿瑟·希勒。

编剧:埃里奇·西格尔。

主演：艾丽·麦古奥、瑞安·奥尼尔、约翰·马利。

上映时间：1970-12-16（美国）。

剧情简介：洋溢着青春浪漫气息的哈佛大学校园中，富家子弟奥利弗遇见了聪敏可爱的女生詹妮弗，他被女孩的机智俏丽深深吸引，两人迅速坠入爱河。然而，当有权有势的奥利弗家族得知儿子的未婚妻竟然出身于一个烤甜饼的家庭，他们极力反对这桩婚姻。深爱着詹妮弗的奥利弗不顾家庭反对，毅然与爱人成婚，并不惜与家族断绝关系。婚后生活虽然拮据而艰难，但是充满了爱情的甜蜜。奥利弗在爱妻的支持下完成了硕士学业，顺利拿到律师执照。正当生活向着美好的未来走去时，病魔选中了詹妮弗。为了治疗爱妻的绝症，奥利弗低头向父亲求救。然而，一切哀求都无法阻止无情的病魔，詹妮弗最终离开了人世。然而，这段真挚的爱情故事却获得了永恒。

2.《最美的时候遇见你》

导演：吴娜。

主演：谭松韵、罗云熙。

上映时间：2015 年 12 月。

剧情简介：高中的杨芳芳（谭松韵饰）是一个平凡的"丑小鸭"，一封来自她初中"梦中情人"——郭阳（罗云熙饰）的情书，打破了她所有的平静。她开始做各种尝试，努力让自己变成"火凤凰"，为的是要在"最美的时候遇见他"。她为爱情努力蜕变、奔走，一次"精心策划"的美丽邂逅让她和他坠入爱河，年轻的激情在盛夏尽情释放。然而，初恋不总是想象中的那样完美，前阵子风平浪静，紧接着就是狂风暴雨的来袭。最终，杨芳芳选择了在最美的时候和他分开，把爱情留在了最美的时候……

课后实践

推荐活动一：情景剧场——该不该喜欢？

人物：小轩、小琪、小轩好友。

地点：宿舍、操场。

剧情背景：小轩是个刚上大学的新生，他已经和家乡的女朋友谈了一年多恋爱了，两个人在一起时感觉很开心，彼此间也很谈得来，只是由于女友高考失利，没能和他一起考上大学，现在还在家中复读。这样过了半个学期后，小轩在一次社团活动中遇到了小琪，这个活泼可爱的女孩子一下子就占据了他的心，以致在后来的几天内小轩脑海中总是晃着她的影子和她的音容笑貌。一周后，社团再次举行活动时，小轩表达了想和小琪交朋友的愿望，而小琪对小轩似乎也很欣赏，自然也就同意了。此后，他俩在一起的时间越来越多，相互之间交谈得也越来越深。突然有一天小轩发现自己已经喜欢上了小琪，总是想着和她在一起，甚至还想到了更多……然而，一股对家乡女友的愧疚却冒了出来，他觉得自己不应该去喜欢小琪，应该忠于家乡的女友，可事实却是他真的很喜欢小琪。小轩陷入了深深的矛盾与痛苦之中。

剧情新编：假如你是小轩的好友，面对小轩向你倾诉他的痛苦，你会如何劝慰他？

_____

_____

_____

推荐活动二:小组调研

1.请以小组为单位,以"大学生的恋爱观及恋爱中的常见问题"为主题进行调研,调研报告不少于3000字,并于该课程结束前递交给老师。

2.请于调研结束后回答以下问题:

(1)在调研过程中,小组分工是什么样的? 你扮演什么样的角色?

_____

_____

(2)整个小组在调研过程中,给你什么样的感受?

_____

_____

(3)你从整个调研中收获了什么?

_____

_____

项目六课后实践活动记录表

姓名		学号		联系电话	
学院		专业		班级	
活动主题					
活动时间					
活动地点					
活动感悟	（不少于 300 字）				

活动图片	
自我评价	
小组评价	
教师评价	

项目七

珍爱生命 临危不乱
——生命教育和心理危机干预

生命是母亲的杰作，是血脉的延续，是民族的传承。请珍爱生命、尊重生命，在创造和奉献社会的使命担当中绽放生命的绚烂！

学习目标

(一)知识目标

1.理解生命的内涵。

2.理解生命的意义和价值。

3.理解心理危机的含义。

4.了解心理危机状态下的外在表现。

(二)能力目标

1.懂得珍惜自己的生命,学会爱护自己。

2.能尊重他人生命,懂得爱惜世间所有有生命的事物。

3.具有正确识别心理危机和应对自身心理危机的能力。

4.懂得如何帮助处在危机中的人。

(三)德育目标

1.热爱生命,富有爱心,愿意善待生命、守护生命。

2.不断努力上进,超越自我,实现生命价值。

3.养成自助、助人的良好习惯。

4.树立奉献社会的正确价值观。

课前自测

生命愿景问卷

阅读下列句子,与自己的情况进行对比,与自己情况很不符合的在括号内填"A",不符合的填"B",符合的填"C",很符合的填"D"。

生命控制感:

1.我很少感到无助和无望。(　　)

2.我不认为生命如浮萍一般不知所系。(　　)

3.考试失败不会使我对生活失去信心。(　　)

4.失败不会使我怀疑自己也怀疑生活。(　　)

5.我觉得生活有方向有着落。(　　)

6.我没有被生活抛弃的感觉。(　　)

7.我能应对各种生活。(　　)

8.我能找到生活目标。(　　)

9.我生活得很踏实。（　　）

10.我感到生活在我的掌握之中。（　　）

11.我能给自己创造快乐。（　　）

12.我能够承受失败。（　　）

13.我对事情放得下。（　　）

生命积极意义：

14.我会从丧失中体会丰富的人生。（　　）

15.人生的失去可能比得到更有意义。（　　）

16.丧失教给人们的东西更多。（　　）

17.成败对人都有积极的意义。（　　）

18.我认为能够坦然面对丧失是真正获得了生命的意义。（　　）

19.多一次成败多一层体会。（　　）

20.生活不在于得失而在于丰富。（　　）

21.失败比放弃尝试更有意义。（　　）

意义的追寻：

22.我觉得生活不应该是得过且过。（　　）

23.考虑不考虑生命的意义是有区别的。（　　）

24.我会思考人为什么活着。（　　）

25.我有一种人生使命感。（　　）

26.我努力把握生命中的每一天。（　　）

27.我为自己创造生活目标。（　　）

28.我期望过有意义的生活。（　　）

29.总能实现自己的目标使我对生活充满希望。（　　）

30.我努力使生命有意义。（　　）

评分标准：

很不符合计1分,不符合计2分,符合计3分,很符合计4分。

评价参考：

高分表明具有较高的生命愿景水平,低分表明具有较低的生命愿景水平。

我的测试结果：

_____

_____

_____

_____

_____

_____

_____

案例导学 ▶▶

案例1：小雪的困惑

小雪以优异的成绩考上了上海的大学。上海的大学虽好，但较高的消费水平让家庭贫困的小雪倍感经济压力，即便省吃俭用还是捉襟见肘，室友们光鲜亮丽的衣服、价格不低的美食、最新款的电子产品等都令她自惭形秽，大学第一次考试她的成绩一落千丈，原来让她引以为荣的学习，在强手如林的大学里也变得不值一提。上个星期，她跟母亲通了个电话，觉得母亲声音很虚弱，一再询问下母亲才说因为过度劳累得了腰椎间盘突出，小雪更觉得自己成了母亲的负担。在学校里她也没有什么朋友，她似乎成了这个世界上多余的人……就这样，她来到河边想结束自己"多余"的生命。

分析：家庭经济困难是导致大学生轻生的原因之一。一些家庭困难的学生要牺牲更多的学习时间做兼职赚钱，势必造成学习上的心理压力；同一个宿舍、同一个班级的同学之间难免比较，这样更加重了心理失衡。但是经济困难只是一时的，只要努力上进，学好专业知识，提升综合素质，未来可期，不惧少年穷。

案例2：勇敢追求生命的质量

小石是一名胆小内向的大一学生，他经过认真思考后，决定本着锻炼自己的目的，大胆竞选校学生会外联部干事。他知道这次报名的同学很多而且都很优秀，自己一旦失败，自尊心难免受损，但是他仍然决定不管结果如何，都要勇敢尝试。一周后，竞选失败，但是小石发现，只要自己积极向上、勇于追求，即使失败，也是一次锻炼和成长，至少证明自己可以面对生活的种种不确定，包括好的和坏的，这样想来，小石感觉自己走路的脚步更坚定、更踏实了。

分析：从成长的角度看，小石并未失败，他的勇敢尝试是源于对生命质量的追求，虽然他竞选失败了，但是这次经历对他是有益的，不仅锻炼了胆量，而且可以通过经验的总结重新认识自我，借助一次竞选为生命质量的提升创造可能，相信今后小石会更加勇敢地追求自己的理想。

案例3：疫情下的白衣天使

新冠疫情发生后，武汉某医院近百名女护士一起剪掉乌黑靓丽的长发，穿上密不透风的防护服，以必胜的决心，打一场非赢不可的疫情阻击战。她们当中不乏二十出头、毕业不到两年的年轻女孩。她们说，剪掉长发，一方面可以尽可能减少机会沾染病毒；另一方面可以节省更多时间来救治病人。为了抗击疫情，长发何足惜，危险何足惧，关键危难之时彰显了白衣天使的奉献精神。

分析:生命的价值是自我价值和社会价值的辩证统一,自我价值必须通过社会价值的实现才能真正地体现,个体只有投身于社会当中,为社会做出贡献,才能获得成就感,才能真正实现自我价值。女护士们在国家最需要她们的时刻不惧危险,挺身而出,体现了医护人员救治生命、守护生命的使命担当,也向公众展现了"生命因奉献社会而更有意义和价值"的生命价值观。

课堂互动 ▶▶▶

任务一　感悟生命　感恩双亲

活动内容:画生命格子图

活动目的:通过画生命格子图,回顾过去的人生经历,从而引发对生命的思考,能正确看待生命中的五颜六色,懂得珍爱生命,感恩父母。

活动步骤:

1.下面是两张没有颜色的生命格子图,以人的寿命 80 岁为例,一年 12 个月,80 年就是 960 个月,所以一共有 960 个格子,每个格子代表一个月。现在请你依据自己的实际年龄,每过去一个月就用画笔涂满一个方格,从上往下,从左往右,可以根据自己以往的生活经历和感受涂上合适的颜色,比如发生快乐事件的时光涂上红色,发生痛苦事件的时光涂上黑色等。

2.在第一张格子图画自己的生命格子,第二张格子图画父母(自选其中一人)的生命格子,父母的要求只体现年龄。

3.分享与讨论。

(1)在过去的岁月里,最快乐的三件事是什么? 对你产生了什么影响?

_____

_____

_____

_____

(2)在过去的岁月里,最痛苦或伤心的三件事是什么? 对你产生了什么影响?

_____

_____

_____

_____

(3)看着自己的生命格子图,你的感想是:

_____

_____

_____

_____

（4）看着父母的生命格子图，你的感想是：

_____

_____

_____

（5）未来的生命里，你希望实现哪些美好的愿望？为此你有什么打算？

_____

_____

_____

_____的生命格子图（30×32）

_____的生命格子图(30×32)

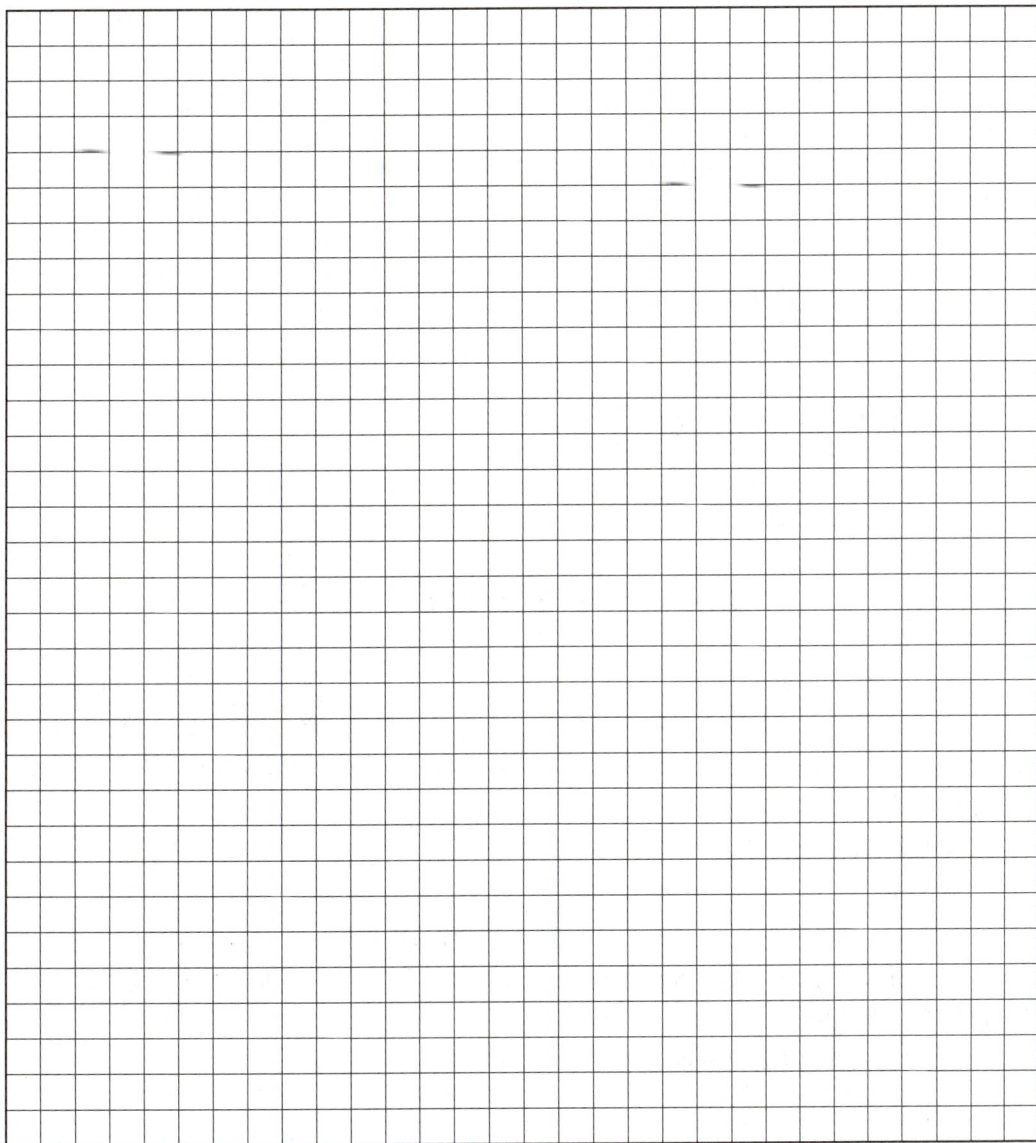

任务二　树立正确的生命价值观

活动内容:主题讨论"生命的价值在哪里?"

活动目的:树立正确的生命价值观。

活动步骤:

1.每个学生写下现实中自己认为生命价值最高的人:_____

理由:_____

2.小组内交流,找到这些人的共同点:

_____

_____

3.小组代表发言。

4.总结。

(1)什么样的生命更有价值?

_____

_____

(2)中西方生命价值观有哪些异同?

_____

_____

(3)通过这次活动你有什么感悟?

_____

_____

任务三　学会在危机中求助

活动内容:盲人走路

活动目的:通过活动让学生体验在他人的帮助下可以少走弯路,减少错误,同时也体会到被人需要是一件快乐幸福的事,懂得在危机发生时寻求帮助支持,同时也能在他人发生危机时尽力给予帮助。

活动准备:眼罩、绳子及桌椅等(设计成障碍)。

活动步骤:

1.每人戴上眼罩扮演盲人,先独自一人尝试穿越障碍的旅程。

2.随机两人组合,一人继续扮演盲人,另一人则是帮助者,帮助盲人完成穿越障碍的旅程。

3.每人写下感受:

(1)独自一人穿越障碍时你的心情是怎样的?

_____

_____

(2)当有人帮助时你的体会是怎样的?

_____

_____

(3)对帮助者进行评价(尽量具体、全面):

_____

_____

4.通过小组交流,你有什么新的体会?

_____

_____

任务四　学会帮助处在危机中的人

情景剧表演:危机中的室友

剧本如下:

人物:小安——某公司文员;小白——小安同事、室友,二人合住一间房。

地点:公司宿舍。

道具:桌椅、纸巾、杯子等。

剧情:

(小安出差回来,开门进屋,喊了一声:"小白,我回来了。"小白躺在床上一动不动,小白背对小安。)

安:小白,你是累了还是身体不舒服?

(小白仍然背对小安,一动不动,小安走到她面前,发现她在默默流泪。)

安(递上纸巾,关切地):发生什么事情了?

(小白依然默默流泪,一声不出,小安再次递上纸巾,轻拍她的肩膀。)

安:别哭了,哭是解决不了问题的。到底怎么啦?

白(忍不住抽泣):不想活了,死了算了,丢人丢到家了,省得让人笑话。

安:笑话? 谁笑话你了?

白:所有的亲戚朋友、所有认识我的人都会笑话我,还有你也会觉得我就是个笑话。

安:怎么可能! 有这么夸张吗? 到底怎么了,说出来我听听。

白:刘罡要跟我分手。

安:啊! 什么时候的事? 我怎么不知道! 你俩都领证了,新房也快装修好了,就差回老家办婚礼了。

白:就是你出差在外这几天,你知道我们婚宴酒席都订好了,亲戚朋友都通知了,这个时候他跟我分手,让我颜面何存? 我苦苦挽留,希望他回头,可是他竟然跟我说,通过装修发现我俩其实不合适,趁着还没正式一起过日子离了吧! 而且他前任女友回国了,他确定自己更爱前女友,所以态度很坚决。

安:渣男! 这种男人赶快分手! 还刘罡呢,四面方正,我看他是典型的三观不正,重新找一个,没什么大不了的。

白:小安,你是知道的,当初我跟他恋爱的时候,我妈就看不上他,说他看着就花心,不是老实人,坚决反对我跟他在一起。我当时很生气,为此还跟我妈大吵了一架,弄到母女反目,而且亲戚朋友都知道。我当时特别自信地跟我妈说,我一定会幸福的,我们会白头到老。我现在还有脸活下去吗? 而且我们已经领证了,现在弄到还没正式结婚就要离婚,我就是一个大笑话! 笑话! 笑话!(泪如泉涌。)

安:嗨,你当时也太自信了,现在确实有点尴尬……

白(泣不成声):我最不能接受的就是我成了一个大笑话! 我妈如果知道了,她一定会说:"当初我就看出这个人不是个好东西,这么快就被我说中了吧!"想想我就受不了,真是觉得没法继续活下去。

安:你妈不可能笑话你的,哪有妈妈看女儿笑话的。

白：就算我妈不笑话我，其他人呢？说不定他们会时不时拿这件事取笑我，总之没脸活了。

安：其他人？谁爱笑就笑呗，笑够了就不笑了，管他们呢，起来吃点东西吧。（伸手拉小白。）

白（抬手推开）：你自己吃吧！（转身背对小安。）

1. 小白发生了哪种类型的心理危机？

_____

_____

2. 小安的做法有哪些是正确的？还有哪些地方需要改进？

_____

_____

_____

_____

3. 剧情新编：各小组将改进方案写成剧本并分角色表演出来。

_____

_____

_____

_____

智慧锦囊 ▶▶▶

一、生命的内涵

（一）什么是生命

自人类进化到开始思索"生命"起，"什么是生命"这个问题就始终作为一个最关键的问题困扰着我们。19世纪下半叶，恩格斯首次对生命进行定义："生命是蛋白体的存在方式，这个存在方式的基本因素在于和它周围的外部自然界的不断的新陈代谢，而且这种新陈代谢一停止，生命就随之停止，结果便是蛋白质的分解。"这在一定程度上揭示了生命的物质基础——具有新陈代谢功能的蛋白体。之后100年里，这个定义一直是指导人们认识生命的思想武器。

20世纪50年代，人们从所有生命共同表面特征归纳出一个"生命"的定义：生命是一个具有与环境进行物质和能量交换（即新陈代谢）、生长繁殖、遗传变异和对刺激做出反应的特性的物质系统。这个定义描述了生命活动的一般特征，但由于一些特例的存在，它仍表现出很大的局限性。

生命，特别是人的生命，应当由三个因素构成，即形体、心理（精神）和社会性。历史唯物主义认为，人的生命具有多重属性，其中最主要的是自然属性和社会属性，社会属性是人最主要、最根本的属性，它是决定人之所以是人的最根本的东西。生命的自然活动主要包括新陈代谢、生长、发育、遗传、变异、感应、运动等。生命的社会活动主要包括感知社会、角色扮演、人际交往、求学择业、社会竞争等。

人的生命可以分为以下几种形态。

首先是生物性生命,即人首先是作为自然生理性的肉体生命而存在的,这一点是和自然界的广大生物一样必须具有的基本属性。

其次是人的精神性生命。人之所以为人就在于人有高于动物的意识活动,有超越生物性生命的精神世界。人不但要思考如何活下来,还要思考如何更好地生活。只要人在世界上存在一天,大脑就不会停止思考,人类就要创造、就要超越,就要更好地认识世界、改造世界。

最后是人的价值性生命。每个人在一生中都要思考诸如"为何活着"的问题,这就是人对于生命意义发自内心的追问,是人对价值性生命的一种诉求。人的价值性生命为人的生存夯实了根基,加足了动力。

(二)生命的特性

1. 生命的神圣性

人类生命的第一大性质当然是其神圣性。

生命具有神圣性在古代世界各民族那里几乎都是不言而喻的真理。远古的人类一般都认为人之生命源于某种神秘的过程,或者是伟大的造物主赐予的,因而是神圣的。而若从直观的角度,人们一般也可体会到生命的神圣性:自己的生命小而言之来自父母,大而言之则源于天地自然。人间之男女为何有如此奇妙的性(爱情)与生育(繁殖)的功能呢?为何只有人从亿万种生物中脱颖而出,其生命成为天下之最"贵"呢?如果想从科学的角度对这些问题给予完整的和精确的回答是很困难的,但人们可以从中直接悟出:人在生命的层面上是上接之于"天"、下接之于"地"的,是自然精华的凝聚。正因为如此,人的生命才先验性地具备了神圣性。从本质上而言,所谓神圣性,指人类对某种对象发自内心的敬畏和崇拜;生命的神圣性,当指人类对自身生命的敬畏和崇拜。许多人因为无法体认自我生命的神圣性,故而过着一种品质极低的生活;许多人则认识不到他人生命的神圣性,而做出许多畜生不如的行为来,等等。这一切都告诉我们,虽然科学提高了我们改造世界的能力,理性提供给我们透视万物的正确途径,但是我们人类还是要保持对自然、宇宙,尤其是生命神圣性的体认。

2. 生命的唯一性

每个生命都是唯一的、独一无二的。这句话有两层含义,一是每个生命只有一次,不可重来。生命一去不复返,一个人不管权力多大,财富多多,学问多高,容貌多美,寿命多长,都只拥有一次生命,在这一点上,生命是绝对公平的。二是每个生命都只有一个,不可重复。正如世间没有两片完全相同的树叶,世间没有两个绝对完全相同的人,即便是孪生兄弟、相同的遗传基因,也因后天生活、环境、教育和实践活动的不同,而使人有不同的发展,形成不同的个性。所以,"在时间和空间的纵横扩展中,每个人都以其独立的个性存在着","都是作为无可替代的独立个体存在着"。

3. 生命的完整性

就个体的生命而言,现实的人都是完整的人。他们有躯体,也有思想;有物质需要,也有精神的追求。我们对人生命的理解,强调其生命构成的矛盾性,但这种矛盾不是对立分裂的两极,而是一个矛盾的统一体,矛盾的任何一方都必须和另一方相联系才有意义。完整不等于完善,完善是质的追求,完整是量的累积。生命随着年龄的增长、自我省察和自我实现,逐步完善,但任何阶段的生命都是完整的。从学理上,我们可以对生命加以分解研究,如自然的生命、价值的生命、社会的生命等，但实际上，脱离了完整性，自然生命就不再是"人"的自然生命，而只是一个"肉体"，人的精神、价值、社会性也无所寄托，无家可归，成为漫游的"鬼魂"，而不再是人的生命的组成部分。生命的完整性是人存在的一个基本特征，任何对人的生命的解读和以生命为对象的实践，都必须建立在这一完整性的基础上。

4. 生命的自主性

人的生命具有开放性和不确定性，"自然没有做出关于他的最后决定，而是在某种程度上让他成为不确定的东西。因此，人必须独自地完善他自己。"面对这种不确定性，人的生活道路只能由人自己去筹划、去选择、去确立，人正是通过自主的活动，促成了自我的发展。所以，人的生命是自为的生命，是自己创造的，因而也是自由的。任何压抑生命自主和自由的行为，必然违背生命的特性，是对生命的摧残。

5. 生命的超越性

生命是有限的，但人要追求无限；生命是现实的，但人要在对未来的追求中否定现实。人正是在这种自我的否定中，实现着生命的超越。人渴望超越，也必须超越，超越人的肉身存在，超越生命的有限性，超越现实的存在，生命正是在超越中实现着价值的不断跃迁和提升，不断地走向新的解放，生成新的自我。因此超越性是人生命的独特本质。德国哲学家马克斯·舍勒指出，"人，只有人——倘使他是人本身（person）的话——能够自己作为生物超越自己"，因此他给人的定义是：人是超越的意向和姿态。

二、大学生生命教育目标

(一)珍爱生命

这一目标要求大学生既能珍惜自己的生命，又能珍爱他人的生命，还包括宇宙间万物之生灵，懂得人的生命是可贵的，它是一切情感、智慧、美好事物的载体。人不同于动物，就在于人活着是有意义的，动物为活着而活着，无理想，无追求，只有本能的满足，但人是有意识的动物，为意义而存在。

生命具有两重性，一重是肉体的生命，另一重是精神生命，前者是后者的前提和基础，没有生命的存在，谈不上生命的意义。所以，世间最宝贵的是什么？是生命，而且只有生命。我们反对脱离生命空谈"意义"。

大学生珍爱自己的生命应做到：其一，了解自己的身体构造及生命的基本特征；其二，熟知有关保持身体健康和心理健康的知识，知道如何拥有强健的体魄，并懂得如何维护和增进心理健康；其三，有基本的生存技能，如懂得在遭雷击、火灾、溺水时如何自救和他救，在野外、在没有外援的情况下如何生存等；其四，在遭遇挫折和痛苦时，能调节不良情绪，懂得即使输掉一切，也不能输掉对生命的信念。

大学生珍爱他人的生命应做到：像尊重自己的生命一样来尊重他人的生命，不怨天尤人，不伤害他人，能与他人和谐共处；与人相处时有人道主义精神，能遵循"以人为本"的理念；同时爱世间万物，爱护自然，保护自然，懂得大自然的一切事物都有生命，践踏草坪、摘折花木、捕捉动物都是一种伤害生命的行为。

(二)发展生命

生命教育第二层次的目标，在于使学生在整个教育历程中，能够体悟人生，能够进一步建构生命愿景,从个人的"自我""职业""休闲""人际"等层面,设定明确的努力目标,并使之发扬光大,彩绘亮丽人生。与珍爱生命比起来,这是对大学生更高一点的要求。从哲学意义上讲,生命是一切实践活动的前提和基础,生命存在,发展的可能性就存在,生命与发展的可能性同在。

大学生不仅要珍爱生命,而且要在拥有美好生命的基础上积极主动地创造生命价值。生命价值是自我价值和社会价值的辩证统一,具体来说,生命价值是个体生命对于个体自我及社会的需要的满足。它包含两个方面的内容。一方面指个体通过实践活动满足自我发展、自我实现的需要,这也符合马斯洛关于需要层次的基本理论。生命个体通过努力能不断地去追求生命、热爱生命,自我感到活得舒展、活得惬意,有较高的生存质量。另一方面,指个体通过社会实践活动来满足社会和他人的需要,通过对社会、对他人的责任和贡献来实现人生的幸福追求。

大学生处于求学时期,是社会化的前期阶段,其生命价值主要体现为内在价值,即内在的体能、知识、技能、品德的积累。能积极主动创造生命价值这一目标要求大学生做到以下几点。其一,有理想、有追求,"志当存高远"。要明白成功是在不懈的追求与奋斗中实现的。切勿得过且过,做一天和尚撞一天钟。其二,充满青春与活力,朝气蓬勃,血气方刚。切勿如那首为当今大学生画像的讽刺诗中所写的:"有智商没有智能,有知识没有思想;有文化没有修养,有个性没有品行;有重任没有体魄,有理论没有实践;有青春没有热血,有前途没有壮志。"其三,无论是身处顺境还是逆境,都能积极乐观地面对,要明白逆境是人生所不可避免的,身处逆境可能是不幸的,但未必是绝对不幸的,关键就在于人自身的自强不息。

(三)实现生命价值

生命教育的最高目标与教育及辅导工作目标一致,均在于促进学生自我实现。与发展生命相比较,自我实现生命的价值乃目标中的最高层次。

1. 中国传统生命价值观

悠悠五千年的华夏文明,孕育了丰富的生命教育思想,不仅体现了对生命的珍视、敬畏,更强调生命的高尚与价值。如老子的"无为""无欲""无争""无私"思想认为名利得失无足轻重,唯有生命才是最重要、最值得珍视的,孔子"安贫乐道",范仲淹"先天下之忧而忧,后天下之乐而乐",于谦"粉骨碎身浑不怕,要留清白在人间",这些高洁正气、积极乐观的价值取向充分体现了中国人的生命观更强调对真知、真理的追求,更注重对国家和社会的贡献。

2. 马克思主义的生命价值观

马克思主义强调人的生命价值是自我价值和社会价值的辩证统一。

马克思主义认为人的生命是自然属性和社会属性的统一,那么人的生命价值就包含了自我价值和社会价值。自我价值和社会价值是互为前提的:一个对社会和他人有用的人,必须是一个自爱自尊自强的人;同时,自我价值也必须通过社会价值的实现才能真正地体现,个体只有投身于社会当中,为社会做出贡献,才能获得成就感,才能实现自我价值。马克思主义强调生命价值在于为人类社会做贡献,但并不因此而否认人的自我价值,但是只从自我出发,把自我价值和社会价值割裂开来的理念和行为是不足取的,也是行不通的。正如马克思所指出:"只有在集体中,个人才能获得全面发展其才能的手段",也就是说,"只有在集体中才可能有个人的自由"。简单地说,离开社会集体的个人无法实现自我价值,他将失去自我。

3. 大学生应把"创造与奉献"作为生命价值追求

"生命的价值在哪里?"这是困扰很多年轻人的问题。缺乏价值感使年轻人迷茫颓废,失去前进的动力,甚至沉迷网络游戏无法自拔。有少数大学生认为,从理论上讲,人应该为社会做出贡献,但人活着是为了自己而活,不是为别人而活。他们一方面认为把自己的快乐建立在他人快乐之上,人生会无限美好;另一方面,认为只要没有违反法律规范,想怎么活就怎么活。不违反人们行为的底线,此乃做人的最基本规范,是作为一个公民的最基本要求,但对于优秀青年群体大学生来说,这个要求实在太低。就精神文明的实现形式来说,法律他律是最低实现形式,道德他律是较低实现形式,道德自律是最高实现形式。大学生应该做精神文明最高实现形式的践行者,领悟正确的生命价值观,把"创造与奉献"作为生命价值追求。当一个人对自己的生命充满价值感时,生活工作就会有明确目标,并为之努力奋斗。

三、大学生心理危机的预防和干预

(一)心理危机

心理危机是指当人们面临突然的或重大的生活逆境时所出现的心理失衡状态。

1. 心理危机的构成

①危机事件的发生;

②危机事件导致当事人主观痛苦,甚至绝望;

③惯常的应对方式失败,导致当事人在生理、认知、情绪、行为反应等方面陷入不良状况,无法得到调整、改善。例如:生理上头疼失眠、肠胃不适、食欲下降等;认知上不会转换角度思考,钻牛角尖;情绪上焦虑烦躁、抑郁消沉、恐惧绝望等;行为上封闭自我、拒绝社交或是攻击他人等。

2. 心理危机的发展过程

①冲击期。这个时期的主要表现是恐慌、震惊、不知所措等情绪反应。

②防御期。这个时期人们试图恢复心理平衡,会使用合理化、否定、逃避等应对方式。

③解决期。这个时期会努力尝试接受现实,设法解决问题。

④成长期。这个时期是指危机过后,获得了应对危机的方法和技巧,提升了心理健康水平。但也有人并未获得成长进步,甚至用一些消极的应对方式麻痹自己,以求表面的平静。

(二)大学生心理危机的类型

1. 境遇性心理危机

境遇性心理危机是指突发的、无法预测和控制时出现的心理危机,如,失去亲人、交通意外、失恋、被性侵、突然的重大疾病等。

2. 存在性心理危机

存在性心理危机是指现实生活中无法回避的人生问题引发的内部心理冲突和焦虑,如,人生目标、应该承担的责任、怎样实现真正的独立等。

3. 病理性心理危机

病理性心理危机是指大学生本身患有某种心理疾病或有某种心理障碍而导致的心理危机,如,本身患有抑郁症,自杀概率自然高于一般人群。

4. 成长性心理危机

成长性心理危机是指大学生在正常的成长发展过程中,一些急剧的变化导致的异常反应,如,升学、就业的机遇变化等都可能导致成长性心理危机。

(三)大学生心理危机干预原则

为确保大学生心理危机干预工作科学、有序、及时地落实,必须坚持以下基本原则:

1. 当事学生中心原则

坚持以学生为中心,对学生负责,避免因处理不得当而激发或加重学生的心理问题。

2. 当事学生安全原则

当学生出现严重心理危机时,采取果断措施,保证当事学生及他人的安全。

3. 院系具体处理原则

心理危机干预过程中,由心理健康教育与辅导中心向院系提出相应的心理干预措施,院系根据干预措施具体处理本院系学生的心理危机事件。

4. 准确及时原则

对有严重心理危机的学生要准确判断,及时干预。发现某学生有自杀或伤害他人倾向的师生要想办法控制当事学生,并及时报告其所在院系领导、班主任,院系要及时采取干预措施,并向心理健康教育与辅导中心报告。

5. 学生心理信息保密原则

所有涉及学生心理的调查结果、咨询记录、各类报表都属学院机要文件,要严格保密。所有涉及人员不得随意放置干预学生材料,不得随意向无关学生(包括当事人)透露任何信息,不得随意散布有关事件。

(四)如何帮助处在心理危机中的人?

(1)真诚关心。

(2)鼓励对方表达。

(3)耐心倾听,避免说教。

(4)理解共情。

(5)允许对方合理释放情绪。

(6)不争辩,不反驳(尝试反问)。

(7)了解对方内心真实想法。

(8)抓住机会,传递希望。

(9)如果对方不需要你的帮助,理解尊重。

(10)提供专业帮助信息。

(11)对有自杀倾向的不要让其独处。

(12)报告相关负责人。

四、心理危机的极端表现——自杀

(一)大学生自杀原因分析

1. 经济困难

家庭经济原因,是大学生自杀的原因之一。一些家庭贫困的学生在求学时,四处打工赚钱,势必会牺牲更多的学习时间,造成学习上的心理压力。有的大学生看到别人过着富裕安逸的生活,而自己一无所有,加上当前社会上攀比之风盛行,容易造成他们心理上的严重失衡。

2. 不适应大学的学习环境,出现交往障碍

有些学生在相当长一段时间内不能够适应角色,不能很快融入大学生活。现在大学生多是独生子女,独立性差,平时在家一切都由父母打理,一旦离开家门,生活的种种问题突然摆在他们面前,一时找不到解决的途径。有的学生甚至没有基本的生活自理能力,极有可能引起心理严重失衡。部分学生感觉大学里人与人之间的关系不像高中时那样单纯,功利色彩多一点,有了心里话不知和谁讲,就闷在心里;有的学生希望与人有交往活动,但认为自己没有交往能力;也有主动交往的学生,但产生矛盾又不知如何解决,由此引发种种问题。

3. 情感纠葛

大学生情感受挫,也会做出过激行为。例如,某高校一女生和男朋友发生争吵,随后跑到教学楼楼顶企图自杀。幸好被学校的"学生心理气象员"撞见,及时制止,才避免了悲剧的发生。有的大学生喜欢"速食爱情",却不知道留下的后遗症有多么严重,在校时恋爱、毕业就分手。感情本来就是双方面的,不好预知结果。最后有的走得洒脱,有的却放不下,有些生活经历不够的大学生就钻了死胡同,发生了自杀的悲剧。

4. 就业压力大

如今社会竞争激烈,为了找到一份工作,许多学生拼命学习,少数学生却越来越没勇气面对有许多未知数的将来,出点小问题就留下遗书寻短见。现在社会生活节奏加快,学生自我调节能力差,有些学生自身定位不准,感到无助、迷茫,对自己失望,缺乏安全感,不知道自己的明天在哪里。许多学生直至毕业,仍然不知道自己喜欢什么,想从事什么职业,能够从事什么职业。有的学生害怕走出校园,不愿意出去找工作,怕受到挫折。

(二)大学生自杀预警对象

(1)对存在下列因素之一的学生个体,应作为心理危机干预的高危个体予以特别关注:

①心理普查筛选出来的有心理障碍或心理疾病或自杀倾向的学生;

②遭遇突然打击和受到意外刺激后出现心理或行为异常的学生,如家庭发生重大变故、身体发现严重疾病、遭遇性危机、感情受挫、受辱、受惊吓、与他人发生严重人际冲突后出现心理或行为异常的学生;

③学习、环境等方面严重适应不良以及就业压力特别大而出现心理或行为异常的学生;

④因严重网络成瘾行为而影响其学习及社会功能的学生;

⑤性格内向、经济严重贫困且出现心理或行为异常的学生;

⑥有严重心理疾病(抑郁症、恐惧症、强迫症、癔症、焦虑症、精神分裂症、情感性精神病等)且出现心理或行为异常的学生。

(2)对近期发出下列警示讯号的学生,应作为心理危机干预的重点对象及时进行危机评估与干预:

①谈论过自杀并考虑过自杀方法,包括在信件、日记、图画或乱涂乱画的只言片语中流露死亡念头者;

②不明原因突然给同学、朋友或家人送礼物,请客,赔礼道歉,无端致以祝福,述说告别的话等行为明显改变者;

③情绪突然明显异常者,如特别烦躁,高度焦虑,恐惧,易感情冲动,或情绪异常低落,或情绪突然从低落变为平静,或饮食、睡眠受到严重影响等。

(三)预警与干预机制的建立

各高校应在"大学生心理健康教育工作领导小组"领导下建立"学生心理危机干预及自杀预防快捷反应机制",及时处理学生心理危机事件。

1.建立班级、院系、学校三级预警系统

1)一级预警:班级

各班设立同伴心理咨询员,男女各一名,其中一名为班级心理委员。班级心理委员应关心同学,广泛联系同学,通过多种方式加强思想和感情上的联系和沟通,了解同学的思想动态和心态,一旦发现异常情况,及时向班主任、心理辅导员、心理健康教育与辅导中心报告。

2)二级预警:院系

各院系设立兼职心理辅导员,密切关注学生异常心理、行为,对班级心理委员上报的处于危机状态需要立即干预的学生有针对性地与其谈话,帮助学生解决心理困惑,对重要情况要立即向院系领导、心理健康教育与辅导中心和学生处报告,并在专业人员指导下及时对学生进行快捷、有序的干预。

3)三级预警:学校

学校应认真开展大学生心理测评,建立大学生心理档案,筛选出需要主动干预的对象并采取相应措施。

学校心理咨询人员要牢牢树立心理危机干预及自杀预防意识,在心理辅导或咨询过程中,如发现处于危机状态需要立即干预的学生,要及时采取相应的干预措施。

对心理辅导员和院系上报的处于危机状态需要立即干预的学生,学校心理咨询人员要及时采取相应的干预措施。

2.对有自杀意念学生的干预措施

发现或知晓某学生有自杀意念,即该生近期有实施自杀的想法和念头要密切关注,视其严重程度采取以下措施:

(1)立即将该生转移到安全环境,并成立由院系、保卫处、学生处、医务室等人员构成的监护小组,对该生实行24小时全程监护,确保该生人身安全,同时通知该生家长到校。

(2)由有关部门或专家对该生的心理状况进行评估或会诊,并提供书面意见。如评估该生住院治疗有利于其心理康复,学院应立即通知家长将该生送至专业精神卫生机构治疗;如评估该生回家休养治疗有利于其心理康复,学院应立即通知家长将该生带回家休养治疗。

3.对实施自杀行为学生的干预措施

对正在实施自杀行为的学生,一旦发现便立即启动"学生心理危机干预及自杀预防快捷反应机制",各有关部门立即派人赶赴现场协调配合处理危机。

对刚实施自杀行为的学生,要立即送到最近的医疗机构实施紧急救治。及时保护、勘查、处理现场,防止事态扩散和对其他学生的不良刺激,并配合、协调有关部门对事件调查取证。

对自杀未遂的学生,经相关部门或专家评估,如住院治疗有利于其心理康复,通知家长将该生送至专业精神卫生机构治疗;如回家休养有利于其心理康复,在其病情稳定后由家长将其带回家休养治疗。对于有自杀未遂史的复学学生(有自杀未遂史的人属于自杀高危人群),学院应组织专家进行定期心理访谈及风险评估,密切监护,及时了解其学习、生活和思想状况,确保该生人身安全。

4. 对危机知情人员的干预

危机过后,需要对知情人员进行干预。可以用支持性团体辅导策略,通过班级辅导等方法,协助经历危机的大学生及其相关人员,如同学、家长、班主任以及危机干预人员正确处理危机遗留的心理问题,尽快恢复心理平衡,尽量减少由于危机造成的负面影响。同时正确应对新闻媒体,防止不恰当报道引发负面影响。

心理加油站 ▶▶▶

一、拓展阅读

黄美廉的故事

这是一个真实的故事。

有一个叫黄美廉的女子,从小就患上了脑性麻痹症。这种病的症状十分惊人,因为肢体失去平衡感,手足会时常乱动,口里也会经常念叨着模糊不清的词语,模样十分怪异。医生根据她的情况,判定她活不过 6 岁。在常人看来,她已失去了语言表达能力与正常的生活条件,更别谈什么前途与幸福。但她坚强地活了下来,而且靠顽强的意志和毅力,考上了美国著名的加州大学,并获得了艺术博士学位。她靠手中的画笔,还有很好的听力,抒发着自己的情感。在一次演讲会上,一位学生贸然地这样提问:"黄博士,你从小就长成这个样子,请问你怎么看你自己?你有过怨恨吗?"在场的人都暗暗责怪这个学生的不敬,但黄美廉没有半点不高兴,她十分坦然地在黑板上写下了这么几行字:

一、我好可爱;

二、我的腿很长很美;

三、爸爸妈妈那么爱我;

四、我会画画,我会写稿;

五、我有一只可爱的猫;

……

最后,她以一句话做结论:我只看我所有的,不看我所没有的!

读了上面的这个故事,我们都会深深地被黄美廉那种不向命运屈服、热爱生命的精神所感动。是啊,要想使自己的人生变得有价值,就必须要经受住磨难的考验;要想使自己活得快乐,就必须要接受和肯定自己。其实,在这个世界上,每个人都有着不同的缺陷或不如意的事情,并非只有你是不幸的,关键是如何看待和对待不幸。无须抱怨命运的不济,不要只看自己没有的,而要多看看自己所拥有的,我们就会感到其实我们很富有。在人生的旅途中,我们都读过很多让我们感动和令我们深省的小故事,这些小故事中蕴含的哲理和智慧,曾经给我们的人生以启迪,曾经给我们的心灵以慰藉或震撼,曾经让我们感动。在每个人的一生中,都需要领悟一些道理,以便使自己变得更加睿智;都需要接受一些感动,以便使生命充满激情。

纸　龙

祖父用纸给我做过一条长龙,长龙腹腔的空隙仅仅只能容纳几只蝗虫,投放进去,它们都在里面死了,无一幸免!祖父说:"蝗虫性子太躁,除了挣扎,它们没想过用嘴巴去咬破长龙,也不知道一直向前可以从另一端爬出来。因而,尽管它有铁钳般的嘴和锯齿一般的大腿,也无济于事。"当祖父把几只同样大小的青虫从龙头放进去,然后关上龙头,奇迹出现了:仅仅几分钟,小青虫们就一一地从龙尾爬了出来。

命运一直藏匿在我们的思想里。许多人走不出人生各个不同阶段或大或小的阴影,并非因为他们天生的个人条件比别人要差多远,而是因为他们没有想过要将阴影纸龙咬破,也没有耐心慢慢地找准一个方向,一步步地向前,直到眼前出现新的洞天。

珍　惜　自　己

一个生长在孤儿院中的小男孩,常常悲观地问院长:"像我这样的没人要的孩子,活着究竟有什么意思?"院长总是笑而不答。一天,院长交给孩子一块石头,让他拿到市场上去卖,但不是"真卖",无论别人出多少钱,绝对不能卖。第二天,孩子惊奇地发现,不少人对他的石头感兴趣,而且价钱越出越高。第三天,在黄金市场上,石头的价钱高了 10 倍。最后,当石头被拿到宝石市场上时,石头的身价又涨了 10 倍,更由于男孩怎么都不卖,竟被传扬为"稀世珍宝"。

后来,院长是这样说的:"生命的价值就像这块石头一样,在不同的环境下就会有不同的意义。一块不起眼的石头,由于你的珍惜而提升了它的价值,竟被传为稀世珍宝。你不就像这块石头一样?只要自己看重自己,自我珍惜,生命就有意义、有价值。"

二、影视推荐

1.《美丽人生》

导演:罗伯托·贝尼尼。

编剧:文森佐·克拉米、罗伯托·贝尼尼。

主演:罗伯托·贝尼尼、尼可莱塔·布拉斯基。

上映时间:1997-12-20(意大利)。

剧情简介:犹太青年圭多邂逅美丽的女教师多拉,他彬彬有礼地向多拉鞠躬:"早安! 公主!"历经诸多令人啼笑皆非的周折后,天遂人愿,两人幸福美满地生活在一起。

然而好景不长,在法西斯政权下,圭多和儿子被强行送往犹太人集中营。多拉虽没有犹太血统,却毅然同行,与丈夫、儿子分开关押在一个集中营里。聪明乐天的圭多哄骗儿子说这只是一场游戏,奖品就是一辆大坦克。儿子快乐、天真地生活在纳粹的阴霾之中。尽管集中营的生活艰苦寂寞,圭多仍然带给他人很多快乐,他还趁机在纳粹的广播里问候妻子:"早安! 公主!"

法西斯政权即将倾覆,纳粹的集中营很快就要接受最后的清理,圭多编给儿子的游戏该怎么结束?他们一家能否平安地度过这黑暗的年代呢?

2.《送你一朵小红花》

导演:韩延。

主演:易烊千玺、刘浩存、朱媛媛、高亚麟、夏雨、岳云鹏、陈祉希、李晓川。

上映时间:2020 年 12 月。

剧情简介:韦一航本来是一个很颓丧的青年,不明白为什么上天如此不喜欢自己,让自己受到癌症的折磨。他对生活十分绝望,对任何事情都提不起兴趣,更不愿意和人交流,一心只想等死。马小远是一个乐观的少女,她虽然从小就受到病痛的折磨,却始终乐观地面对生活。两个人在抗癌道路上成为朋友和恋人。在马小远的帮助和鼓励下,韦一航逐渐从沮丧的生活态度中走了出来,甚至渐渐忘记了自己是一个癌症患者的事实,虽然其间经历了复发的危险,但是他依然坚强地挺了过来,最终恢复了自己的学业、完成了自己的梦想。然而马小远并没有这么幸运,她在旅途中癌症复发,最终失去了生命。影片讲述了一个温情的现实故事,思考和直面了每一个普通人都会面临的终极问题——想象死亡随时可能到来,我们唯一要做的就是爱和珍惜。

课后实践

推荐活动一:洞口余生

活动时间:约 40 分钟。

活动准备:折叠椅,1 人 1 把。

活动场地:室内。

活动背景:有一群学生到郊外游玩,不巧遇到泥石流,全部被困在几米的地下,只有一个出口,一次只可以通过一个人,而出口随时有倒塌的危险,谁先出去就有生的希望。

活动步骤:

1.把班级成员分成小组,每组 8 个人左右。

2.每组围圈坐下,相互距离较近,留一个出口。为增强气氛可以拉上窗帘,关上灯,出口最好靠近门。

3.小组成员依次说出自己求生的目的及将来可能对社会做出的贡献,然后大家协商,看谁最先逃出,排出次序。

4.讨论活动过程及自己的感受。

5.选出最佳的决定逃生者次序的标准。

推荐活动二:临终遗言

活动时间:45～60 分钟。

活动准备:白纸、笔。

活动场地:室内。

活动背景:由于种种原因,你正面临着死亡。终期将至,时间只允许你再做最后 10 件事,你会做哪 10 件事?排出先后次序,然后写下你的遗嘱(50 字以内)。

活动步骤:

1.把班级成员分成小组,每组 8 个人左右。

2.每个成员认真思索后写下自己的决定和遗嘱。

3.分享讨论。

(1)各小组成员之间相互交流遗嘱,并简单解释原因,互相谈一谈写遗嘱时的感受。

(2)听了别人的遗嘱,你有没有想修改自己的遗嘱? 说说本次活动对你今后的生活有什么影响。

项目七课后实践活动记录表

姓名		学号		联系电话	
学院		专业		班级	

活动主题	
活动时间	
活动地点	

活动感悟	（不少于 300 字）

续表

活动图片	
自我评价	
小组评价	
教师评价	

参 考 文 献

[1] 姚本先.大学生心理健康教育[M].合肥:安徽大学出版社,2011.

[2] 周家华,王金凤.大学生心理健康教育[M].3版.北京:清华大学出版社,2010.

[3] 刘凤姣.大学生心理健康教育[M].长沙:中南大学出版社,2012.

[4] 张海燕.大学生心理健康教程[M].上海:上海人民出版社,2010.

[5] 牟艳娟,魏雪.大学生职业生涯规划与就业指导[M].北京:电子工业出版社,2008.

[6] 许国彬,黄秀娟.大学生心理测查与行为指导[M].北京:科学出版社,2012.

[7] 张大均,吴明霞.大学生心理健康[M].北京:清华大学出版社,2007.

[8] 胡正明.新编大学生心理健康训练教程[M].北京:北京师范大学出版社,2011.

[9] 叶琳琳.大学生心理健康教育与心理素质训练[M].北京:北京师范大学出版社,2012.

[10] 蔺桂瑞,杨芷英.大学生心理健康与人生发展[M].北京:高等教育出版社,2010.

[11] 高兰,向纯.大学生心理健康教育新编[M].北京:国防工业出版社,2011.

[12] 陈国梁.大学生心理健康教育[M].广州:华南理工大学出版社,2007.

[13] 戴丽,吴晓玮,周宁.大学生心理健康教育[M].北京:科学出版社,2011.

[14] 郝春生.高职大学生心理健康指导[M].北京:清华大学出版社,2009.

[15] 刘晓明,杨平.大学生心理健康教育——体验·认知·训练[M].北京:科学出版社,2009.

[16] 周蓓,周红玲.大学生心理健康案例教程[M].北京:人民邮电出版社,2009.

[17] 倪坚.高职院校大学生心理健康教育[M].北京:清华大学出版社,2011.

[18] 张金学,井婷.大学生成功心理训练——关注·进取·目标[M].北京:科学出版社,2010.

[19] 许素萍,吕冬诗.大学生朋辈心理辅导——交往·互助·成长[M].北京:科学出版社,2010.

[20] 金宏章,张劲松.大学生心理健康教育——理解·规范·提高[M].北京:科学出版社,2010.

[21] 王为正,韩玉霞.大学生心理自助读本——感悟·求索·升华[M].北京:科学出版社,2010.

[22] 高楠.艺术心理学[M].沈阳:辽宁人民出版社,1998.

[23] 王玲,刘学兰.心理咨询[M].广州:暨南大学出版社,2005.

[24] 于鲁文.心理咨询导论[M].北京:清华大学出版社,2000.

[25] 徐光兴.学校心理咨询优秀案例集[M].上海:上海教育出版社,2000.

[26] 邱鸿钟,梁瑞琼,等.应激与心理危机干预[M].广州:暨南大学出版社,2008.

[27] (美)卡耐基.卡耐基社交的艺术全集[M].刘祜,译.北京:中国城市出版社,2006.

[28] (美)辛德勒.情绪是健康的良药:如何快乐度过每一日[M].邱宏,译.北京:群言出版社,2006.

[29] 陈月苹,吴会东,张彦云.大学生心理健康教育与发展[M].北京:北京师范大学出版社,2017.

[30] 朱育红,潘力军,王爱丽.大学生心理健康教育课堂互动手册[M].上海:华东理工大学出

版社,2015.

[31] 李小薇,潘亚姝,朱丽芬. 大学生心理健康教育[M]. 北京:北京师范大学出版社,2017.

[32] 李建伟,等. 大学生爱情心理学:理论·案例·测量[M]. 杭州:浙江工商大学出版社,2016.

[33] 陈公. 原生家庭与幸福人生[M]. 合肥:安徽人民出版社,2015.

[34] 梁丹阳,吕智慧. 大学生心理健康教育[M]. 上海:上海交通大学出版社,2016.

[35] 黄维仁. 亲在人生路上——原生家庭三堂课[M]. 北京:中国轻工业出版社,2016.

[36] 邱鸿钟. 大学生心理健康教育[M]. 广州:广东高等教育出版社,2004.

[37] 胡邓. 人际交往 从心开始[M]. 北京:机械工业出版社,2008.

[38] 何霞,方慧. 职业生涯规划实战体验手册[M]. 北京:机械工业出版社,2021.

[39] 谭华玉,马利军. 大学生心理健康教育——积极心理学的运用[M]. 广州:华南理工大学出版社,2020.

[40] 许思安,刘英凤. 新编大学生心理健康教育[M]. 广州:广东高等教育出版社,2017.

[41] 教育部社会科学研究与思想政治工作司. 咨询心理学[M]. 北京:高等教育出版社,2002.

[42] 张将星,曾庆. 大学生心理健康教育[M]. 广州:暨南大学出版社,2013.

[43] 张将星. 大学生心理健康教育(学生用书)[M]. 广州:暨南大学出版社,2017.

[44] Pondy L. R.. Organizational conflict: Concepts and models[J]. Administrative Science Quarterly,1967,12(2):296-320.

[45] Robbins S. P.. Managing Organizational Conflict: a Nontraditional Approach[M]. Englewood Cliffs, NJ: Prentice-Hall,1974.

[46] Wall J. A., Callister R. R.. Conflict and its management[J],Journal of Management,1995 (3):515-558.

[47] Rahim M. A.. A measure of styles of handling interpersonal conflict[J]. Academy of Management Journal, 1983,26(2):368-376.

[48] 杨国枢. 中国人的心理与行为:本土化研究[M]. 北京:中国人民大学出版社,2004.

[49] 黄曬莉. 华人人际和谐与冲突——本土化的理论与研究[M]. 台北:桂冠图书公司,1999.

[50] (美)戴尔·卡耐基. 人性的弱点[M]. 殷金生,译. 南昌:江西人民出版社,2001.